Cybergefahr

Foto: Peter Van de Kerckhove

Eddy Willems

Der belgische Malware-Experte **Eddy Willems** (1962) engagiert sich seit über 30 Jahren in den wichtigsten Organisationen zur IT-Sicherheit.

In seiner Position als Global Security Officer und Security Evangelist bei den G DATA SecurityLabs bildet er die Schnittstelle zwischen technischer Komplexität und dem Anwender. Er berät Unternehmen, hält Präsentationen und Seminare überall auf der Welt und ist gefragter Redner auf internationalen Konferenzen.

Nach seinem Informatik-Studium begann Willems seine Karriere 1984 als Systemanalyst. 1989 interessierte er sich erstmals für Computerviren und wurde 1991 Mitbegründer der EICAR, einer der ersten europäischen IT-Sicherheits-Organisationen. In den vergangenen 20 Jahren war Willems für verschiedene CERT-Organisationen, die internationale Polizei sowie für WildList und kommerzielle Unternehmen wie NOXS und Kaspersky Lab tätig. Er ist Vorstandsmitglied der AMTSO (Anti-Malware Testing Standards Organization), EICAR (European Institute for Computer Antivirus Research) und LSEC (Leaders in Security).

Eddy Willems

Cybergefahr

Wie wir uns gegen Cyber-Crime und Online-Terror wehren können

Eddy Willems
Elewijt
Belgium

Herausgeber
Thorsten Urbanski
Bochum
Deutschland

Dieses Werk kam mit der freundlichen Unterstützung der Firma G DATA Software AG, Bochum, zustande.

© 2013, Uitgeverij Lannoo nv. For the original edition.
Original title: Cybergevaar. Translated from the Dutch language www.lannoo.com

ISBN 978-3-658-04760-3   ISBN 978-3-658-04761-0 (eBook)
DOI 10.1007/978-3-658-04761-0

Die Deutsche Nationalbibliothek verzeichnet diese Publikation in der Deutschen Nationalbibliografie; detaillierte bibliografische Daten sind im Internet über http://dnb.d-nb.de abrufbar

Gedruckt auf säurefreiem und chlorfrei gebleichtem Papier

Springer Fachmedien Wiesbaden ist Teil der Fachverlagsgruppe Springer Science+Business Media
(www.springer.com)

Danksagung

Ein Buch schreibt man nie allein. Deshalb möchte ich mich bei einigen Menschen bedanken.

An erster Stelle bei Nadine, meiner Frau. Ihr gebührt ganz besonderer Dank, denn nachdem ich bereits einige Jahre mit ihr über dieses Projekt debattiert hatte, war sie es, die den Ausschlag gab, letztendlich mit dem Buch zu beginnen. Sie war mein nicht-technischer, aber sehr aktiver Lektor, denn sie wollte jedes Detail ganz genau verstehen, weshalb ich mehrere Kapitel vollkommen neu schreiben musste. Sie traf immer genau den Punkt und wusste, womit sie mir weiterhelfen konnte.

Ich bedanke mich bei Stef Gyssels, einem guten Freund und Journalisten, der mir mit unzähligen gestalterischen Tipps unglaublich geholfen hat. Er lehrte mich, dass das Schreiben eines Buches eine ganz andere Herausforderung darstellt als das Schreiben eines Blogbeitrages oder ein Interview mit der einen oder anderen Zeitung. Ohne seine wertvollen Beiträge hätte es wahrscheinlich erheblich länger gedauert, dieses Buch zu schreiben.

Meine Geheimwaffe waren meine Kollegen der G Data: Jan Van Haver und Danielle van Leeuwen. Von ihren vielen kritischen Anmerkungen und Kommentaren habe ich enorm profitieren können. Jan, ich danke dir für die guten Tipps eines Bücherliebhabers und Danielle, dir danke ich für deine Recherchen und die detaillierten stilistischen Ergänzungen.

Besonders bedanken möchte ich mich bei meinem Kollegen und Herausgeber dieses Buches, Thorsten Urbanski, für seine wertvollen Hinweise zum deutschen Manuskript. Birgit Schöbitz und ihrem Team danke ich für die hervorragende Übersetzung.

Es fiel mir sehr schwer, mich zu entscheiden, welche Personen ich um einen Beitrag oder ihre Meinung bitten sollte. Ich habe mich auf neun Personen beschränken müssen. Daher geht mein Dank in alphabetischer Reihenfolge an: Ralf Benzmüller, Klaus Brunnstein, Bob Burls, Rainer Fahs, Richard Ford, Nikolaus Forgó, Natalya Kaspersky, Guy Kindermans und Peter Kruse.

Es wäre schön, wenn wir mit diesem Team die Welt ein wenig sicherer machen können!
Eddy Willems

In den vergangenen Monaten und Jahren ist uns eines immer wieder zweifelsfrei vor Augen geführt worden: Die Zeiten des unbesorgten Mailens und Surfens gehören endgültig der Vergangenheit an. Zuerst kam die PRISM-Affäre, gefolgt von der Entdeckung, dass die Vereinigten Staaten das Tun und Handeln der Vertreter der Europäischen Union im Netz in New York und Washington überwachen. Immer wieder werden wir mit der Nase darauf gestoßen: Das Netz steckt voller Gefahren und Bedrohungen. Ich möchte jeden von Ihnen – Jung und Alt, IT-ler oder Laien, Security-Fachmann oder Endverbraucher – über die möglichen Gefahren aufklären, die Ihnen online begegnen können, und Sie vor unerwünschten Folgen warnen.

Außerdem möchte ich Ihnen mit den Erkenntnissen aus meinem Buch ein Instrument bieten, mit dem Sie Gefahren vermeiden und so Schäden an PC, Smartphone oder anderen Geräten verhindern können.

Ich habe *Cybergefahr – Wie wir uns gegen Cyber-Crime und Online-Terror wehren können* in drei Teile aufgeteilt.

Im ersten Teil (Kap. 1 und 2) tauchen wir in die Geschichte ein, vom allerersten Virus bis zum Vormarsch all der Gefahren, die uns heute Tag für Tag bedrohen. In Kap. 2 widme ich meine besondere Aufmerksamkeit den Schreibern von Viren: Mit welcher Sorte Mensch haben wir es zu tun, was treibt diesen Menschenschlag an und wie gehen Antimalware-Programme mit diesen ganz besonderen Gegnern um? Dem Leser mag dies nicht besonders wichtig erscheinen, da er vor allem wissen möchte, was ihn heutzutage bedroht und wie er sich davor schützen kann. Ich bin allerdings davon überzeugt, dass es Ihnen helfen wird, die folgenden Kapitel besser zu verstehen: Sie werden viele Begriffe kennen lernen, die Ihnen später im Buch wieder begegnen werden. Sie erhalten einen tieferen Einblick in die Komplexität der heutigen Cyberwelt, die leider voller Gefahren steckt, und Sie werden verstehen, warum so viele Menschen gefesselt sind von all dem, was mit Malware zu tun hat. Mit ein wenig Glück werden Sie von diesem Virus (nein, nicht *dem* Virus) auch angesteckt.

Im zweiten Teil (Kap. 3 bis 6) steigen wir tiefer in das Thema der Cybergefahren ein: Wer sind die Akteure, was sind die Bedrohungen und wie kann man sie selbst bekämpfen? In Kap. 3 erhalten Sie einen tiefen Einblick in die Funktionsweise der „Untergrundwirtschaft" – dem Arbeits- und Betätigungsfeld der Cyberkriminellen. Das Ausmaß dieses

„Wirtschaftszweigs", aber auch die professionelle Vorgehensweise, mit der die Kriminellen arbeiten, und das umfangreiche Angebot an geeigneten Produkten und Dienstleistungen dürften auch Sie sprachlos machen. Der Inhalt dieses Kapitels ist größtenteils das Ergebnis unterschiedlicher Studien meiner Kollegen der G DATA SecurityLabs, die sich dem Thema gewidmet haben. Ihnen gilt an dieser Stelle mein aufrichtiger Dank.

Wenn wir über Gefahren aus dem Cyberraum sprechen, darf ein Bereich nicht unter den Tisch fallen: politisch motivierte Cyberattacken. In Kap. 4 geht es somit um Cyberspionage, Cybersabotage, Terrorismus und Cyberkrieg.

Kapitel 5 ist der Antivirus-Industrie gewidmet: den Herstellern und Unternehmen, die alles daran setzen, das Internet für Nutzer sicherer zu machen. In Kap. 6 erwartet Sie eine Bestandsaufnahme: Welche Bedrohungen betrachten wir aktuell als die größte Gefahr für all diejenigen, die sich online begeben, also quasi für die halbe Welt?

Der dritte Teil dieses Buches enthält praktische Empfehlungen und Ratschläge zu allem, was Sie besser tun oder auch lassen sollten. In Kap. 7 wird zuerst mit Mythen und Missverständnissen aufgeräumt, sodass jedem klar wird, wo die echten Gefahren liegen und welche „Heilmethoden" überhaupt nicht wirken. In Kap. 8 finden Sie dann eine ganze Reihe praktischer Tipps für jedermann, von den einfachsten Dingen („Halte deine Software auf dem aktuellen Stand") bis zu einigen regelrechten Überraschungen („Klebe deine Webcam ab" oder – zu einem meiner Favoriten – „Medientraining für Jedermann!"). Kapitel 9 geht mit einigen spezifischeren und manchmal auch technischen Tipps auf wirtschaftliche Aspekte ein.

Kapitel 10 und 11 beschäftigen sich damit, welche Rolle der Staat und die Medien bei der Bekämpfung dieser Gefahren spielen können und ob ihnen diese Aufgabe gelingen kann. In Kap. 12 werde ich Ihnen meine ganz eigene Vision zur „Zukunft der Malware" erläutern, und auch, wie wir kommenden Gefahren die Stirn werden bieten können.

Als Autor habe ich meine Vision einer fernen Zukunft zu einer fiktiven Kurzgeschichte verarbeitet, in die ich verschiedene Prognosen über die Cybergefahren im Jahr 2033 eingeflochten habe.

Wer dieses Buch zu Ende liest, kann den Gefahren im Netz gut gewappnet gegenübertreten, davon bin ich überzeugt. Mein Traum ist es, durch mein Buch den Cyberkriminellen und anderen „zwielichtigen Gestalten" im Internet das Leben ein Stück schwerer zu machen – denn: Je besser Internetnutzer über ihre Maschen informiert sind, umso schwerer werden sie zukünftig zu arglosen Cyberopfern. Es ist mir wichtig zu erfahren, ob mir dies gelungen ist und ich wünsche Ihnen viel Spaß beim Lesen. Ein guter Thriller sollte nie langatmig sein und ich hoffe doch schwer, dass mir dies gelungen ist. Ach ja, da fällt mir ein: Darf ich mich Ihnen zunächst einmal vorstellen?

Würden Sie mich bitte begleiten?
Wer schon einmal an einer organisierten Reise teilgenommen hat, weiß, wovon ich rede: Wir möchten unseren Reiseführer kennenlernen. Wer ist er, wo kommt er her und wieso entscheidet ausgerechnet er in den kommenden vierzehn Tagen, wohin die Reise geht, was wir über unser Urlaubsziel und die wunderbaren Dinge, denen wir unterwegs begegnen

werden, erfahren? Erst, wenn ich das Gefühl habe, meinen Reiseführer ein wenig kennengelernt zu haben, bin ich auch bereit, seinen Erzählungen ganz und gar zu folgen.

Aus diesem Grund halte ich es für eine gute Idee, mich Ihnen kurz vorzustellen. Denn schließlich wollen wir gemeinsam auf eine lange Reise durch die Welt der Cybergefahr gehen. Nach der Einleitung vertrauen Sie hoffentlich darauf, von dieser Reise wohlbehalten zurückzukehren. Dieses Abenteuer soll Sie fesseln und überraschen, ab und zu vielleicht sogar ein wenig schockieren, Sie aber letzten Endes klüger und vorsichtiger machen.

Meine Jugend und die Technik
Aufgewachsen bin ich in Mechelen (Belgien) als Sohn einer Unternehmerfamilie. Die Mittelschule dort war wahrscheinlich eine der ersten Schulen in Belgien, die ihre Schüler und Schülerinnen in Informatik unterrichtete. Die ersten Unterrichtseinheiten widmeten sich vorrangig einfachen Programmiersprachen wie Basic. Das war zwar nicht spektakulär, reichte aber aus, um mein Interesse zu wecken.

Nicht lange und ich verbrachte neben dem Experimentieren mit Elektronikbaukästen, Chemieprojekten und Amateurfunk (damals noch als CB oder 27 MC Funk bekannt) viel Zeit mit dem Programmieren, wobei mich sowohl der technische als auch der kommunikative Aspekt faszinierte.

1980 war Informatik ein vollkommen neues Studienfach. Die Universitäten waren noch voll und ganz damit beschäftigt, die erforderliche akademische Ausbildung umzusetzen und wussten anscheinend noch nicht so recht, wie sie damit umgehen sollten. Zuerst entschied ich mich, Computerwissenschaften an der Freien Universität Brüssel zu studieren, wechselte dann aber später zur heutigen Erasmus Hochschule. Schwerpunkt des Studiums war das Erlernen von Programmiersprachen wie Pascal, Assembler und Fortran, was für mich eigentlich mehr ein Vergnügen als Arbeit war.

Während meines Studiums arbeitete ich für das sogenannte „Freie Radio" als technischer Mitarbeiter hinter den Kulissen – eine ausgesprochen interessante Zeit, in der ich eine Menge darüber lernte, wie wichtig eine klare und transparente Kommunikation mit einem breiten Publikum ist.

Erste Erfahrungen, erster PC
Nach meinem Abschluss fand ich sofort eine Anstellung als Programmierer bei einem Lebensmittelgroßhandel. Meine Aufgabe war es, mit Cobol auf einer großen Maschine von Bull Programme zu schreiben. Eine nette Erfahrung, aber schon bald ärgerte ich mich über die Benutzerunfreundlichkeit des Geräts: Wie bei den meisten Zentral- und Großrechnern und anderen Servern arbeitete man damals an schwarzen Bildschirmen mit grünen Zeichen. Außerdem waren diese großen Geräte vollkommen unhandlich: Man konnte sie nicht einmal mit nach Hause nehmen! Stellen Sie sich meine Begeisterung vor, als in unserer Firma der erste IBM-PC eingeführt wurde: Ein „tragbares" Gerät, auf dem man Cobol programmieren konnte und das mit einer Festplatte mit einer Kapazität von sage und schreibe 5 MB ausgestattet war. Wie sollte die jemals voll werden, fragte ich mich damals. Ich erkannte sofort das Potenzial dieser Geräte. Es dauerte allerdings noch einige

Zeit, bis auch meine Kollegen davon überzeugt waren. Mir war schon damals klar, dass meine Zukunft quasi parallel zur Zukunft dieser Personalcomputer verlaufen würde.

1987 machte ich mich auf die Suche nach einer neuen Herausforderung und wurde bei der (damaligen) Vaderlandsche Verzekeringen (einer Tochter der Nationale Nederlanden, heute ING, ein niederländischer Bank- und Finanzdienstleister) fündig. Dort bot sich mir die Möglichkeit, meine beiden größten Leidenschaften zu vereinen: Als Mitarbeiter am Helpdesk hatte ich die tolle Aufgabe, Anwendern bei der Lösung ihrer Probleme zu helfen, durfte aber auch Software entwickeln, um die Funktion des Helpdesk zu verbessern. Zugleich bekamen wir die Möglichkeit, Selbststudien durchzuführen und neue Programme zu testen, was ich dankbar nutzte, um mein Software-Wissen zu erweitern.

1989 sollte ich die Nutzbarkeit eines Programms für unser Unternehmen prüfen, eine Aufgabe, die durchaus öfter vorkam. Ich bekam also eine Diskette, der ein Informatikbüchlein beigefügt war, in die Hand gedrückt. Mit dem darauf gespeicherten Programm sollte man angeblich feststellen können, ob man zur Risikogruppe der Personen gehörte, die an AIDS erkranken könnten. Die Software erwies sich als totaler Reinfall und ich fand es sehr ärgerlich, dass so etwas überhaupt getestet werden sollte.

Am nächsten Tag brach das Chaos in meinem Büro aus. Ich startete meinen PC und es passierte nichts, rein gar nichts. Auf dem Bildschirm wurde lediglich ein Fenster mit der Aufforderung angezeigt, dass ich Geld auf ein bestimmtes Konto überweisen solle. Ich startete den PC erneut, woraufhin sich gar nichts mehr tat. Ich ging von einem Bug aus. Ich startete den PC über die Systemdiskette und sah sofort, wo der „Fehler" lag: Der Pfad war verändert und verschlüsselt worden. Ohne dass es mir in diesem Moment bewusst wurde, hatte ich soeben Bekanntschaft mit der ersten „Ransomware" gemacht, also mit Schadprogrammen, die entwickelt wurden, um einen PC zu „kidnappen" und erst nach Zahlung des Lösegeldes wieder freizugeben. Doch mir gelang es, das Problem nach einigen Minuten zu beheben und dann ungehindert weiterzuarbeiten.

Wirklich überrascht war ich, als ich zwei Tage später während einer Sendung des nationalen Wirtschaftssenders VTM hörte, dass diese Ransomware sich unkontrolliert verbreiten würde und „kein einziges Unternehmen bislang eine Lösung hätte". Wie bitte? Kein einziges Unternehmen? Aber ich hatte das Problem gestern doch gelöst. Kurzerhand rief ich beim VTM-Journal an und erzählte von meinem Erfolg, der mir ohne größere Anstrengung gelungen war. Schon am nächsten Tag standen zwei Kamerateams vor meiner Tür und die Aufnahme wurde am selben Abend ausgestrahlt.

Der Malware-Zug war abgefahren
Um in der Terminologie der Malware zu bleiben: das Virus hatte mich infiziert. Mir wurde schlagartig klar, dass sich mir hier die Riesenchance auftat, das zu tun, was ich immer tun wollte: Computerviren aufzuspüren und zu analysieren und ein geeignetes Gegenmittel zu entwickeln. Ich fing an, über die entsprechenden Bulletinboards nach den Experten und Unternehmen zu forschen, die sich mit Viren beschäftigten. Auf diese Weise stieß ich unweigerlich auf Namen wie McAfee und Dr. Solomon, aber auch auf interessante Persönlichkeiten wie Dr. Sarah Gordon (siehe Kap. 2.7).

1991 wurde ich zu einer Konferenz rund um das Thema Virenbekämpfung nach Brüssel eingeladen. An diesem Ort versammelten sich alle bedeutenden Persönlichkeiten aus der ganzen Welt: Dr. Solomon höchstpersönlich, Vesselin Bontchev und viele andere. Ich war mir sicher: Dies würde mehr als nur ein Hobby werden, das war nicht mehr und nicht weniger als meine berufliche Zukunft. Während der Konferenz wurde auch EICAR[1] gegründet und so kam es, dass ich mich heute stolz als Gründungsmitglied dieser Organisation bezeichnen darf.

Glücklicherweise schätzte man bei De Vaderlandsche mein Interesse für Viren und meine Erfahrungen als Programmierer, sodass meine Leidenschaft für dieses Thema auch im Beruf von Nutzen war. Inzwischen wurden Bulletinboards von E-Mails und Webseiten abgelöst. Auch wenn dies zu Beginn alles andere als einfach war: Nachdem ich endlich die richtige Software zum Browsen gefunden hatte – und sie nach einem stundenlangen Kampf korrekt konfiguriert hatte – war ich endlich am Ziel und konnte surfen … um sogleich zu entdecken, dass online noch gähnende Leere herrschte!

Über Viren und andere Formen der Malware gab es damals im Netz absolut nichts zu finden. Selbst Firmen wie McAfee waren 1994 online noch nicht vertreten. Und so beschloss ich kurzerhand eine eigene Internetseite mit Informationen zu Viren & Co. ins Netz zu stellen: www.wavci.com. Auf dieser Webseite fanden Besucher zudem eine Vielzahl von weiterführenden Links zu IT-Security-Seiten. Mein Ziel war es, eine Art Antiviren-Enzyklopädie anzulegen. Dieses Projekt erregte umgehend die Aufmerksamkeit vieler Sicherheitsexperten. In kürzester Zeit erhielt ich eine Vielzahl von Einladungen zu IT-Veranstaltungen – unter anderem zur Virus Bulletin Conference in Brighton 1996. Dort lernte ich Harry De Smedt kennen. Harry war Manager bei der Data Alert, der Abteilung der Unit 4, die sich auf Sicherheitssoftware spezialisiert hatte: Data Alert vertrieb Dr. Solomon's Antivirus Toolkit, seinerzeit eines der renommiertesten Antivirenprogramme. Harry De Smedt kannte mich durch meine Aktivitäten im Netz bereits relativ gut und bevor ich mich versah, bekam ich auch schon ein Jobangebot.

So trat ich am 1. Januar 1997 bei dem damaligen Lieferanten für Sicherheitsdienstleistungen Data Alert meine neue Stelle an. Seitdem habe ich an fast allen Antiviren-Konferenzen teilgenommen. Allerdings steht bei mir eine Veranstaltung nach wie vor ganz oben auf der Liste: die Virus Bulletin! Hier trifft sich alles, was Rang und Namen hat, und für mich gibt es keinen besseren Ort, um sich zu informieren und sein Netzwerk zu erweitern. Auch die Konferenzen von EICAR und CARO[2] sind absolut empfehlenswert. Müsste ich mich auf wenige Konferenzen im Jahr beschränken, so wären es diese drei.

Aus der Data Alert ging nach einigen Jahren (und Übernahmen) die NOXS, der Sicherheitspfeiler innerhalb der Unit 4 Agresso hervor, die unter dem Namen UNIT4 noch immer zu einem der wichtigsten IT-Lieferanten auf dem Markt gehört. Zufall oder nicht, während dieser Jahre durfte ich die größten Persönlichkeiten der Antiviruswelt kennen lernen: Sarah Gordon, Righard Zwienenberg, Dr. Solomon, Mikko Hyppönen und andere.

---

[1] European Institute for Anti-Virus Research (s. Kap. 5.2.2).
[2] Computer Anti-Virus Research Organisation (s. Kap. 5.2.1).

Und ich wurde Mitglied des Vforum, einer exklusiven Community aus Virenexperten, in die man nur auf Einladung aufgenommen wird. Alle Größen meiner Branche sind dort vertreten.

Die Antivirus-Community ist eine sehr eng verbundene Gruppe, denn Antivirus-Lieferanten sind sehr solidarische Leute, die ihr Wissen über Malware gerne teilen. Auch ich setzte mich mit aller Kraft dafür ein, Viren zu analysieren, schon allein deshalb, weil ich dadurch bei etlichen Unternehmen Malware aufspüren konnte.

Meine Aufgabe innerhalb der NOXS lag vor allem in der Forschung, Beratung und Kundenschulung. NOXS, die später in die Westcon Security überging, entwickelte sich zu einem großen Unternehmen und genoss einen hervorragenden Ruf. Ich wurde bei mehr als tausend Unternehmen eingesetzt, von ganz kleinen Firmen bis zu den ganz großen Konzernen, auch Ministerien und Behörden gehörten zu meinen Kunden. Für Projekte im Ausland was ich ebenfalls zuständig (mehr dazu unter „Kein Problem in Saudi-Arabien" am Ende dieses Kapitels). Gab es doch mal ein Problem, bei dem ich nicht weiter wusste, zückte ich einfach mein „rotes Büchlein", das die Kontaktdaten zahlreicher Kollegen enthielt, die bei den größten Softwareherstellern tätig waren und mir mit Rat und Tat Tag und Nacht zur Verfügung standen. Das „menschliche" Netzwerk ist in der Welt der Cyber-Sicherheit mindestens ebenso wichtig wie alles Wissenswerte über Malware.

Im Jahr 2000, zu Zeiten des „Love letter"-Virus, beschloss der belgische Minister für Telekommunikation, Rik Daems, eine Art Antimalware-Netz zu gründen, und zwar „in enger Zusammenarbeit mit der Bevölkerung". Als ich diese Meldung abends im Fernsehen hörte, traute ich meinen Ohren nicht. Weshalb wurde von einer engen Beteiligung des belgischen Volkes gesprochen, obwohl meines Wissens kein einziger Belgier konsultiert worden war? Mit dieser Wut im Bauch wandte ich mich ein weiteres Mal an VTM, die sehr empfänglich für meine Kritik waren, was nicht nur zu meinem zweiten Auftritt in dem Sender führte, sondern auch zu einer konkreten Zusammenarbeit mit der belgischen Regierung. Ich arbeitete an dem Netz des Ministeriums, das für die Malwarebekämpfung zuständig war, einem Vorgänger des heutigen Computer Emergency Response Teams (CERT). Zu Beginn dieses Projekts gab es hin und wieder Warnungen vor gefährlichen Viren und anderen Computerbedrohungen über die öffentlichen Radiosender, gewissermaßen digitale Verkehrsnachrichten: „Wir bitten Sie um Vorsicht: Es gibt einen neuen Virus…". Niemand wollte Panik verbreiten, aber Vorsicht war durchaus geboten. Das gilt übrigens auch heute noch.

In dieser Zeit trat ich gelegentlich als offizieller Sprecher der Gruppe auf und gab zahlreiche Interviews. Außerdem fungierte ich als Berater für Computerschädlinge: War der Virus gefährlich oder ein Hoax (siehe Kap. 8.16), musste die Bevölkerung gewarnt werden? Ich muss sagen, wir waren sehr aktiv damals, und viel engagierter als das heutige CERT in Belgien.

Meine Jahre als Evangelist
NOXS bildete jahrelang ein starkes Team an Sicherheitsexperten, von denen die meisten auch heute noch hohe Positionen in der Sicherheitswelt innehaben. Es war mir ein beson-

deres Vergnügen, in diesem Team über Jahre hinweg gegen Cyberkriminalität zu kämpfen. Doch jede Geschichte, so schön sie auch sein mag, hat mal ein Ende.

Ende 2007 wechselte ich zu den Kaspersky Labs, einem bekannten Hersteller von Antimalware-Software. Ich hatte mich für den Jobwechsel entschieden, weil ich dort nicht nur in der Forschung eingesetzt wurde, sondern als „Antimalware-Botschafter" Menschen über Cybergefahren aufklären durfte. So wurde ich ein Kaspersky-Evangelist und Teil des Kaspersky-Expertenteams. Ich wusste genau, woran die Mitbewerber scheiterten und konnte zugleich die breite Öffentlichkeit auf die Bedeutung von IT-Sicherheit hinweisen. Diese Aufgabe war ganz nach meinem Geschmack.

Einige Jahre später bot sich mir die Chance, beim deutschen Antivirus-Unternehmen G DATA Software AG einzusteigen. Dieses Angebot konnte und wollte ich nicht ablehnen, denn es war eine hervorragende Gelegenheit, noch mehr dazuzulernen und den Finger am Puls der Zeit zu haben. So wagte ich Anfang 2010 den Wechsel – eine Entscheidung, die ich nicht einen Moment bereut habe. Hier herrscht trotz der harten Arbeit ein fantastisches Arbeitsklima und es wird viel miteinander gelacht.

Seit März 2001 sitze ich im Vorstand der Antivirus-Organisation EICAR und bekleide dort den Posten des Director Security Industry Relationships. Aufgrund meiner Tätigkeit für EICAR und AMTSO (einem weltweiten IT-Sicherheitsunternehmen, dem ich mich ebenso wie der EICAR in einem späteren Kapitel ausführlich widmen werde) einerseits und meinem Job bei G DATA andererseits habe ich für mich alles erreicht, was ich mir für meine Karriere immer als Ziel gesetzt hatte. Ich genieße einen großen Spielraum auf technischer Ebene, aber auch den Freiraum auf der menschlichen Seite und nicht zuletzt die ganz persönliche Erkenntnis, dass ich mit meiner Arbeit Menschen helfen kann. Mein größter Wunsch ist es daher, dass Ihnen dieses Buch helfen und viel Ärger ersparen wird.

Haftungsausschluss

Eines noch, bevor wir tiefer in die Materie eintauchen. Obwohl ich schon seit vielen Jahren international tätig bin, können doch einzelne Beispiele oder Anekdoten „belgisch" eingefärbt sein. Natürlich schildere ich Beispiele, die auch für Leser aus anderen Ländern relevant sind. Ausgangspunkt war immer mein Gedanke: Was interessiert den Leser eines Buches über Cybergefahren? Und zwar unabhängig von seiner Nationalität oder seinem Wohnort.

Gleiches gilt für Grafiken, Schemata und Zahlen, die in dieses Buch eingeflossen sind. Zu meinem Glück stehen mir durch G DATA eine Vielzahl relevanter Daten und Statistiken zur Verfügung. Dies ermöglicht mir, die aktuelle Gefahrenlage zu jedem Zeitpunkt richtig einzuschätzen und zu bewerten.

So, genug des Vorspanns – nun werden wir gemeinsam die fesselnde Welt der Cybergefahren betreten. Folgen Sie den Wegweisern, passen Sie gut auf, und verirren Sie sich bloß nicht… denn hinter jeder Ecke lauern Gefahren.

Aus dem Tagebuch

„Kein Problem in Saudi-Arabien"

Oktober 2001

Mitunter geraten wir von einer Minute zur anderen in Situationen, die unser Leben auf den Kopf stellen. Unmittelbar nach den Anschlägen vom 11. September war es für Amerikaner relativ kompliziert, in arabische Länder zu reisen, und Unternehmen wie McAfee fanden kaum Leute, die bereit waren, in diesen Regionen Aufträge zu übernehmen. So machten sich zahllose Firmen auf die Suche nach Europäern, die kompetent und abenteuerlustig – oder aus Sicht von so manchem verrückt – genug waren, diese Aufgaben zu übernehmen. Richtig, ich spreche von Männern wie mir. Ich flog also nach Saudi Arabien, um Saudi Aramco, die weltweit größte Mineralölgesellschaft, im Rahmen ihrer Sicherheitsprojekte zu betreuen.

Nach einem langen Flug landete ich abends gegen halb elf mit dem sicheren Gefühl, dass dies noch ein langer Abend werden würde. Schon das Warten an der Passkontrolle dauerte eine gefühlte Ewigkeit. Doch dann wurde ich aufgefordert, mich an einer kürzeren Schlange anzustellen. Was für ein Glück, dachte ich noch, bis ich an der Reihe war. Meine Notebook-Tasche wurde einer umfangreichen Untersuchung unterzogen und der Blick eines Zollbeamten fiel auf einen Stapel Disketten, die ich in meiner Tasche verstaut hatte. Auf diesen Disketten befanden sich einige erst kürzlich „gefangene" Viren. Der Beamte vermutete allerdings Pornos oder andere illegale Daten und konfiszierte die Disketten wie auch meinen Pass. Obwohl ich eindringlich davor warnte, dass das Laden dieser Disketten zu einer Infizierung ihrer Systeme führen könnte, ließen sich die Zollbeamten nicht davon abbringen, die Disketten genauer zu untersuchen. Jede meiner Warnungen wurde mit einem knappen *„Kein Problem, Sir"*, kommentiert, sprich geflissentlich ignoriert. Ich konnte erkennen, wie die Warnhinweise auf den Bildschirmen einander in rasantem Tempo folgten, von einem Virenscanner fehlte jede Spur. Etwas später durfte ich den Flughafen samt Pass und Disketten verlassen. Ob diese Beamten danach immer noch *„kein Problem"* hatten, wage ich ernsthaft zu bezweifeln.

Als ich damals einen Artikel über diesen Zwischenfall für die Fachzeitschrift *Virus Bulletin* verfasste, ließ ich die Frage, ob das Computersystem des Flughafens nun tatsächlich mit meinen Viren infiziert worden war, bewusst unbeantwortet. Eigentlich aber wusste ich das mit absoluter Sicherheit, und nur einige Tage später kam die offizielle Bestätigung, als ich in der Zeitung las, dass der arabische Flughafen Opfer eines schweren Virenangriffs geworden sei. Für mich eine eher ungewöhnliche Premiere, denn normalerweise bin ich Teil der Lösung, doch in diesem Fall war ich Teil des Problems. *Wie gesagt, „Kein Problem, Sir" dürfte die Untertreibung des Jahres gewesen sein.*

Inhaltsverzeichnis

Vorab eine Warnung: Menschen mit lebhafter Fantasie könnten dieses Kapitel als ziemlich unangenehm empfinden. Denn es wimmelt von Viren, Würmern und anderen ungebetenen Gästen wie Trojanern. Und trotzdem sollten Sie sich mit den verschiedenen Formen der Malware, mit der unerwünschten Software in Ihrem System und auf Ihrer Festplatte, auseinandersetzen. Als kleine Entschädigung erfahren Sie Interessantes über Anna Kurnikova und kommen sogar in den Genuss einer Liebeserklärung.

Zunächst möchte ich Ihnen noch ein paar der wichtigsten Begriffe erklären, die zuhauf in diesem Buch vorkommen, auch auf die Gefahr hin, dass Sie sie alle kennen.

1.1 Was ist Malware?

Malware (die allgemeine Abkürzung für *Malicious Software*) ist ein Sammelbegriff für alle Arten an Software, die in böser Absicht geschrieben wurde. Viren, Würmer, Trojaner, Spyware und alle anderen Formen bösartiger und möglichst schädlicher Software fallen unter den Oberbegriff der „Malware". Interessant ist übrigens, dass dieser Begriff erst viele Jahre nach dem Auftauchen der ersten Viren und Würmer erfunden wurde, als es innerhalb kürzester Zeit so unglaublich viele Typen an Schadsoftware gab, dass man einen Begriff finden musste, um alle unter einen Hut zu bekommen.

1.2 Was ist ein Virus?

In der Biologie ist ein Virus ein Organismus, der sich in einem Wirt einnistet, zum Beispiel im menschlichen Körper, sich in diesem ausbreitet und oftmals sogar den Tod des Wirts zur Folge hat. Ein *Computervirus* wird so genannt, weil er im Prinzip genau dasselbe

© Springer Fachmedien Wiesbaden 2015
E. Willems, *Cybergefahr*, DOI 10.1007/978-3-658-04761-0_1

macht. Es handelt sich um ein Computerprogramm, das sich in eine Datei einnisten kann und somit auch in das Betriebssystem selbst. Im günstigsten Fall nimmt es nur Speicherplatz in Beschlag und drosselt die Rechnerleistung. Im ungünstigsten Fall aber richtet der Virus so großen Schaden an einem PC an, dass dieser komplett unbrauchbar wird. Bei einem solchen Angriff können viele Daten unwiederbringlich verloren gehen, im schlimmsten Fall sogar alle Daten der Festplatte.

Heutzutage gehen Viren auf einem Computer anders vor. Meistens werden Dateien installiert, über die Kriminelle den PC ferngesteuert für ihre üblen Machenschaften nutzen können. Darauf werden wir in den nächsten Kapiteln noch genauer eingehen.

Ein sogenannter *Wurm* ist eine andere Form von Malware. Auch hier wird eine Datei auf dem Computer installiert, die versucht, sich auf anderen Computern auszubreiten. Ein Virus zielt vor allem darauf ab, sich in einen PC einzunisten, während ein Wurm sich vielmehr so weit wie möglich verbreiten möchte.

Auch die *Spyware* ist eine üble Form von Malware, die mittlerweile immer öfter zum Einsatz kommt. Spyware versteckt sich in einem PC und verfolgt die gesamten Aktivitäten des Benutzers. Vor allem das Surfverhalten wird registriert und später an Dritte verkauft. Aber auch *Keylogger*, die registrieren, was über die Tastatur eingegeben wird, sind eine Form von Spyware.

Zum Schluss noch ein absoluter „Leckerbissen": das Trojanische Pferd, kurz: der *Trojaner*. Sie kennen sicherlich das Trojanische Pferd aus der griechischen Mythologie. Nach langer Belagerung von Troja beschließen die griechischen Krieger, ihren Feind durch eine List zu besiegen und schenken den Trojanern ein riesiges Holzpferd als scheinbare Versöhnungsgabe. Die Trojaner nehmen das Geschenk freudig an, weil sie der Überzeugung sind, der Krieg sei damit vorbei. Aber in der Nacht klettern aus diesem Pferd einige Griechen, die sich darin versteckt hatten, und öffnen die Tore von Troja, sodass die Griechen letzten Endes ungehindert hinter die Schutzmauern gelangen und nach Troja einmarschieren können. Ein *Trojaner* im PC geht genauso vor. Sie können sich also denken, was er anrichten kann. Sobald er sich in einem System eingenistet hat, öffnet er die Tore für Kriminelle, die dann ungehindert den befallenen PC für ihre Zwecke nutzen können. Der Unterschied ist, dass es sich hier nicht um ein Tor im eigentlichen Sinne handelt, sondern vielmehr um eine Art Hintertür, denn oftmals merkt der Nutzer gar nichts davon. Es kann lange dauern, bis der Schaden bemerkt wird. Heutzutage entstehen immer mehr *Trojaner* in den unterschiedlichsten Formen. Sie sorgen dafür, dass ein PC in ein Botnetz integriert werden kann. Auch darauf komme ich im weiteren Verlauf des Buches noch einmal zurück (siehe Kap. 1.4). Es gibt einen großen Unterschied zwischen Viren, Würmern und Trojanern: Letztere verbreiten sich nicht automatisch auf andere Rechner.

> ▶ **Achtung** Einen Computervirus in Umlauf zu bringen, stellt fast weltweit eine Straftat dar. Sollten Sie trotzdem einmal mit einem Computervirus experimentieren wollen: Ich habe Sie gewarnt!

1.3   Die erste Generation

Experten sind sich nicht einig, was denn nun der erste Virus war. Für die einen ist es der *Elk Cloner* aus dem Jahr 1982, andere meinen, es sei der Wurm *Creeper* gewesen, ein experimentelles Computerprogramm von 1971. Die meisten Fachleute halten den *Brain*-Virus von 1986 für den ersten Übeltäter. Sowohl der Elk Cloner als auch der Creeper entsprechen mehr oder weniger der Definition eines Virus, die von dem Wissenschaftler Frederick Cohen 1983 festgelegt und später für allgemein gültig erklärt wurde. Allerdings hat er diese Definition erst im Jahre 1983 zu Papier gebracht, ebenso wie übrigens auch den Begriff des „Virus". Das ist einer der Gründe dafür, warum der Elk Cloner lange Zeit nicht allgemein als Virus galt – bei so manchem ist das noch immer so. Ein anderer Grund dürfte sein, dass es einige Jahre relativ ruhig an der Virenfront war und das aktive Virenzeitalter erst mit dem Erscheinen des Brain eingeläutet wurde. Beide Standpunkte haben ihre Berechtigung, Fakt jedoch ist, dass Brain der erste (PC-) Virus war, der aufgetreten ist, nachdem Cohen diesen Begriff eingeführt hatte.

Hätten Sie's gewusst … ?

Jahrelang sah die Apple-Fangemeinde auf die Windows-Plattform herab, weil fast alle Viren auf Windows zu finden waren, weshalb aus ihrer Sicht Windows die Quelle allen Übels war. Doch Elk Cloner, der erste „virus avant la lettre" wurde speziell für MacOS geschrieben und war daher nur auf Apple Computern zu finden. Daher gilt: Kein System ist eine Insel – auch nicht MacOs!

Brain dürfte übrigens zwar der erste Virus gewesen sein, sicher aber nicht der schnellste. Kein Wunder, denn damals gab es kein superschnelles Internet, das der Virus hätte nutzen können. Seine Ausbreitung erfolgte über Floppy-Disks, das heißt, entscheidend war, wie schnell eine infizierte Diskette von einem PC zum anderen gelangte. Damals konnte man die Quelle eines Virus noch ermitteln, zumindest wenn man wusste, wo man zu suchen hatte. Über die Floppy-Disk gelangte der Virus in den Bootsektor (das Startprogramm) des Computers und von dort auf eine neue, in den PC geschobene Diskette. „Floppy-Disk" war übrigens noch wortwörtlich zu verstehen: eine „wabbelige" Scheibe mit einem Durchmesser von rund dreizehn Zentimetern (51/4 Inch), auf der im günstigsten Fall ein gutes Megabyte gespeichert werden konnte.

▶ **Bootsektor** Wenn in der Antiviren-Industrie oder dem Rest der IT-Welt vom Bootsektor die Rede ist, geht es mit Sicherheit nicht um die Schifffahrt oder einen Yachthafen. *„To boot"* heißt übersetzt „starten" und der Bootsektor ist somit der Teil einer Diskette oder (Partition) einer Festplatte, der angesprochen wird, um einen PC zu starten, und zwar mit allen Instruktionen für das Startverfahren.

Für die Malware-Entwickler, die den größtmöglichen Schaden anrichten oder die größten Auswirkungen erzielen wollen, ist der Bootsektor das bevorzugte Angriffsziel. Wenn es gelingt, von Anfang an zu bestimmen, was ein Computer tun kann und was nicht, hat dies weit größere Folgen, als würde man es nur für ein einzelnes Programm festlegen können. Wenn dagegen lediglich beabsichtigt wird, den PC zu sabotieren, genügt es schon, das Starten des Computers unmöglich zu machen. Der Angreifer hat dann seine Arbeit getan und kann sich zurücklehnen.

Die meisten Bootsektor-Viren wirken vom Bootsektor einer Diskette aus und versuchen, den Bootsektor auf der Festplatte eines Computers zu infizieren, wodurch der Virus dann eventuell wieder auf eine andere Diskette kopiert wird. Bootsektor-Viren sind somit nicht nur potenziell sehr schädlich, sie sorgen auch für eine weitaus schnellere Ausbreitung als andere Malware.

Durch den Vorstoß des Internets hat diese Art Malware Platz für Rootkits und Autostart-Würmer auf USB-Sticks geschaffen, dazu später mehr.

In den Monaten nach Brain tauchten immer mehr Viren auf, allesamt in Form von Programmen auf Disketten, die auf den Bootsektor kopiert wurden. Gefährlich war es im Grunde genommen nicht, es handelte sich vielmehr um eine Art Spielerei von Leuten, die sich einen üblen Scherz erlauben, aber sicher keine Gefahr für die Daten oder Programme darstellen wollten. Doch eine Ausnahme gab es: Der *Christmas Tree*-Wurm sorgte seinerzeit nicht nur für einen Weihnachtsbaum mit funkelnden Lämpchen auf dem Bildschirm, sondern legte durch seine massive Ausbreitung so manches Netzwerk komplett lahm.

Mit dem Erscheinen des Buches mit dem Titel *Computer viruses – a high-tech disease* von Ralf Burgers 1987 veränderte sich die Situation grundlegend. Dieses Buch hat sich zur Bibel für Virenschreiber entwickelt, anhand derer fast alle Viren der darauffolgenden Jahre geschrieben wurden. So zum Beispiel der *Morris*-Wurm von 1988, der etwa erstaunliche zehn Prozent aller an das Internet angeschlossenen Computer infizierte – das waren immerhin sechzigtausend PCs. Das mag lächerlich klingen, aber vergessen Sie bitte nicht, dass die meisten Menschen zu dieser Zeit noch nicht einmal von der Existenz des Internets wussten. Wie wir mittlerweile wissen, war Morris der erste bekannte Internetwurm, aber mit Sicherheit nicht der letzte.

Malware wurde immer weiter entwickelt und mit weitaus umfassenderen Funktionen und Möglichkeiten ausgestattet. 1989 tauchte zum Beispiel *Ghostball* auf, der erste *multipartite*-Virus. Multi-was? Nun, „multipartite" bedeutet eigentlich, dass sich der Virus verwandeln und verschiedene Formen annehmen kann. Der *Ghostball*-Virus enthielt sowohl *executable files* als auch den Viruscode für den Bootsektor, während es früher nur ersteres oder letzteres gab. Dieser Umstand machte es für uns Virenjäger komplizierter, denn der Virus konnte seine Infizierungsmethode ändern und war dadurch schwieriger zu ermitteln.

1989 war aber auch das Jahr, das uns die *Aids*-Diskette bescherte, die ich in der Einleitung bereits erwähnte. Aus historischer Sicht war das ein noch wichtigerer Virus als der *Ghostball*, denn er zählte zu der sogenannten *Ransomware*, einer Malware, mit deren Hilfe das Computersystem „gekidnappt" werden konnte und der Eigentümer des PCs erst

Lösegeld zahlen musste, um seinen Computer „frei" zu kaufen und das System wieder starten zu können.

Im Jahr 1990 schuf Ralf Burger (ja, schon wieder er!) den ersten polymorphen Virus, einen Virus, der nach jeder Kopie eine andere Erscheinungsform annimmt, während der zugrunde liegende Algorithmus unverändert bleibt. Auch dies macht es den Virenjägern ein Stück schwerer: Software, die auf die Erkennung von Malware abzielt, muss jetzt jede neue Form des Virus erkennen. Manche Pessimisten sahen darin den Anfang vom Ende, aber zum Glück wurden letztendlich auch Lösungen für dieses Problem gefunden.

1992 tauchte dann *Michelangelo* auf, der erste Virus, der sich eines breiten Interesses der Medien erfreute. Alle mit ihm infizierten Computer liefen ganz normal weiter – bis zum 6. März, dem Geburtstag von Michelangelo. Dann wurden die ersten einhundert Zeichen des Bootsektors mit Nullen überschrieben, was zur Folge hatte, dass der Computer nicht mehr startete. Der Virus löste sowohl in den Medien als auch bei den Nutzern eine enorme Panik aus. Millionen PCs wären laut Expertenmeinung mit diesem Virus infiziert, und so wurde allgemein empfohlen, seinen PC am 6. März nicht zu starten. Es ist davon auszugehen, dass letztendlich einige Tausend Computer durch den Virus unbrauchbar wurden. Eines steht fest: Der Virus löste eine wahre Massenpanik aus.

1.4 Generation Internet

Das Schlimmste stand uns allerdings noch bevor, denn verteilten sich Viren bis Mitte der 1990er Jahre noch im Schneckentempo von Diskette zu Diskette und gelangten im schlimmsten Fall in ein Intranet, so breiteten sich Viren mit dem Einstieg ins Internetzeitalter erheblich schneller aus – und auch das Ausmaß der Schädigung wuchs rasant! Sprachen wir früher noch von maximal einigen Tausend Computern in einem Infizierungsfall, galten ab etwa 1995 (zig) Millionen infizierter Computer als fast schon normal.

1995 gab es noch einen weiteren Meilenstein: der allererste Makrovirus namens *Konzept*. Ein Makrovirus war ein neuer Virentyp, der sich in einer Datei verbarg und in dem Moment ausgeführt wurde, in dem die Datei mit dem dazugehörigen Programm gestartet wurde. Makroviren versteckten sich vor allem in Word-Dateien – aus einem einfachen Grund: Word-Dokumente sind die am häufigsten versendeten E-Mail-Attachements. Schadcode in Word-Dateien zu integrieren steigerte die Erfolgschancen der Virenschreiber enorm – zumindest, was die Ausbreitung solcher Viren anbelangt.

Einer der übelsten Viren (zumindest vor dem Jahrtausendwechsel) war der *CIH-Virus*, auch Tschernobyl-Virus genannt. Dieser Virus hatte nichts mehr mit unschuldiger Spielerei oder Spaß zu tun: Wenn er Ihren PC heimgesucht hatte, konnte er Ihr BIOS (einen wichtigen Teil des Betriebssystems) „flashen" oder überschreiben, wodurch der PC nicht mehr gestartet oder das Motherboard nicht mehr angesprochen werden konnte. Oder aber er überschrieb zugleich die Festplatte, sodass Sie auch von hieraus nicht mehr starten konnten. Damit wurde ein neues Maß an Bösartigkeit und Kriminalität erreicht.

Im Jahr 1999 suchte uns dann *Melissa* heim. Dieser Virus, der ironischerweise den schönen Namen von Bill Gates', dem Gründer von Microsoft, Ehefrau trug, kombinierte einen Makrovirus wie Konzept mit Outlook-Intelligenz. Hierdurch richtete der Virus nicht nur Schaden an dem PC an, auf dem er gestartet wurde, sondern durchsuchte den PC nach Outlook-Kontakten und versendete eine infizierte Anlage an alle Personen im Adressbuch. Ab diesem Moment war die weltweite Infizierung keine „Einbildung paranoider Virenjäger" mehr, sondern bittere Realität.

Die „Infektion" schritt im Jahr 2000 mit dem *VBS.loveletter* weiter fort, dem Virus, der in den Medien als der „I love you"-Virus bekannt wurde, denn diese Floskel war der Betreff der E-Mail. Ich erinnere mich noch gut daran, als ich das erste Mal von diesem verfluchten „Liebesbrief" hörte. Ich war gerade damit beschäftigt, bei einem Kunden ein Antiviren-System für einen Mailserver zu installieren, als ich am Telefon gefragt wurde, ob ich denn den „I love you"-Virus kennen würde. Ich schloss schnell die Installation ab und ging dann eine halbe Stunde später ins Büro. Dort konnte ich meine Mailbox kaum mehr öffnen, so viele Nachrichten waren durch den Wurm, der sich selbst weiter versendete, in der Zwischenzeit eingegangen. Zahllose Mailserver waren blockiert, weil sie hoffnungslos überlastet waren. Dieses Ereignis war der direkte Auslöser dafür, auf höchster staatlicher Ebene eine Antimalware-Zelle zu gründen, die ich bereits in der Einleitung erwähnt habe. Merkwürdig war, wie viele Menschen diese Mail gleich öffneten, und das, obwohl sie den Absender überhaupt nicht kannten.

Noch schneller als „I love you" war der *SQL Slammer* (von 2003), ein Wurm, der einen SQL-Server nutzte, um sich auszubreiten. Dauerte es beim VBS.Loveletter noch mehrere Tage, bis der Befall offenkundig wurde, dauerte es beim SQL Slammer nur noch wenige Stunden, um den weltweiten Internetverkehr lahm zu legen. Slammer und seine SQL-Serverwurmbrüder Sobig und Blasters hatten noch eine andere Gemeinsamkeit: Sie wurden immer gleichzeitig mit großen Antivirus-Konferenzen in die Welt hinausgeschickt. Eine Provokation? Ein praktisches Manöver, um nicht zu schnell entlarvt zu werden? Wir werden wohl nie dahinter kommen, aber es hat viele von uns von Konferenzen fern gehalten.

Der Geschwindigkeitsrekord ist allerdings von *Myom* 2004 aufgestellt worden, einem Wurm, der sich nicht nur schneller als all seine Vorgänger ausbreitete, sondern immer wieder zurückkehrte – wie ein Bumerang. Ein besonders unangenehmes Exemplar also.

Im Jahr 2005 tat sich eine neue Dimension in der Virenwelt auf. Plötzlich waren auch Multimedia-Inhalte für die Verbreitung von Malware verantwortlich – zumindest galt das für die Rootkits auf CDs des Mediengiganten Sony. Diese enthielten einen effektiven Kopierschutz, der das Kopieren mittels Softwarecode verhinderte. Versuchten PC-Nutzer Kopien von Sony CDs zu brennen, wurden diese automatisch unlesbar und somit unbrauchbar. Sony erntete jede Menge Kritik für diesen Schritt, unter anderem weil es besonders kompliziert war, die Software aus dem System zu entfernen, da sie sich kaum bemerkbar machte.

▶ **Was ist ein Rootkit?** Ein Rootkit wird von Wikipedia als „eine Sammlung von Softwarewerkzeugen" beschrieben, die nach dem Eindringen in ein Softwaresystem installiert wird, um künftige Anmeldevorgänge („Logins") des Eindringlings zu verbergen und

Prozesse und Dateien zu verstecken. Das Rootkit nistet sich tief im Betriebssystem ein, sodass das Betriebssystem möglicherweise instabil wird.

Auch wenn Wikipedia angibt, dass es sich bei dem Urheber meistens um einen Hacker handelt, kann so etwas sogar einem Wirtschaftsunternehmen passieren, siehe den Fall Sony. Die Firma wollte mit ihrem Rootkit verhindern, dass ihr urheberrechtlich geschütztes Material auf den (Musik-) CDs auf andere Medien kopiert werden konnte. Doch selbst wenn ein Rootkit lediglich als Kopierschutz gedacht ist, erweist es sich doch als Multitalent, das auch zu anderen Zwecken genutzt werden kann. Manche Rootkits können mit dem Arbeitsspeicher eines PCs anstellen, was sie wollen: Dateien oder Systemdaten lesen, ändern oder manipulieren. Und das alles, ohne dass der Benutzer etwas davon merkt.

Mein fachliches Interesse wurde insbesondere von dem *Anna Kurnikova-Virus* geweckt. Natürlich nicht wegen des in der E-Mail versprochenen Fotos der attraktiven ehemaligen Tennisspielerin. Wie ich weiß, bekam man diese überhaupt nicht zu sehen. Alles was nötig war, um dem Wurm den Weg in seine Outlook-Kontakte zu zeigen, war, das Script zu öffnen. Mich faszinierte der Wurm, weil er die erste Malware war, vor der das *Emergency Response Team,* das von staatlicher Seite eingerichtet worden war (siehe Einleitung), sogar im Radio warnte. Ohne diese Warnungen hätte sich der fleißige Virus vielleicht wesentlich öfter in ganz Belgien ausgebreitet.

Der erste nennenswerte Virus, der zur Infizierung von Smartphones entwickelt wurde, heißt *Cabir* und stammt aus dem Jahr 2004. Dieser Wurm wurde für Smartphones mit einem Symbian-Betriebssystem entwickelt und verbreitete sich über Bluetooth. Es war daher relativ einfach, sich vor ihm zu schützen – Bluetooth auszuschalten genügte –, was ihn zu einem relativ harmlosen Schädling machte. Das eigentlich gefährliche an Cabir war seine Hartnäckigkeit: So lange Smartphone-Besitzer sich im Bereich des infizierten Gerätes aufhielten, wurden sie aufgefordert, Software zu installieren, egal, wie oft sie ablehnten. Aus reiner Frustration sind viele Menschen dieser Aufforderung gefolgt, anstatt sich einfach ein paar Schritte aus der Gefahrenzone zu begeben und so die Bluetooth-Verbindung zum infizierten Gerät zu unterbrechen.

Nicht nur Smartphones gerieten im Laufe der Jahre immer stärker ins Visiers der Malware-Entwickler. Auch die bisher weitestgehend verschont gebliebene Apple-Community sollte ihr Malware-Waterloo erleben. 2006 setzte der Virus *Leap* dem Mythos, Apple würde für alle Ewigkeit virenfrei bleiben, ein definitives Ende.

Im Jahr 2007 schlug der *Storm Worm* zu, der erste Wurm, der *Command-and-control (C&C)* Server nutzte und für den Bau eines Botnets einsetzte. Ein *Botnet* ist eine Art Zombiarmee: Ihr PC wird ohne Ihr Wissen von Cyberkriminellen genutzt, um gemeinsam mit anderen PCs einen Angriff auf eine Webseite auszuführen oder sie zu hacken (mit tausenden Zugangsversuchen gleichzeitig) oder schlichtweg lahm zu legen. Hierbei handelt es sich um eine Art „Webseiten-Sturmangriff". Der Storm Worm machte seinem Namen alle Ehre.

Botnets werden zu unterschiedlichen Zwecken eingesetzt: Um massiv Spam zu versenden, *DDoS*-Attacken (siehe Definition) auszuführen und um andere PCs mit Spyware zu infizieren, um nur einige Optionen zu nennen. Sie werden über die C&C Server, besser

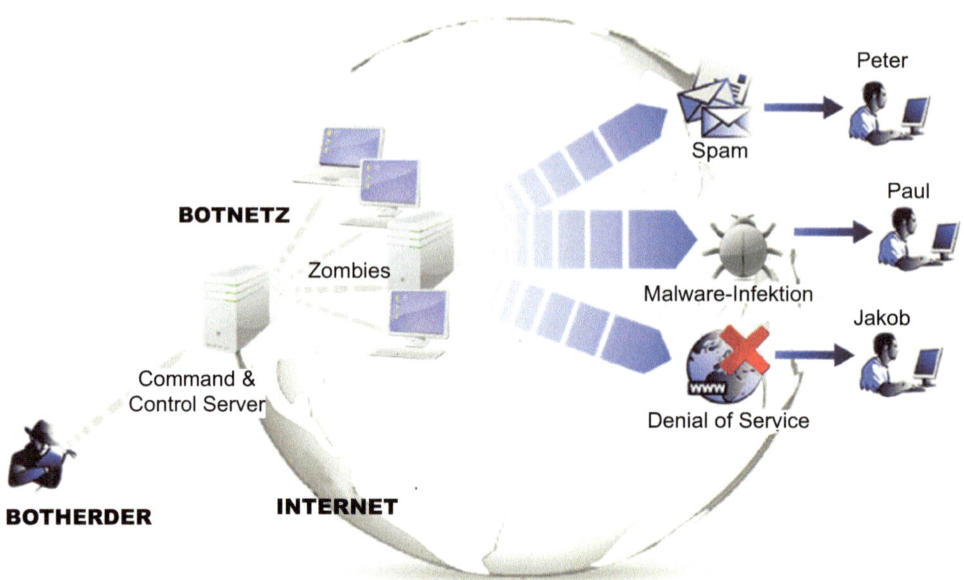

Abb. 1.1 Struktur eines Botnets

gesagt, durch denjenigen, der den Server anspricht, gesteuert. Manchmal wird diese Person auch als „Botherder" („Bothirte") bezeichnet, siehe Abb. 1.1, weil er die Zombies des Botnets wie ein Hütehund zusammentreibt und dafür sorgt, dass sie sich nur in eine bestimmte Richtung bewegen können. Ich für meinen Teil hätte gerne eine weniger friedfertige Bezeichnung dafür, wie beispielsweise „Botsergeant".

▶ **Was ist DDoS?** „(Distributed) Denial of Service", kurz DDoS-Attacken sind auf eine spezielle Site oder einen Dienst ausgerichtet mit der Absicht, diesen lahm zu legen. „Denial of Service" ist im Prinzip schon das Ergebnis, das mit einer solchen Attacke erreicht werden soll: Die attackierte Site verweigert ihren Dienst, sie ist schlichtweg nicht mehr erreichbar.

Fast alle Webserver sind in der Lage, hunderttausende User-Anfragen zu verarbeiten. Aber auch diese Dienste haben ihre Grenzen. Wird ein Server lange genug von immer mehr Clients gleichzeitig angefragt, wird er irgendwann zusammenbrechen. Der Server bleibt dann sozusagen „hängen". Sie können sich das so vorstellen, als wenn Sie zu viele Programme auf Ihrem PC gleichzeitig starten – irgendwann wird dieser auch „hängen" bleiben.

Den beschriebenen Vorgang nennt man Distributed Denial of Service Attack (DDoS), wenn der Angriff durch tausende oder noch mehr Geräte gleichzeitig ausgeführt wird. Häufig handelt es sich dabei um ein einziges Zombie-Netzwerk, das zentral verwaltet wird. Die gekaperten Rechner – sogenannte Zombie-PCs – versuchen beispielsweise zeitgleich, dieselbe Webseite aufzurufen und legen sie somit lahm.

Auch die sozialen Netzwerke wurden zum Opfer von Malware. Vor allem Facebook stand durch seine Popularität im Fokus der Kriminellen. 2008 tauchte der *Koobface*-Wurm auf – ein in der Tat recht origineller Name. Mit diesem Wurm infizierte Facebook-Nutzer schickten ungewollt Nachrichten an Freunde mit der Botschaft, dass diese ein bestimmtes Programm, zum Beispiel das Adobe Flash-Update, herunterladen sollten. Durch das Herunterladen wurde auch der PC des Freundes infiziert und der Wurm setzte seine Suche nach weiteren Opfern fort. Die infizierten PCs wurden letztendlich als Zombies Teil eines Botnets.

2008 gab es eine der größten Malware-Attacken überhaupt. *Conficker* infizierte Unternehmen und PCs privater Nutzer sowie Behörden – so gut wie keiner blieb verschont. Es war eine der arbeitsreichsten Zeiten, die Antivirus-Hersteller je erlebten. Und der Wurm war langlebig und zäh: Selbst im Jahr 2014 gibt es noch hunderttausende PCs, die mit Conficker infiziert sind, wobei die Dunkelziffer weitaus höher liegen mag. Die infizierten PCs wurden in Botnetze eingebunden.

Im Jahr 2010 tauchte die erste Malware für Android auf, woraus die offizielle Bestätigung abgeleitet werden durfte, dass Android inzwischen zur populärsten Smartphone-Plattform weltweit herangewachsen war. In diesem Jahr wurden wir mit den ersten „Banking-Trojanern" konfrontiert, die es auf Mobile-Banking-Kunden abgesehen hatten.

Das Jahr 2010 wird denjenigen, die gegen Malware kämpfen, als das Jahr von *Stuxnet* in Erinnerung bleiben, dem wohl fortschrittlichsten Malwareprogramm, dem wir je begegnet sind. Es ist so „schlau", dass es unmöglich das Werk einfacher Cyberkrimineller sein kann. Schon deshalb, da dieser Wurm wahrscheinlich nur ein einziges Ziel verfolgte: die Verzögerung der Urananreicherung in einem iranischen Atomkomplex. Auf diesen Fall wird in Kap. 4 noch ausführlich eingegangen.

2011 und 2012 gab es mit *Duqu* und *Flame* noch weitere Attacken, bei denen ebenfalls Geheimdienste unter Verdacht gerieten für die Entwicklung verantwortlich gewesen zu sein. Das Zeitalter der fortschrittlichen Cyperattacken und -Spionage durch Staaten hatte offiziell begonnen.

Anfang 2014 veröffentlichten die Experten der G DATA SecurityLabs ihre Entdeckung einer hochkomplexen Spionagesoftware mit russischen Wurzeln: *Uroborus*. Die Schadsoftware hatte es auf den Diebstahl von hochsensiblen und geheimen Informationen aus high-potential-Netzwerken, wie staatlichen Einrichtungen, Nachrichtendiensten oder Großunternehmen abgesehen.

1.5   Die mobile Generation

Wir sprachen bereits kurz über Malware auf mobilen Endgeräten. Seit 2010 wächst die Zahl der Android-Malware-Programme fast exponentiell (s. Abb. 1.2) und ein Ende dieses Trends ist noch nicht abzusehen. Auch die Zahl der Opfer steigt weiter rapide: Inzwischen sind bereits Millionen Smartphones infiziert.

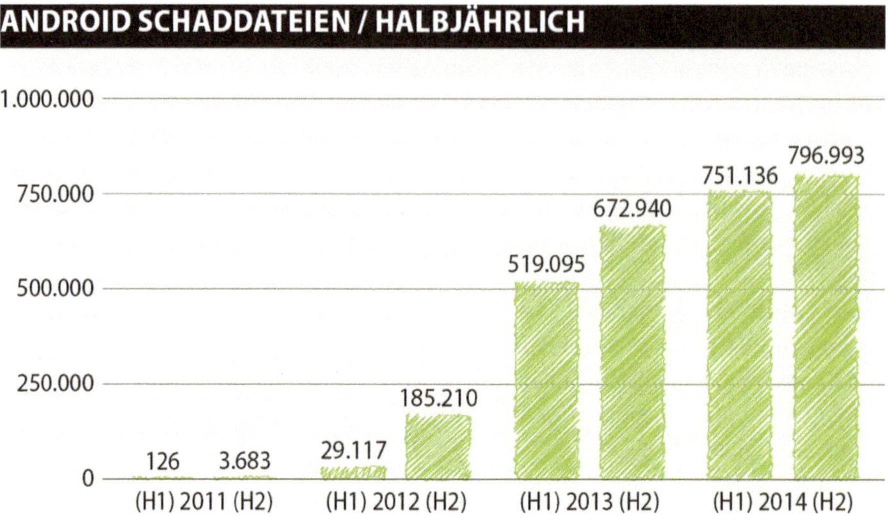

Abb. 1.2 Anstieg der Zahl der Malware-Programme für Android

Android hat MacOS, Linux und andere Betriebssystems eingeholt und ist jetzt die Plattform mit der zweitgrößten Menge an Malware. Vorläufig ungeschlagen führt Windows mit 99 % der Malware die Tabelle an. Wie sich dies in den kommenden Jahren entwickeln wird, kann niemand sagen. Dass Malware in offenen Plattformen wie Android in den kommenden Jahren exponentiell weiter ansteigen wird, dürfte klar sein.

Bei Apples iOS verhält es sich etwas anders. Apple Smartphones beziehungsweise Tablets haben vorerst keine oder zumindest nur wenig Probleme mit Malware, weil das Unternehmen strikt kontrolliert, welche Apps in seinem Appstore angeboten werden. Andererseits lässt es aber für die Plattform keine Antiviren-Apps zu, wodurch nur Apple selbst für den Schutz seiner Smartphones und Tablets sorgen kann. Derzeit ist das kein Problem, das stimmt, aber eines Tages wird es vielleicht eine Malware geben, die sich klammheimlich den Weg in iTunes sucht. Dann wird Apple selbst hoffentlich eine Lösung vorhalten. Da der Konzern aus Palo Alto bislang die gesamte Antiviren-Industrie zurückgewiesen hat, bleibt nur zu hoffen, dass eine mögliche Lösung schneller verfügbar ist, als eine weltweite Infizierung.

Es mag den einen oder anderen verblüffen, aber ich bin sicher: Hätte das iOS von Apple einen ebenso hohen Marktanteil wie Android, gäbe es auch erheblich mehr Malware für das iPhone. Zugegeben, es ist schwieriger, Malware in den Appstore einzuschleusen. Das ist aber nicht der Grund, der die Malware-Schreiber zu Android treibt. Je stärker der Anteil auf dem Markt ist, umso größer ist das Interesse der Cyberkriminellen. Besäße Apple achtzig anstatt der heute nicht mal zwanzig Prozent der Marktanteile, wäre das Interesse der Cyberkriminellen ein weitaus größeres als es derzeit der Fall ist.

Vorläufig haben auch Blackberry und Windows Phone keine nennenswerten Probleme mit Malware, aber auch das sagt mehr über ihren Mangel an Popularität als über die Sicherheit dieser Plattformen aus.

1.6   Zum Schluss

Abbildung 1.3 sagt mehr als tausend Worte. In den vergangenen Jahren ist die Anzahl der Computerschädlinge spektakulär gestiegen. Malware ist überall, wird meistens aber auch schnell entdeckt und entfernt, wie in den Grafiken dargestellt.

Die meisten Antiviren-Herstellern veröffentlichen regelmäßig Statistiken über Malware, die sie mit ihren Sicherheitslösungen in den vergangenen Jahren entdeckt und unschädlich gemacht haben. Dabei scheinen bei einigen Anbietern konservative Schätzungen aus der Mode gekommen zu sein. So kommt es, dass einige Hersteller laut ihren Reports und Statistiken weit mehr Malware gefunden haben als ihre Mitbewerber. Leicht werden hier Äpfel des Herstellers A mit Birnen des Herstellers B verglichen – denn: Manche Hersteller zählen lediglich die Virenfamilien, während andere jede Mutation des jeweiligen Schädlings mitzählen. So ergibt schnell ein scheinbar unterschiedliches Lagebild als Ergebnis der unterschiedlichen Zählweise. Das bedeutet aber nicht automatisch, dass eine der beiden Zahlen falsch ist oder der fragliche Hersteller mehr oder weniger Malware unschädlich gemacht hat.

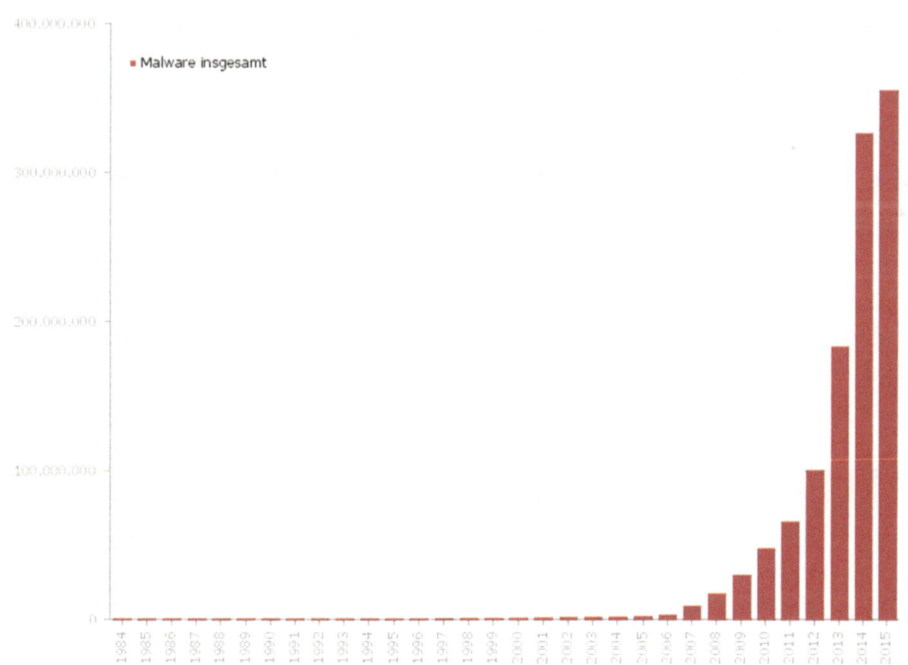

Abb. 1.3 Gesamtumfang der Malware pro Jahr

Was können wir aus der Geschichte lernen?

1. Mit dem VBS.loveletter wurde uns eines schmerzhaft verdeutlicht: Der Mensch ist oftmals das schwächste Glied in der Verteidigungskette der Malware-Bekämpfung. Es ist egal, wie oft darauf hingewiesen wird, vorsichtig mit E-Mails von Absendern umzugehen, die man nicht kennt. Es genügt eine einfache Botschaft wie „I love you", um alle bisherigen Warnungen konsequent zu ignorieren. So stark der Wunsch nach Liebe auch sein mag, tappen Sie deshalb nicht in die Malware-Falle.

2. Auch andere menschliche Eigenschaften werden gern missbraucht, was uns der Symbian-Wurm Cabir zeigt. Wenn eine Applikation oder ein Dienst nur lange genug darauf drängt, zum Beispiel ein Update zu installieren, werden viele Menschen diesem Drängen irgendwann schon deshalb nachgeben, um die permanenten Aufforderungen ein für alle Mal los zu sein – außer Acht lassend und unwissend, was sie da tatsächlich installieren.

3. „Wenn ich nichts sehe, ist auch nichts da." Falsch gedacht! In diesem Kapitel wurde bereits mehrfach klar: Viren und Würmer sind schon lange nicht mehr die ekligen kleinen Biester, die sich direkt festsetzen und dann schnellstmöglich vom PC entfernt werden können. Der übergroße Teil der Malware nistet sich vollkommen unbemerkt in PCs ein und führt im Hintergrund Aufgaben aus, von denen Sie in manchen Fällen erst Monate oder sogar Jahre später – manchmal auch gar nicht – erfahren. Malware ist meistens unsichtbar, weshalb Sie sich nicht dazu verleiten lassen sollten, sich fälschlicherweise sicher zu fühlen, weil Ihr PC nichts (sichtbar) Ungewöhnliches tut. Dieser Botschaft werden Sie noch häufiger begegnen, weil sie so unglaublich wichtig ist. Seien Sie gewarnt!

Hätten Sie's gewusst … ?

Netsky ist der momentan vielleicht populärste belgische Danceact. Der Mann hinter Netsky ist Boris Daenen, ein 25-jähriger Wunderknabe. Wussten Sie auch, dass er seinen Namen von einem Wurm aus dem Jahr 2004 übernommen hat, der rund zwei Jahre lang weltweit die meisten Computer infizierte? Bleibt zu hoffen, dass unser Netsky nur echte Ohrwürmer verbreitet.

Einige Meilensteine
- **1983**: Frederick Cohen definiert den Begriff des „Virus" und führt ihn ein.
- **1986**: *Brain*, der erste PC-Virus taucht auf. Der Virus verteilt sich, indem er seinen Code in den Bootsektor von Floppy-Disks schreibt.
- **1987**: Ralf Burger bringt das Buch *Computer viruses – a high-tech disease* heraus.
- **1988**: Der *Morris*-Wurm infiziert ungefähr zehn Prozent der Computer, die an das Internet angeschlossen sind (ungefähr 6000 Computer).

Abb. 1.4 Uroborus
Illustration von G DATA
Software AG

- **1989**: *Ghostball* ist der erste multipartite Virus.
- **1989**: Der *Aids*-Virus ist die erste bekannte Ransomware.
- **1992:** *Michelangelo* ist der erste Virus, der massives mediales Interesse auf sich zieht.
- **1995:** *Konzept* ist der erst Makrovirus.
- **1999:** *Melissa* läutet das Zeitalter der Massenmailings ein, was weltweite Epidemien zur Folge hat.
- **2000**: *VBS.Loveletter*, ein sich rasend schnell verbreitender Wurm, der als „I love you"-Virus bekannt wird.
- **2003:** *SQL Slammer*, ein dateiloser Wurm, der für eine weltweite Epidemie verantwortlich wird.
- **2004:** *Cabir*, erster „proof-of-concept" für Symbian, der sich über Bluetooth verteilt.
- **2006:** *Leap* ist der erste Virus für Mac OSX.
- **2007:** *Storm Worm* nutzt als erster die distribuierten C&C-Server.
- **2008:** *Koobface* ist die erste Malware, die Facebook attackiert.
- **2008:** *Conficker* infiziert Firmen, Nutzer und Behörden und verursacht eine der größten Epidemien der Geschichte.
- **2010:** *FakePlayer* ist ein SMS-Trojaner für Android.
- **2010:** *Stuxnet* führt eine gezielte Attacke auf eine iranische Urananreicherungszentrale im Iran aus.
- **2011:** *Duqu* ist ein fortschrittlicher Trojaner, der Informationen sammelt.
- **2012:** *Flame* ist ein sehr fortschrittlicher Spionagevirus.
- **2014:** *Uroburos* infiltriert das belgische Außenministerium und weitere europäische Organisationen (s. Abb. 1.4).

2.1 Die Graffiti-Sprayer und Script-Kids

Die ersten Viren und Würmer wurden von Teenagern und Studenten geschrieben, die es einfach nur interessierte, wie schnell sie ihren Virus in die große weite Welt hinausschicken konnten. Böse Absichten versteckten sich dahinter fast nie. Sie legten den Grundstein bis ca. 2006, schrieben aber eigentlich den geringsten Teil der Malware. Allerdings bildeten sie die größte Gruppe der Malware-Schreiber. Aber auch in den Anfangsjahren waren sie nicht die Einzigen, bereits damals waren Cyberkriminelle aktiv.

Weil sie technisches Talent bewiesen und damit angeben wollten, nenne ich sie auch heute noch „Script-Kids". Damals wurde Malware oftmals über Copy und Paste der im Internet gefundenen Scripte weitergeleitet. Dies dürfte auch der Grund für deren schlechte technische Qualität gewesen sein und Antivirenprogramme hatten meist kaum Probleme mit der Beseitigung. Diese Malware findet man heute gelegentlich noch – sie spiegelt aber lange nicht mehr den aktuellen Stand der Möglichkeiten wider.

2.2 Die Cyberkriminellen

Während dieses Buch geschrieben wurde, war diese Gruppe für 99 % der Malware verantwortlich. Und sie tut es nur aus einem einzigen Grund: Geld. Wir werden uns in Kap. 3 über die Wirtschaft der Unterwelt noch intensiv mit diesem Thema befassen. Die technische Expertise der Cyberkriminellen wird zunehmend besser.

© Springer Fachmedien Wiesbaden 2015
E. Willems, *Cybergefahr*, DOI 10.1007/978-3-658-04761-0_2

2.3 Die unwissend Böswilligen

Diese relativ kleine Gruppe will nur ihre Programme und Daten schützen, setzt hierzu aber Software ein, die wiederum von Dritten mit weniger guten Absichten genutzt werden kann. Das Sony-Rootkit aus dem vorherigen Kapitel illustriert das recht anschaulich. Aber auch so manche Aktionen unterschiedlicher Ministerien bei der Bekämpfung von Cyberkriminalität, auf die ich in Kap. 11 eingehe, fallen in diese Kategorie.

2.4 Die Behörden und Ministerien

Viele Staaten haben spezielle Institutionen gegründet, um Cyberangriffe auf ihre zivile oder militärische IT-Infrastruktur durch andere Nationen oder Cyber-Terroristen abwehren zu können. Inzwischen dürfte aber wohl niemand mehr daran zweifeln, dass die meisten Länder Malware auch einsetzen, um andere Nationen zu bespitzeln oder gezielte Attacken auf „feindliche" Ziele zu verüben. In Kap. 4 werden wir diese Aktivitäten aufdecken.

2.5 Und was ist mit den Hacktivisten?

Hier liegt der Fall etwas komplizierter. Eigentlich sind die Hacktivisten, wie das Wort suggeriert, Hacker und keine Malware-Schreiber. Als Hacker reicht es nicht, nur Schadcode zu schreiben – ganz andere Fähigkeiten werden verlangt. Oftmals ist der Hacker zwar auch ein Malware-Schreiber, aber grundsätzlich sind es unterschiedliche Personen, die als Team zusammenarbeiten. Hacker sind auf das Eindringen und/oder Lahmlegen von Webseiten und/oder Netzwerken spezialisiert, während sich Malware-Entwickler auf die Verbreitung ihres Codes konzentrieren. Sie können dabei durchaus auch „Aktivisten" sein, die Malware zu einem „höheren Ziel" einsetzen wollen oder um der Welt eine Botschaft zu verkünden.

Der Verfasser des Urvirus

Der erste Virus datiert auf das Jahr 1986, aber auch der erste Verfasser? Nun ja, genau genommen natürlich schon, aber dieser „Erfindung" sind ja verschiedene jahrelange Versuchsreihen – die Virusprähistorie sozusagen – vorausgegangen. Sie werden in dem großartigen Nachschlagewerk von François Pagets mit dem Titel Vers & Virus (Wurm und Viren) beschrieben. Einige Höhepunkte möchte ich Ihnen natürlich nicht vorenthalten.

Der ungarisch-amerikanische Wissenschaftler John von Neumann schrieb viele revolutionäre Beiträge, er dürfte aber auch durch seine Rolle im Manhattan-Projekt, das zur ersten Atombombe führte, bekannt sein. Seine Analyse der Struktur selbstreplizierender Organismen hat indirekt zur Entdeckung der DNA-Struktur geführt. Allerdings hat sie auch zur Erfindung eines Virus oder Wurms in Form eines digitalen Organismus beigetragen, der in der Lage ist, sich selbst zu reproduzieren.

Im Jahr 1971 entdeckten wir ein erstes Programm, das sich wie ein Wurm verhielt. Es hieß damals Creeper, konnte sich von Computer zu Computer bewegen und diente quasi als Übungswerkzeug für die Luftverkehrsleitung: Immer dann, wenn sich das Programm in einen Computer einnistete, erschien auf dem Bildschirm des jeweiligen Computer: „I'm creeper! Catch me if you can!" Nachfolgende Versionen von Creeper konnten sich sogar fortpflanzen. Später wurde dann Reaper entwickelt, um alle Creeper zu entfernen. Es ist ein wenig wie ein Katz-und-Maus-Spiel, das Wurm und Antivirus jahrelang durchhalten.

Last but not least möchte ich den Science-Fiction-Autor David Gerrold, der unter anderem an der Star Trek-Reihe mitgeschrieben hat, nicht unerwähnt lassen. In seinem Roman When HARLIE was one wird HARLIE (Human Analogue Robot Life Input Equivalents) als ein Computer mit stark entwickelter künstlicher Intelligenz beschrieben, der mit anderen Computern in Kontakt treten kann, um sie neu zu programmieren oder ihre Daten zu ändern. Um den Kontakt herzustellen, nutzt er ein Programm, das nach Zufallsprinzip Nummern anwählt, in der Hoffnung, dass die Nummer einem anderen Computer gehört. Sobald ein Computer gefunden ist, wird das Programm auch auf diesen Computer geladen. Der Name des Anwählprogramms? Ganz einfach: Virus.

2.6 Gigabyte: Made in Belgium

Auch die „öffentlichste Botschaft" eines Viren-Schreibers kann manchmal sehr persönlich sein. Betrachten wir einmal die Geschichte der allerersten – zumindest soweit wir wissen – weiblichen Malware-Entwicklerin der Welt mit dem „Künstlernamen" Gigabyte. Diese – man höre und staune – Belgierin beschäftigte sich bereits seit längerer Zeit experimentell mit Viren, als sich der renommierte Virenjäger Graham Cluley ausgesprochen herablassend und überheblich über Viren-Schreiber äußerte. Daraufhin begann Gigabyte aus Rache Viren zu schreiben, die spezielle Nachrichten für Cluley enthielten.

Gigabyte war der Prototyp eines Graffiti-Sprayers (auf dem Höhepunkt ihrer „Karriere" war sie ungefähr achtzehn Jahre alt), ohne jede kriminelle Intention. Sie verbreitete Viren nie selbst, sondern setzte sie auf ihre Webseite, sodass Dritte sie zur Verbreitung nutzen konnten. Paradoxerweise gab es auf der Seite einen Warnhinweis (s. Abb. 2.1), der besagte, dass es nicht erlaubt sei, die Viren in krimineller Absicht herunterzuladen.

Journalisten der damaligen Online Station TechTV wiesen sie auf die Widersprüchlichkeit dieser Situation hin: Wer eine Waffe anderen zur Verfügung stellt, muss davon ausgehen, dass es jemanden gibt, der sie nutzt. Sie zuckte daraufhin nur mit den Schultern und gab die Schuld an die User weiter: „wenn die so blöd sind … " Die Schuld anderen zuzuschieben, war typisch für sie. Microsoft war ja auch selbst schuld, dass es so einfach war, Viren für die Windows-Plattform zu schreiben. Als Microsoft zum Gegenangriff mit

Abb. 2.1 Gigabyte Disclaimer: „Diese Viren sind NICHT zur Verbreitung vorgesehen"

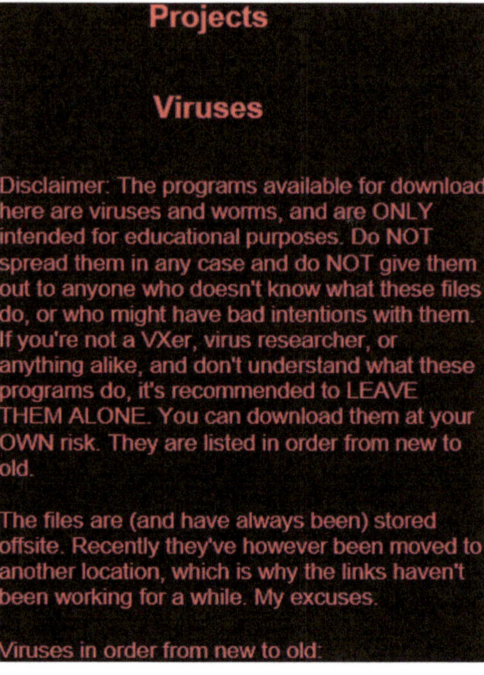

dem Namen *Trustworthy Computing* ausholte, sah sie hierin lediglich einen hinterhältigen Plan, noch mehr Menschen an Microsoft zu binden. *„Conclusion: Bill Gates is Satan"* schlussfolgerte sie triumphierend (s. Abb. 2.2).

Und doch war sie, so stellte ich später fest, eine geradezu schüchterne, liebenswerte junge Frau (siehe auch Absatz „Zufällig demaskiert" in Kap. 2.7), für die das Schreiben von Viren vor allem ihre eigene Ausdruckform war, sich zu behaupten, keinesfalls aber mit der Absicht, anderen zu schaden oder sie zu verletzen. Sie wurde verhaftet und verhört und schwor daraufhin, nie wieder Viren zu schreiben oder sich mit Malware zu befassen. Soweit ich weiß, hat sie sich an ihr Versprechen gehalten.

2.7   Virenschreiber und Virenjäger

Vor zwanzig Jahren hätte ich das nicht zu schreiben gewagt. Lange Zeit war es absolut verpönt in der Antivirenwelt, den Kontakt zu Verfassern von Viren und Malware zu suchen. „Kontakt mit dem Feind zu suchen, das gehört sich nicht" war der damals geltende Leitsatz. Und doch kann genau das tiefe Einblicke in die Psyche und Denkweise der Malwareschreiber ermöglichen, von denen man bei der Bekämpfung von Malware profitiert. Dr. Sarah Gordon ist in verschiedenen Artikeln für Antivirus- und andere Fachzeitschriften auf diese Thematik eingegangen. Sie profitierte aus ihren Kontakten und kam zu folgenden Erkenntnissen:

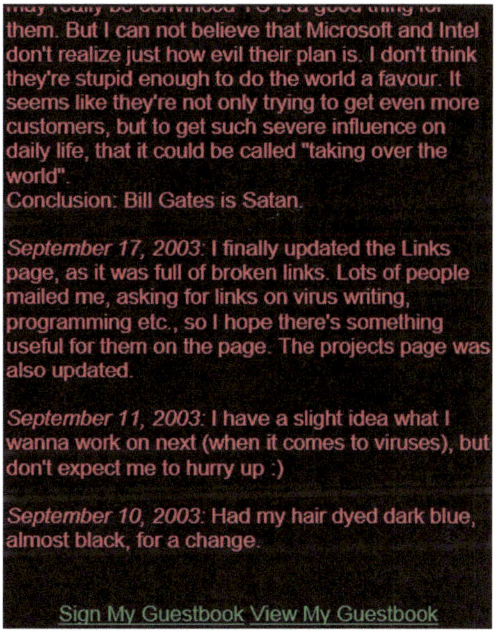

Abb. 2.2 Aus Gigabytes Tagebuch: „Bill Gates is Satan"

1. Den typischen Virenschreiber gibt es nicht! Es sind nicht alle einsame Nerds, die ihre Intelligenz unter Beweis stellen wollen. Allerdings war die Mehrheit der Virenschreiber seinerzeit männlich, zwischen 13 und 26 Jahre alt und entwickelte aus ganz individuellen Gründen Viren.
2. Die wichtigsten Triebfedern der Virenschreiber: der Drang nach Anerkennung, die technische Herausforderung, das Verlangen, einer bestimmten Gruppe anzugehören, Rache, Neugier und das befriedigende Gefühl, wenn man nachweisen konnte, dass ein System nicht wasserdicht war.
3. Strengere Gesetze greifen kaum, um Virenschreiber von ihrem Tun abzubringen, es sei denn, sie bekommen wirklich zu spüren, dass diese Gesetze auch konsequent durchgesetzt werden. Wird jemand verhaftet, aber erst nach Monaten oder sogar Jahren verurteilt, lässt dies die Virenschreibergemeinschaft ziemlich kalt. Will man sie auf andere Gedanken und Hobbys bringen, führt kein Weg daran vorbei, ihnen klarzumachen, dass Viren nicht cool sind!
4. Werden Virenschreiber aktiv, ist ihnen meist gar nicht bewusst, dass sie etwas Böses tun. Sie verdrängen diese Tatsache und suchen nach Entschuldigungen in Phrasen wie „nur zu Forschungszwecken" und „Haftung für Malware ist ausgeschlossen".
5. Die Erkenntnis, erheblichen Schaden durch die eigenen Taten zu verursachen, reift erst mit zunehmendem Alter. Sarah Gordon musste leider feststellen, dass die Betreffenden immer älter sind, wenn ihnen die Folgen ihrer Machenschaften klar werden – früher bereits mit 21, jetzt erst mit 25. Wohl gemerkt: Ich rede hier von Hobby-Virenschreibern, nicht von den wahren Cyberkriminellen. Auf sie gehe ich im nächsten Kapitel ein.

Es kursieren jede Menge Missverständnisse über das komplexe Verhältnis zwischen Virusschreibern und Virusjägern. In Kap. 7.12 werden wir sie näher beleuchten.

Aus dem Tagebuch

Zufällig demaskiert

Mai 2002

Die Homepage von Gigabyte

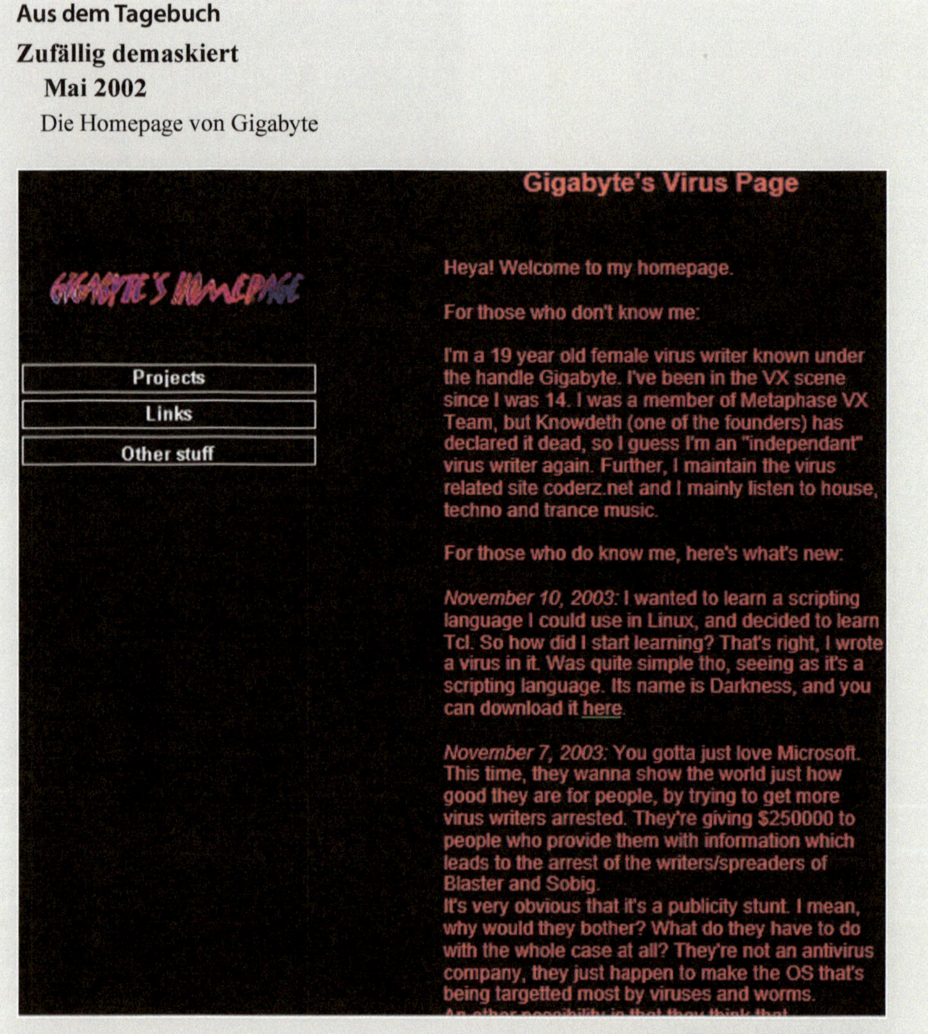

Ehrlich gesagt fasziniert mich der Werdegang der belgischen Virenschreiberin Gigabyte. Sie wurde ins Fernsehen eingeladen, um von ihrer Motivation, Viren zu schreiben, zu erzählen (von dem oben bereits erwähnten Fernsehsender TechTV, einem Sender aus San Francisco, der sich auf Technik und Internet spezialisiert hatte und in 73 Ländern ausgestrahlt wurde. Heute ist er in die „G4" übergegangen). In dem Beitrag wurden Fotos ihrer Schule gezeigt, die mich an die meines Heimatstädtchens Mechelen erinnerten. Auch die Fassade ihres Hauses wurde gezeigt. Als ich einige Tage später durch ein Wohngebiet in meiner Nachbarschaft fuhr, wurde mir schlagartig klar, dass hier Gigabyte leben musste. Sieh an, ich hatte die Chance, sie zu demaskieren. Sarah Gordon war völlig aus dem Häuschen, als sie davon erfuhr. Sie bat mich gleich, den Kontakt zwischen ihr und Gigabyte herzustellen. Wir organisierten ein Treffen zwischen den beiden in einem Schloss in Luxemburg, unweit des Ortes, an dem auch eine EICAR-Konferenz (2004) stattfand. Es sorgte in der Antiviruswelt für einen riesen Wirbel, viele wollten wissen, mit wem sich Sarah traf und umso größer war das Erstaunen, als klar wurde, dass es sich um Gigabyte handelte. Peux á peux sickerte nämlich auch in der Antiviruswelt durch, dass es von Nutzen war, den Feind besser zu kennen und somit auch besser zu verstehen.

Fakt ist, dass diese Erkenntnis nur zögerlich angenommen wurde, was sich auch zeigte, als kurze Zeit später ein Virenschreiber einen Vortrag auf der Antiviruskonferenz Virus Bulletin halten sollte. Zugegeben, man lynchte ihn nicht, aber die Atmosphäre im Saal war äußerst feindlich, er wurde ständig mit Vorwürfen konfrontiert und sein Vortrag verlief alles andere als reibungslos.

Man kann sagen, dass die Gefahren, denen wir bislang begegnet sind, relativ harmlos waren. Doch jetzt tauchen wir tief in den Untergrund ein und suchen die dunklen Ecken der Cyberwelt auf, wo Kriminalität am besten gedeiht. In der Welt der Untergrundwirtschaft haben wir es nicht länger mit Hackern zu tun, die sich damit brüsten, zu wie vielen Webseiten sie sich mit gefälschten Daten Zugang verschafft haben. Die Hacker von heute rühmen sich damit, wie viele Kreditkarten sie mit ihrem Botnet gestohlen haben. Kreditkarten mit Daten, die bares Geld wert sind.

Im digitalen Untergrund findet man inzwischen alles, was es auch in einem „echten" Wirtschaftsumfeld gibt: Hersteller, Händler, Lieferanten, die „Betrüger" und Kunden. In dieser Schattenwelt das erste Geld zu verdienen, ist für viele das Sprungbrett in die organisierte Kriminalität, obwohl (oder vielleicht auch gerade weil) man zu keinem Zeitpunkt persönlichen Kontakt mit den „Geschäftspartnern" hat. Ich werde Ihnen zeigen, dass es sich bei den Cyberkriminellen nicht um eine kleine, ungefährliche Minderheit, sondern um ein Milieu der organisierten Kriminalität handelt.

Mit den Worten von …
Bob Burls, IT Security Consultant and Detective Constable – Computer Crime Unit New Scotland Yard (pensioniert)
In den vergangenen fünfzehn Jahren hat sich die Cyberkriminalität rasant entwickelt. In den ersten zehn Jahren des 21. Jahrhunderts waren die Cyberkriminellen hauptsächlich noch damit beschäftigt, sich gegenseitig zu bekämpfen. Man machte sich die Systeme anderer zu eigen, weil … ja, weil man es konnte. Diese Kriminellen bauten sich ihre eigenen Tools und missbrauchten schamlos jede Sicherheitslücke, die sie finden konnten. War eine Lücke geschlossen worden, machten sie sich auf die Suche nach der nächsten. Es war ein regelrechtes Katz-und-Maus-Spiel. Erinnern Sie sich noch an den „*Unicode exploit*", mit dem man beschränkte Rechte

© Springer Fachmedien Wiesbaden 2015
E. Willems, *Cybergefahr*, DOI 10.1007/978-3-658-04761-0_3

umgehen konnte? In der Zeit der Netzwerkwürmer zeigte sich das Internet von seiner verletzlichen Seite.

Als klar wurde, dass man sich mithilfe von Botnets eine goldene Nase „verdienen" konnte, gab es einen radikalen Umbruch, denn mit einem Mal hatten sie einen messbaren Wert. Man begann, Modelle zu entwickeln, woraufhin auch die ersten Banking-Trojaner entstanden. Die Cyberkriminellen wollen nur noch eins: jede Menge Geld. Deshalb suchen sie nach „Geschäftsmodellen" mit möglichst geringem Risiko und möglichst hohem Profit. Die Designer und Macher dieser modernen Malware missbrauchen das Internet in einer Weise, die wir früher nie für möglich gehalten hätten. *Fast-flux botnets, domain generation*-algorithms und Rootkit-Technologien – das Erforschen von Cyberkriminalität ist eine unglaubliche Herausforderung geworden. Cyberkrimminielle schließen sich zusammen wie bei der Einführung des ZeuS-Quellcodes und dem Nachwachsen seiner Saat ICE IX und Citadel. Fluchttaktiken werden offen kommuniziert und sind das Ergebnis einer Ko-Produktion.

Mithilfe der „Point and click"-Technologie, der Entwicklung von *Crimeware kits* und dem starken Wachstum der Untergrunddienste wurde es immer einfacher, ein Cyberkrimineller zu werden.

Bob Burls ist unabhängiger IT Security Consultant für die Police Central e-Crime Unit (PCeU) der European Law Academy für ein weltweit tätiges IT-Sicherheitsunternehmen. Er beendete seine erfolgreiche Karriere als Detective Constable beim Metropolitan Police Service, dem er 25 Jahre angehörte und arbeitete seit ihrer Gründung als technischer Ermittler für die PCeU. Zuvor hatte er diese Position bei der Metropolitan Police Computer Crime Unit und der National Hi Tech Crime Unit inne.

Bob hat sich auf die Überwachung von Interventionen nach Computerzwischenfällen durch Malware, Phishing, „Denial of Service"-Angriffen und unautorisierte Computereinbrüche spezialisiert. Er besitzt umfassende Erfahrungen mit internationalen Ermittlungen und grenzüberschreitenden Kooperationen in diesem komplexen und intensiven Arbeitsbereich. Er ist studierter Master IT Security und hält regelmäßig Vorträge, in die sowohl industrielle, juristische als auch rechtlicher Ebene einfließen.

3.1   Wie ist die digitale Untergrundwirtschaft organisiert?

Für viele Cyberkriminelle beginnt die Karriere in sogenannten „Diskussionsforen", auch *Boards* genannt, die sich mit Themen wie Botnets, Spam, Datenklau und anderen Dingen befassen. Es gibt Boards für Scriptkids, die gern einmal als Hacker auftreten möchten, aber auch Foren, in denen öffentlich Kreditkartendaten, Diebesgut und andere „Waren" gehandelt werden. Eines dürfte klar sein: Hierbei handelt es sich nicht um Foren für Otto Normalverbraucher, der Filmkritiken nachlesen oder Umstandskleidung kaufen will, sondern um Treffpunkte und Kommunikationsplattformen für diejenigen, die eindeutig kriminelle Ziele verfolgen. Auf eine solche Site zufällig zu stoßen, ist daher eher unwahrscheinlich: Diese Boards sind nicht ansatzweise so öffentlich wie die bereits erwähnten harmlosen Foren und Plattformen. Und je illegaler der Inhalt des betreffenden Forums ist, umso intensiver ist der Einsatz des Eigentümers, sich vor ungebetenen Gästen zu schützen.

Der Aufbau dieser Boards unterscheidet sich in den meisten Fällen nicht wesentlich von normalen Foren. Oft gibt es auch hier einen Privatbereich, der den Mitgliedern vorbehalten ist, die zum Führungsteam gehören oder sich durch besondere Verdienste nach oben gearbeitet haben. Allen anderen Mitgliedern steht lediglich die normale, öffentliche Umgebung des Forums zur Verfügung. Aber auch dort bekommen Einsteiger in die Cyberkriminalität jede Menge nützliche Informationen.

Es finden sich beispielsweise Richtlinien zum Installieren des ersten eigenen Botnetzes – sozusagen als Selbstbauanleitung – aber auch Informationen zu Sicherheitslücken bei Software und in Betriebssystemen (s. Abb. 3.1). Oftmals bieten erfahrene Mitglieder ihre Unterstützung für Neueinsteiger an, allerdings nur gegen Bezahlung, was eigentlich klar sein dürfte. Oder was hatten Sie gedacht?

Die Eigentümer dieser Foren stellen regelrechte Marktplätze zur Verfügung, die gelegentlich auch als *Black Market* bezeichnet werden und auf denen die Mitglieder Waren und/oder Dienstleistungen anbieten können. Von gestohlenen Kreditkartendaten über Listen mit E-Mail-Adressen bis hin zu Botnetzen (siehe Kap. 6.1) ist alles zu bekommen. Außerdem können von fast jedem Board illegale Softwarekopien heruntergeladen werden.

In der Wirtschaft der Unterwelt tummeln sich eine Vielzahl miteinander im Wettbewerb stehender Boards oder Foren, an die sich jeder Interessierte wenden kann. Der Konkurrenzkampf der Betreiber ist schier grenzenlos. Nicht selten werden Foren von Kon-

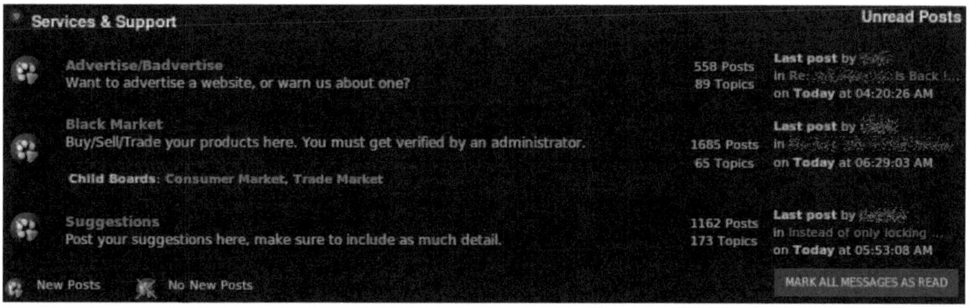

Abb. 3.1 Screenshot eines Forums

kurrenten „defaced" (das heißt die Site wird zum Beispiel so bearbeitet, dass ein Link auf eine eigene Site verweist) oder sogar mit DDoS-Angriffen bekämpft. Manchmal werden Datenbanken eines Forums von Rivalen kopiert und in anderen Foren veröffentlicht. Das soll dann als Beweis für die Übergriffe der Cyberkriminellen gelten, für die sie jede Menge Anerkennung innerhalb ihrer eigenen *Community* ernten. Darüber hinaus wird die Webseite noch vom Hacker signiert, als Beweis dafür, dass er sie gehackt hat. All das mutet an wie ein wahrer Krimi – nur dass er in der virtuellen Welt spielt.

Innerhalb der Community wird in den meisten Fällen über Kauf und Verkauf der angebotenen Produkte mit Chatprogrammen wie Skype, ICQ oder Yahoo Messenger verhandelt. Vor allem ICQ, das sich in der klassischen Internetwelt nie wirklich durchgesetzt hat, ist das meistgenutzte Kommunikationsmittel. So kommt es, dass der Lieferant als Kontaktmöglichkeit oftmals kein Formular oder eine E-Mail-Adresse mitteilt, sondern lediglich ein oder zwei ICQ-Nummern.

Nicht selten kommt es vor, dass die Cyberkriminellen für den Erstkontakt die *private-message*-Funktion nutzen. Es handelt sich dabei um ein Gesprächsfenster, das nur zwei miteinander kommunizierenden Personen zur Verfügung steht. Eine solche Funktion gibt es in fast allen Foren, die sich übrigens fast immer Standardsoftware bedienen, auch wenn sie diese gelegentlich etwas modifizieren (s. Abb. 3.2).

Ein anderer häufig genutzter Dienst ist *Internet Relay Chat (IRC)*, ein öffentlicher Chatroom, der wirkt wie eine Kneipe mit einer bunten Mischung aus vielen Stammgästen, die alle an einem Tresen sitzen. Der Chat findet nahezu in Echtzeit statt und nicht selten kommt es vor, dass sich mehrere Tausend User in einem einzigen Chatroom tummeln. Es

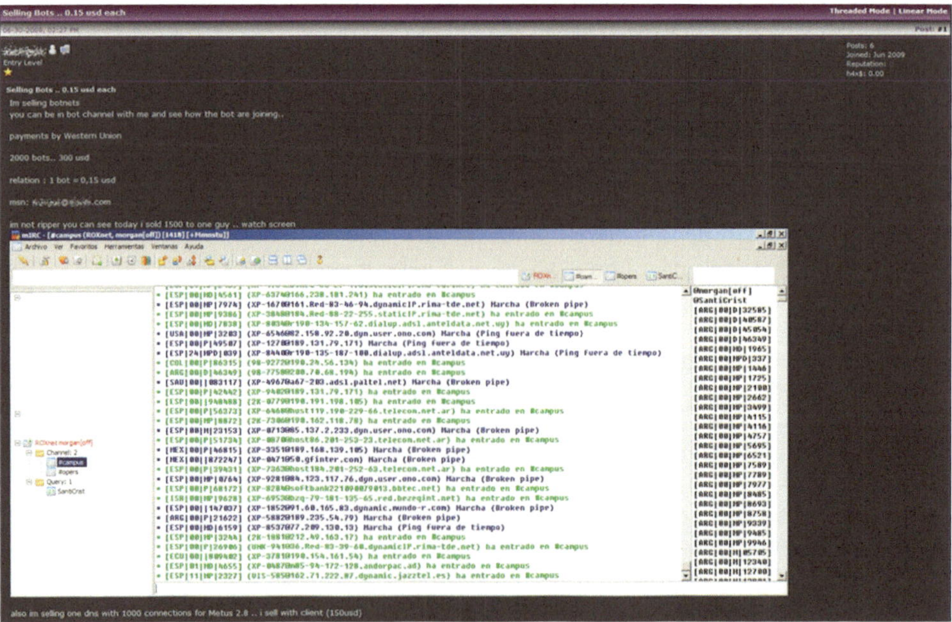

Abb. 3.2 Angebot von Bots in einem Untergrundforum

ist daher ziemlich einfach, unbemerkt zu Werke zu gehen. Genau deshalb wird oft davor gewarnt, Einkäufe vollständig über IRC abzuwickeln, weil dabei die große Gefahr besteht, Opfer eines sogenannten „*Scammers*" zu werden. Auf diese Bedrohung komme ich noch zu sprechen.

Auch ein großer Teil des Handels mit Kreditkarten und Zugangsdaten, etwa zu PayPal oder eBay, wird über Foren abgewickelt. Die Verkäufe erfolgen in speziell dazu eingerichteten Umgebungen innerhalb der Foren, die Black Market oder einfach Market genannt werden. Es gibt sogar Boards, die lediglich aus Marktseiten bestehen, auf denen nichts anderes als der Handel mit gestohlenen Waren stattfindet.

Die Vorgehensweise ist denkbar einfach: Jemand bietet eine Ware, zum Beispiel mehrere Benutzer-IDs und Passwörter von eBay zum Kauf an. Er teilt mit, wie viel Geld er pro Account (pro Datensatz, Benutzername und Passwort) verlangt. Gelegentlich bietet der Verkäufer sogar Mengenrabatte, wenn der Kunde alle oder mehrere Zugänge kaufen will. Außerdem teilt der Verkäufer mit, welche Zahlungsweise er bevorzugt. Hierauf melden sich nun die Interessenten mit der Antwort im Forum oder nehmen direkt Kontakt zum Verkäufer über die von ihm angegebenen Kontaktdaten auf, um den Kauf abzuschließen (Abb. 3.3).

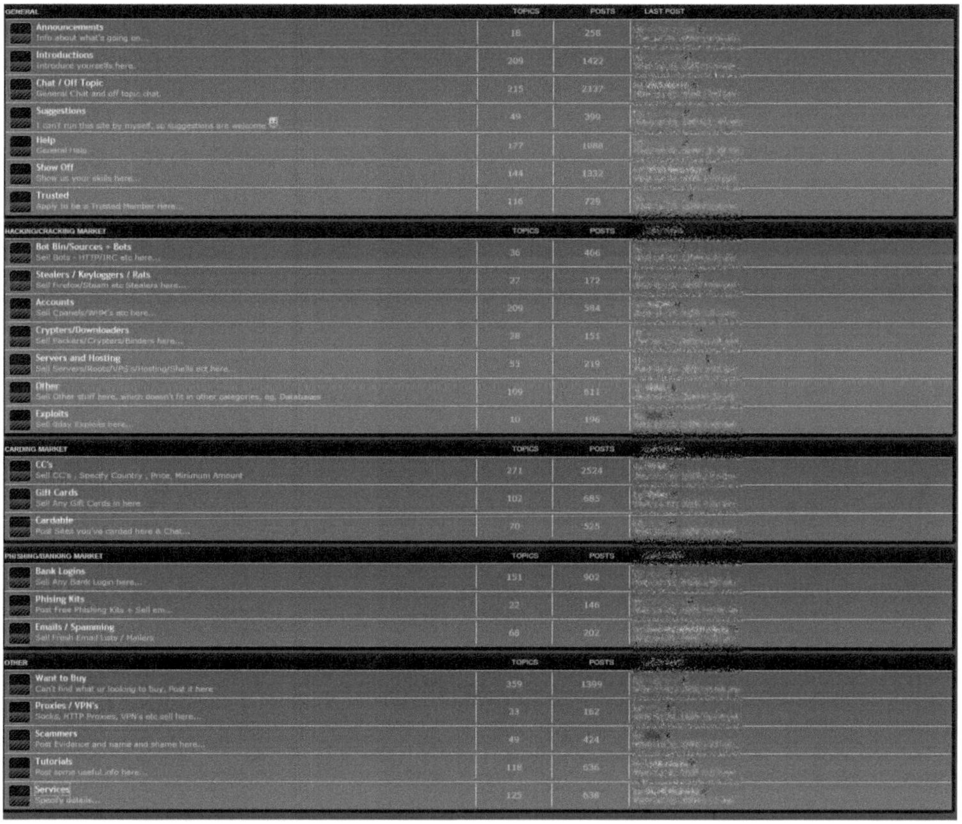

Abb. 3.3 Marktplatz mit Angeboten verschiedener Branchen

Abb. 3.4 Webshop, der Accountdaten verkauft

Gelegentlich finden sich sogar Webshops, in denen man Malware wie in einem regulären Onlineshop beziehen kann.

Ist der gestohlene PayPal-Account deaktiviert? Benötigt der Cyberkriminelle neue Kreditkartendaten? Kein Problem! Ein Shop wie der in Abbildung Abb. 3.4 dargestellte bietet mühelos mehrere Hundert andere Accounts an. Die Zahlung erfolgt über die bekannten oder weniger bekannten Geldtransferdienste wie Western Union, PaySafeCard, e-Gold oder Bitcoin (Abb. 3.5).

▶ **Bitcoin** Bitcoin gilt noch als Außenseiter einer ganzen Reihe von Zahlungsmitteln. Es ist ein Online-Zahlungsdienst, der eine eigene digitale Währung nutzt. Bitcoin ist somit das digitale Äquivalent einer Währung wie Dollar oder Euro. Der Wert eines Bitcoin ändert sich schnell. Allein während dieses Buch entstand, war ein Bitcoin zwischen 75 und 290 € wert. Die Popularität dieser virtuellen Währung ist beeindruckend schnell gewachsen, sogar in der realen Welt besteht inzwischen die Möglichkeit, mit Bitcoins zu zahlen. Im Café De Waag im niederländischen Delft werden Bitcoins tatsächlich als gültiges Zahlungsmittel akzeptiert.

Abb. 3.5 Auch im wahren Leben kann man inzwischen in Bitcoins zahlen

Bitcoins sind kostbar wie Gold, lautet die offizielle Erklärung. Die Mitwirkung an Datamining-Projekten, bei denen PCs dazu genutzt wurden, große Datenmengen zu analysieren, galt als die ursprüngliche Art, sich Bitcoins zu verdienen. Man wurde quasi mit Bitcoins belohnt.

Da dieses Geld vollkommen unabhängig von anderen Währungen ist, vor allem aber auch, da die Eigentümer von Bitcoins absolut anonym bleiben, ist die Zahlungsweise ausgesprochen reizvoll für Cyberkriminelle, die damit bequem ihr Schwarzgeld waschen können. Außerdem haben sie so die Möglichkeit, die vielen Zombies in ihrem Botnet in Dataminingprojekten einzusetzen und so noch mehr Bitcoins zu verdienen.

Inzwischen gibt es selbstverständlich Lieferanten, die eine vollständige Infrastruktur für einen solchen Onlineshop anbieten, das heißt sowohl den Shop selbst als auch das „Hosten" des Shops, der Domain und allem, was sonst noch dazu gehört. Bei einem solchen Komplettangebot braucht der Verkäufer sein Diebesgut nur noch „ins Schaufenster" zu stellen (Abb. 3.6).

FAQ-Seite für Kriminelle

Nun ja, auch Cyberkriminelle haben eine FAQ-Seite mit den Antworten auf häufig gestellte Fragen. Na, dann wollen wir doch mal sehen:

1) *Was macht *******.net?*
   - *Domainregistrierung*
   - *Gratis-Server- und Script-Updates*
   - *Kostenlose Beratung zu einem Shop-Konzept*
   - *Serverkonfiguration (DDoS Protection und Vollschutz)*
   - *Übernahme der Werbekosten in bekannten Boards zur Umsatzsteigerung*
   - *Erstellen von Scripts (weitere Informationen zum Script unter ******.net/products)*

[Artikelname]	[Preis]	[Verfügbarkeit]	[Beschreibung]	[In den Korb]
CnB (Veri. +Bank +eMail +dob)	19.99	Nicht Verfügbar	Anzeigen	Kaufen
CnB (Veri. +Bank)	9.99	Nicht Verfügbar	Anzeigen	Kaufen
CnB (Veri. +CC +eMail +dob)	27.99	Nicht Verfügbar	Anzeigen	Kaufen
CnB (Veri. +CC)	12	Nicht Verfügbar	Anzeigen	Kaufen
Moneybookers	12	Nicht Verfügbar	Anzeigen	Kaufen
Paypal Bank (Veri. +eMail)	6	Verfügbar	Anzeigen	Kaufen
Paypal Bank (Veri.)	4	Verfügbar	Anzeigen	Kaufen
Paypal CC (Veri. +eMail)	14	Verfügbar	Anzeigen	Kaufen
Paypal CC (Veri.)	10	Verfügbar	Anzeigen	Kaufen
Webmoney	9.99	Nicht Verfügbar	Anzeigen	Kaufen

Abb. 3.6 Webshop für Kreditkarten, PayPal-Accounts und anderes Diebesgut

u. v. m.

2) *Wie werde ich Mieter eines Shops?*

   Eine positive Referenz: Uns bekannte Personen müssen Ihre Zuverlässigkeit bestäti-gen. Das bedeutet zwar noch keine automatische Annahme, stellt aber die Grundvo-raussetzung für eine Vermietung dar. Ohne eine solche Empfehlung kann kein Shop eröffnet werden.

3) *Was kostet mich das?*

   Einstiegspreis:

   € 50 – Für das Einstellen von Header und Footer sowie Buttons.

   € 100 – Custom Design, mit verschiedenen Elementen je nach Kundenwunsch (Cus-tom Header & Footer & Buttons).

   *€ 200 – Komplettes „Custom design", das bedeutet, dass die Positionierung der Elemente (Buttons usw.) nicht vordefiniert ist, wie zum Beispiel bei *******.cc oder ******.net oder ******.net oder *****.net und das Design somit ganz indi-viduell ist.*

Verkaufspreise:
€ 0-1000 pro Monat: 33,33 %
€ 1000-3000 pro Monat: 30 %
Mehr als € 3000 pro Monat: 20 %
Die Prozente werden vom Gesamtgewinn abgezogen.
*Sofern der Mieter keine anderen Wünsche äußert, erfolgt die Auszahlung jeweils
alle 3 Tage, frühestens jedoch 24 h nach der letzten Auszahlung.*

Interessant ist ebenfalls, dass die Shops sogar Garantien auf die Funktionalität ihrer Waren
abgeben. Sollte also mal ein Satz Kreditkartedaten nicht funktionieren, hat der Käufer tatsächlich die Möglichkeit, dies zu reklamieren. Er bekommt dann entweder einen Betrag
auf seinem Konto gutgeschrieben oder „neue Ware". Hieraus wird ersichtlich, mit welcher
Professionalität die Betrüger ihrem „Job" nachgehen. Auch die Beziehungen zwischen
Hehlern und Dieben zeigt sich deutlich: Liefert der Dieb schlechte Ware, hat dies auch
negative Folgen für den Hehler. Denn er ist es, der dann mit einem schlechten Ruf im Milieu zu kämpfen hat und seine Kunden verliert, wenn sie zu anderen Hehlern abwandern.

An dieser Stelle möchte ich noch auf die sogenannten *Scammers* eingehen. Sie sind
sozusagen die „Betrüger der Betrüger". Sie gehen zwar auf dieselbe Weise vor, wie die
bereits beschriebenen Cyberkriminellen und bieten Daten, Waren oder Dienstleistungen
zum Verkauf, meist gegen Vorkasse, an. Der einzige, aber entscheidende Unterschied ist,
dass der Käufer diese Waren oder Dienstleistungen nie erhält, und der Scammer spurlos
verschwunden zu sein scheint.

Es kommt aber auch vor, dass der Scammer Neukunden zunächst doch die gewünschte
Ware besorgt, um so ihr Vertrauen zu gewinnen und sich einen Namen zu machen. Auf
diese Weise ebnet er den Weg, seinen Opfern später weitaus höhere Beträge zu entlocken.
In vielen Foren gibt es inzwischen Beurteilungssysteme für Käufer und Verkäufer, wie wir
sie von legalen Webshops wie eBay oder Amazon kennen. Auf diese Weise ist es möglich,
potenzielle Geschäftspartner sofort als vertrauenswürdig – oder eben nicht – zuerkennen.

In den meisten Foren finden sich lange *Threads*, in denen sich über Scammers be-
klagt wird, wie in der Abb. 3.7. dargestellt. Aber natürlich wird auch das wiederum missbraucht. Oftmals werden negative *posts* dazu verwendet, einen nicht allzu gern gesehenen
Konkurrenten schlecht zu machen und vom Markt zu verdrängen. Daher werden in vielen Foren inzwischen Screenshots und beweisrelevante Aufnahmen verlangt, bevor Ver-
walter eines Boards gegen die entsprechenden User aktiv werden und sie eventuell auch
blockieren.

3.2   Was können wir alles kaufen?

Die Untergrundwirtschaft hat verschiedene Produktgruppen und Dienstleistungen im
Angebot. Bei den meisten Kriminellen stehen alle Formen von Informationen auf der
Wunschliste, mit denen man Accounts anlegen oder Identitäten übernehmen kann.

Abb. 3.7 Forum mit Meldungen zu Scammern

1. Die Onlineshops handeln sowohl mit persönlichen Daten wie Namen, Unterschriften
   und so weiter als auch mit „*Datenbankdumps*", in denen Tausende Benutzerdaten vorgehalten werden. Datenbankdumps sind Kopien von Datenbanken aus Onlineshops
   oder Foren, in denen die Benutzerdaten gespeichert sind. Es gibt Daten, die kostenlos
   im Milieu angeboten werden, was sich aber durchgängig auf Datenbanken konkurrie-
   render Foren beschränkt, denn Benutzerdaten aus den „klassischen" Onlineshops sind
   schlichtweg zu lukrativ, um dieses Geld mit „Kollegen" zu teilen.

2. Ebenso heiß begehrt sind die Adressen sogenannter „*cardable shops*". Darunter versteht man Webshops mit mangelhaften Kontrollen, in denen Onlineeinkäufer mit gestohlenen Kreditkarten mühelos Bestellungen aufgeben können. Je mehr Daten ein Shop abfragt, umso mehr Daten müssen die Betrüger folglich erbeuten oder kaufen, was bedeutet: Je vollständiger der Datensatz bei Kreditkarten, umso kostbarer ist er.

▶ **Proxy** Das englische Wort „*proxy*" bezeichnet einen Bevollmächtigten, der im Auftrag eines Dritten handeln kann. In der IT begegnet uns der Begriff „proxy" hauptsächlich dann, wenn es um Server geht. Proxyservers sind zum Beispiel die Stellvertreter eines Unternehmens zum Surfen und Mailen.

Ungeachtet von Standort oder IP-Adresse gibt es kostenlose „offene" Proxyserver, die von jedermann genutzt werden können. Auch die Nutzung eines Proxyservers gegen Gebühr ist möglich, was oftmals zuverlässiger und schneller als die kostenlose Alternative funktioniert. Cyberkriminelle sind mithilfe von Malware sogar in der Lage, aus fast jedem Computer einen Proxyserver zu machen, sodass sie alle Mails und besuchten Webseiten über einen gekaperten PC laufen lassen können. Die Absicht, die sich dahinter verbirgt, ist immer dieselbe: IP-Adresse und auch Identität des Mailers oder Surfers sollen nicht zurückverfolgt werden können (Abb. 3.8).

3. Für Cyberkriminelle ist es ungemein wichtig, alle Daten zu verschlüsseln, die Informationen zu ihrer wahren Identität verraten könnten. Daher ist die Nutzung von Proxyservern beim Besuch von Foren und Webseiten des Milieus unumgänglich, denn nur so kann der Cyberkriminelle vermeiden, dass seine eigenen IP-Adresse protokolliert und im ungünstigsten Fall ebenfalls gestohlen und an anderer Stelle veröffentlicht wird.

Stellt der Benutzer seine Anfragen über den Proxy in ein Forum ein, erscheint im Protokoll des Forums nur die IP des Proxyservers, nicht aber die des Benutzers. Somit lässt sich nicht nachvollziehen, welche IP-Adresse zum Benutzer gehört. Das ist sehr problematisch, wenn eine Straftat vorliegt, denn ohne die IP des Benutzers haben die Justizbehörden keine Möglichkeit, bei den betreffenden Providern wie UPC, Belgacom oder KPN über einen Gerichtsbeschluss Name und Adresse anzufordern.

Besonders gern nutzen Cyberkriminelle Proxyserver im Ausland. So nutzen osteuropäische Kriminelle vorzugsweise Proxys in Deutschland, den Niederlanden und der Schweiz, Deutsche hingegen bevorzugen Server in Polen, Russland und der Ukraine für ihre Machenschaften.

In diesem Milieu sind auf zahllosen Webseiten Listen mit Informationen zu kostenlosen Proxyservern verfügbar. Die aber sind oftmals nicht schnell genug, weshalb man auf kommerzielle Anbieter zurückgreift. Diese wiederum gehören ebenfalls zum Milieu und verkaufen ihre Proxy-Dienstleistungen daher auch direkt. Die Angebote erstrecken sich vom einfachen Proxy, mit dem man anonym surfen kann, bis hin zu Ausführungen, mit denen sogar anonym über Dienste wie Instant Messenger, IRC oder auch Skype gechattet werden kann.

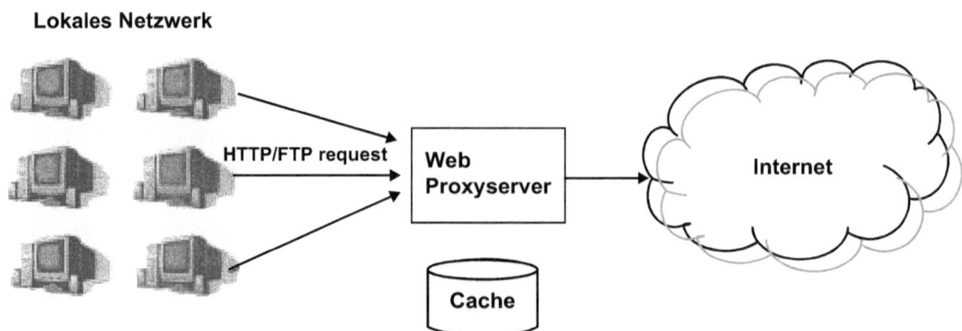

Abb. 3.8 Proxyserver werden zwischen Benutzer und Internet geschaltet, um die Aktivitäten im Internet zu beschleunigen, aber auch, um die Identität des Benutzers zu verbergen

4. Auch sogenannte „Infektionen" oder auch Malware werden verkauft. Mit diesen soll der Computer des Opfers infiziert werden, um ein Botnet aufzubauen oder den infizierten Computer mit Spyware oder *Adware* (Software, die dafür sorgt, dass der Internetnutzer mit ungebetener Werbung überhäuft wird) kommerziell zu nutzen.

Es gibt unterschiedlichste Methoden, mit denen ein PC infiziert werden kann. Eine (bei Kriminellen) beliebte Option ist die Verbreitung von Malware über Erotikangebote. Einen anderen Verteilungsweg bieten E-Mails, die Links zu gefährlichen Webseiten enthalten oder mit denen – wie auch früher schon – Malware als Anlage versendet wird. Ein unvorsichtiger Mausklick genügt und der Computer ist infiziert! Viele Trojaner werden auch über Tauschbörsen verteilt. Hier werden sie als Programme, Spiele und Ähnliches getarnt. Sind sie erst infiziert, lädt der Trojaner den Bot (Abkürzung für „robot", ein kleines Programm, das auf dem PC installiert wird) über das Internet und schon ist der PC Teil des Botnet. Diese Beispiele machen mehr als deutlich, wie enorm wichtig es ist, ein gutes Antivirenprogramm zu besitzen und ständig zu aktuell zu halten.

5. Auch in der digitalen Unterwelt boomt das sogenannte Outsourcing. Wer sich selbst die Finger nicht mit dem Infizieren von Computern schmutzig machen möchte, der hat die Wahl aus einem umfassenden Angebot an Dienstleistern. In den Untergrundboards wird die Infektion mit dem Virus als Dienstleistung beworben (siehe Abb. 3.9). Die Preise hängen dabei von den Ländern ab, in denen die Opfer wohnen. Bevorzugt werden infizierte Computer in Westeuropa, Nordamerika und Australien, da hier die beste Internetinfrastruktur vorgehalten wird. Darüber allerdings erklärt sich auch der hohe Preis. Inzwischen gibt es Bot-Händler, die pro tausend infizierter Computer zahlen, um so ihr Botnet zu erweitern.

Mit einem kompromittierten Computer lässt sich gleich auf mehrfache Weise Geld verdienen. Zumeist verläuft das Szenario folgendermaßen: Ist der Computer erst mal infiziert, werden sämtliche darauf gespeicherten Daten, mit denen sich Geld machen lässt, kopiert

Abb. 3.9 Webseite, über die „Viren" angeboten werden

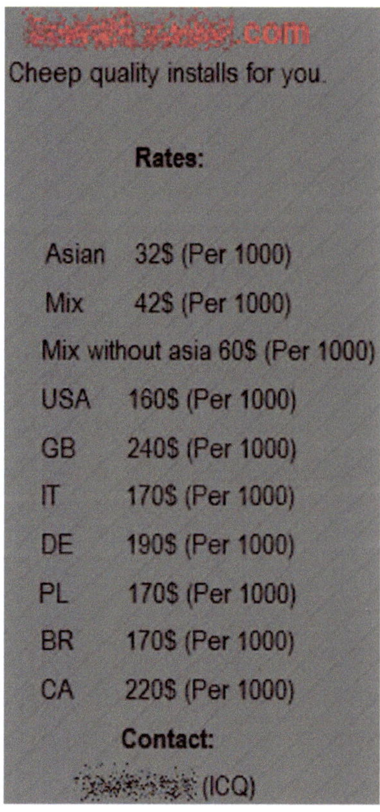

und verkauft. Anschließend werden alle zugehörigen Accounts gestohlen und auf dem Schwarzmarkt angeboten. Nachdem nun alle brauchbaren Daten „genutzt" wurden, dient der Bot lediglich noch zum Versenden von Spam oder zum Einsatz für DDoS-Attacken.

6. Wer Server in einer Umgebung einsetzen möchte, die vor dem Zugriff durch die internationale Verbrechensbekämpfung geschützt sind, ist bei den Lieferanten des „Bulletproofhosting" gut beraten. Typische Beispiele hierfür sind die Anbieter von Raubkopien und Kinderpornografie.

Hier findet auch derjenige Unterschlupf, der „*Dropzones*" für Daten seines Botnets sucht oder wer illegale Shops verwaltet und dergleichen mehr. Dropzones sind in diesem Zusammenhang Server, auf denen beispielsweise die Spyware, die auf dem Computer des Opfers installiert ist, ihre gesammelten Daten ablegen kann. Das Produktportfolio beim Bulletproofhosting variiert, wie auch bei jedem ehrlichen Anbieter, von einem schmalen Plätzchen auf dem Server über virtuelle Server bis hin zu ganzen Serverclustern, was von der Höhe des zur Verfügung stehenden „Investitionskapitals" und den gewünschten Anforderungen abhängt (Abb. 3.10).

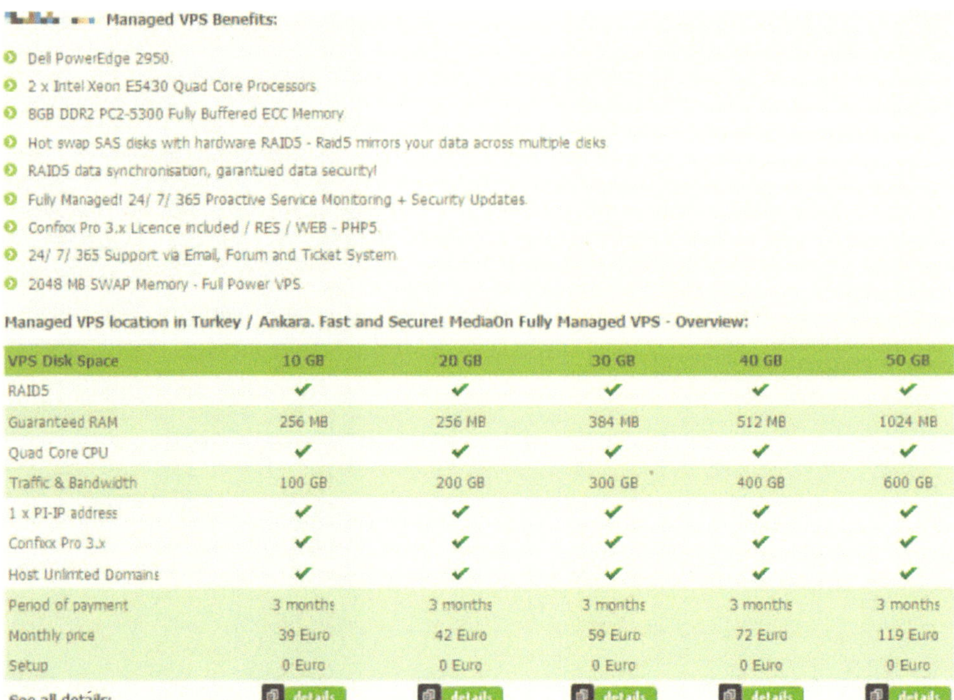

VPS Disk Space	10 GB	20 GB	30 GB	40 GB	50 GB
RAID5	✔	✔	✔	✔	✔
Guaranteed RAM	256 MB	256 MB	384 MB	512 MB	1024 MB
Quad Core CPU	✔	✔	✔	✔	✔
Traffic & Bandwidth	100 GB	200 GB	300 GB	400 GB	600 GB
1 x PI-IP address	✔	✔	✔	✔	✔
Confixx Pro 3.x	✔	✔	✔	✔	✔
Host Unlimited Domains	✔	✔	✔	✔	✔
Period of payment	3 months	3 months	3 months	3 months	3 months
Monthly price	39 Euro	42 Euro	59 Euro	72 Euro	119 Euro
Setup	0 Euro	0 Euro	0 Euro	0 Euro	0 Euro
See all details:	details	details	details	details	details

Abb. 3.10 Angebotsübersicht eines Hosters

Die Nutzungsbedingungen sind bei diesen Anwendern meist sehr schwammig verfasst, die Begriffe „Verboten oder Missbrauch" tauchen in der Regel erst gar nicht auf. In diesem Milieu ist allerdings durchaus bekannt, welcher Provider welche Dienste zulässt. Einige erlauben nur illegale Kopien, andere gestatten sogar das Bereitstellen von Kinderpornografie auf ihren Servern (s. Abb. 3.11).

Geht es um Anbieter dieser Dienste, werden Russland, die Türkei und Panama am häufigsten genannt, obwohl man sich dessen nicht sicher sein kann. Denn im Gegensatz zum normalen Hoster setzen Cyberkriminelle alles daran, ihre Identität zu verbergen. Und dies tun auch die Bulletproofhoster. Sie setzen Strohmänner im Ausland ein, vorzugsweise in Afrika und Asien. Auf diese Weise kann der Schutz der Identität von Nutzern eines Bulletproofhosting-Angebotes und damit auch der Schutz vor Strafverfolgung erheblich besser gewährleistet werden.

7. Die wohl wichtigste Aufgabe des digitalen Untergrunds ist das *Spammen,* also das massenhafte Versenden unerwünschter E-Mails. Auch im e-Crime-Milieu erfreut sich dieser Aufgabenbereich großer Beliebtheit, schon allein deshalb, weil eine Menge Geld zu verdienen ist. Für die Versendung von einer Million Spammails erhält der Botnet-Eigentümer zwischen 250 und 700 $. Sogar mit einem relativ kleinen Botnet von ungefähr zwanzigtausend Bots benötigt er zur Ausführung seines Auftrags mit einer

What can i host ?	Web Hosting	Semi Dedicated	Managed VPS	Managed Server	Bulk E-Mail Plans
Can i host toplists ?	✗	✓	✓	✓	✓
Can i host hate sites ?	✓	✓	✓	✓	✓
Can i host child porn ?	✗	✗	✗	✗	✗
Can i host adult sites ?	✓	✓	✓	✓	✓
Can i host warez sites ?	✗	✓	✓	✓	✓
Can i send bulk e-mails ?	✗	✗	✗	✗	✓
Can i host political sites ?	✓	✓	✓	✓	✓
Can i host hacking sites ?	✓	✓	✓	✓	✓
Can i host business sites ?	✓	✓	✓	✓	✓
Can i host gambling sites ?	✓	✓	✓	✓	✓
Can i host download sites ?	✗	✓	✓	✓	✓
Can i host fraudulent sites ?	✓	✓	✓	✓	✓
Can i host investment sites ?	✓	✓	✓	✓	✓
Can i host chat or shoutbox ?	✗	✓	✓	✓	✓
Can i host MUDs/RPGs/PPBGs ?	✓	✓	✓	✓	✓
Can i host pharmaceutical sites ?	✓	✓	✓	✓	✓
Can i host HYIP or related sites ?	✓	✓	✓	✓	✓
Can I host hundreds of pictures ?	✗	✓	✓	✓	✓
Can i host freedom of speech sites ?	✓	✓	✓	✓	✓
Can I host hundreds of big archives ?	✗	✓	✓	✓	✓
Can i host mail bombers/spam scripts ?	✗	✗	✗	✗	✓
Can i host autosurf/PTC/PTS/PPC sites ?	✗	✓	✓	✓	✓

Abb. 3.11 Eine Liste der Dienstleistungen, die über den Hoster zugelassen werden

Geschwindigkeit von beispielsweise zwei Mails pro Sekunde und einem aktiven Bot lediglich 25 s. Dies erklärt auch das große Interesse von Botnet-Besitzern, immer mehr Bots für das eigene Netz anzuschaffen.

Der Kunde darf selbst entscheiden, an wen seine Spam-Mails versendet werden. Viele Eigentümer von Botnets bieten ihren Kunden eine große Auswahl an Ländern an. Auch die Versendung an bestimmte Interessengruppen ist möglich, wie zum Beispiel nur an Personen, die Online-Spiele spielen. Es ist überhaupt kein Problem, in den Shops der meisten Foren oder über spezialisierte Lieferanten für Spamservice Adresslisten zu erwerben. Meistens sind diese bereits kundenfreundlich in verschiedene Kategorien aufgeteilt. Nicht selten erzählen die Verkäufer vollmundig, dass bei ihrer Adresse noch keine Spams eingegangen sind, was aber lediglich bedeutet, dass sie selbst diese Liste noch nicht an jemand anderen verkauft haben und nicht, dass diese Listen nicht bereits von anderen Spammern genutzt wurden.

8. Eine der schlimmsten Szenarien für die Eigentümer von Webseiten ist unbestritten ein DDoS-Angriff. Sich vor einem derartigen Eindringen zu schützen ist schier unmöglich, wenn der Angriff mit hoher Intensität, also mit genügend PCs, erfolgt, die alle gleichzeitig angreifen. Oftmals ist die einzige Möglichkeit für die Eigentümer abzuwarten,

Abb. 3.12 Werbebanner für DDoS-Angriffe, die im Netz zu finden sind

bis der „Sturm" vorüber ist. Erst dann ist ihre Webseite oder ihr Dienst für die Außenwelt wieder erreichbar.

Interessant ist ein solcher Angriff zum Beispiel für die Konkurrenz. Ist die Webseite des
Mitbewerbers aufgrund einer DDoS-Attacke nicht mehr erreichbar, steigt die Wahrscheinlichkeit, dass Kunden auf die eigene Site ausweichen. Wird ein DDoS-Angriff erfolgreich
auf einen E-Mail-Provider verübt, führt dies höchstwahrscheinlich zu einem Image- und
Vertrauensverlust bei dessen Kunden, was seine Konkurrenz hocherfreut zur Kenntnis
nehmen dürften (Abb. 3.12).

Diese DDoS-Angriffe richten sich oftmals gegen andere Sites und Foren innerhalb der
e-crime-Community, um diese zu verdrängen. Wirtschaftliche Gründe, aber auch Neid
und Abneigung, dürften der Grund für eine solche Vorgehensweise sein – das kennt man
ja zur Genüge aus der (legalen) freien Marktwirtschaft.

9. Gefälschte Dokumente erfreuen sich wachsender Beliebtheit. Insbesondere Führer-
scheine und Studentenausweise werden immer stärker nachgefragt, aber auch gestohlene Pässe und alle anderen Dokumente, mit deren Hilfe die eigene Identität verborgen
oder die eines Dritten angenommen werden kann. Vor allem in russischen Foren blüht
der Handel mit solchen Dokumenten.

Mithilfe der gestohlenen oder gefälschten Dokumente werden Bankkonten eröffnet, auf
die das Geld für Diebesgut eingezahlt wird. Oder man meldet sich damit in Onlinecasinos
oder Auktionshäusern an, was ohne Identitätsnachweise in der Regel nicht möglich ist.

Daher kann ich Ihnen nur raten, den Verlust persönlicher Dokumente sofort der Polizei zu melden. Anderenfalls droht schnell ein kafkaeskes Szenario und Sie müssen beweisen, dass Sie sind, wer Sie vorgeben zu sein, und dass ein Dritter Ihre Identität missbraucht.

10. Auch der Betrug mit Kreditkarten ist nach wie vor ein lukratives Geschäft. Beim „*Carding*", so die internationale Bezeichnung, nutzen Kriminelle gestohlene oder auch gefälschte Daten, um mit ihnen – beispielsweise in den bereits erwähnten „Cardable Shops" – einzukaufen. Über Phishing-Trojaner auf den Computern ihrer Opfer (hierzu mehr in Kap. 6) oder über das Eindringen in Datenbanken von Webshops verschaffen sich Kriminelle die dafür notwendigen Daten. Häufig werden die Karten auch einfach beim Bezahlen kopiert, ohne dass der Inhaber dies merkt. Der Täter zieht die Karte schnell durch ein zweites Gerät und ist Sekunden später im Besitz aller erforderlichen Daten. Diese Masche ist vor allem in Urlaubsländern weit verbreitet. Und das war es dann mit der Erholung, denn mit diesen Daten können die Gauner auf Kosten ihrer Opfer nach Herzenslust einkaufen.

Wenn der betroffene Kunde den Betrug umgehend nach Eingang der Abrechnung meldet, liegt die Beweispflicht dafür, dass kein Betrugsfall vorliegt, glücklicherweise bei den Kreditkartengesellschaften. Wie mit vielen anderen Dingen auch wird mit diesen Daten in großem Umfang in verschiedenen Boards und Shops reger Handel betrieben (s. Abb. 3.13).

Doch auch hier hört der Spaß für die Cyberkriminellen noch lange nicht auf. Wer nämlich eine Sammlung gültiger Kreditkarten besitzt, ist damit in der Lage, noch nützlichere Daten zu generieren. Mit einem sogenannten „*Credit Cards Generator*", der in Untergrundforen für jedermann einfach zu beziehen ist, können schnell und bequem neue Kre-

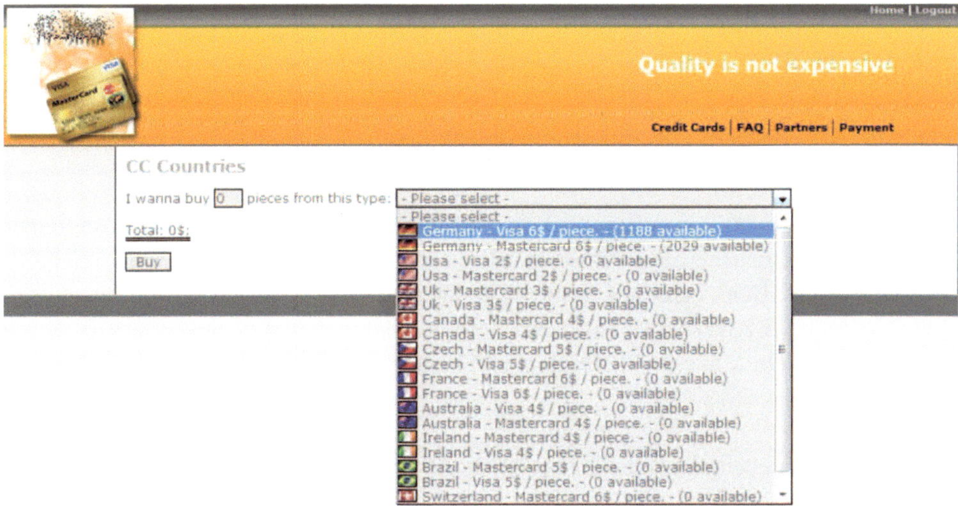

Abb. 3.13 Shop für Kreditkartendaten

Abb. 3.14 Manipulierter Geldautomat

ditkartennummern verschiedener Kreditinstitute produziert und zum Einkaufen im Internet eingesetzt werden. Das ist deshalb möglich, weil die meisten Anbieter bei der Vergabe von Karten fortlaufende Nummern benutzen und das Verfahren zur Berechnung der Kreditkarten-Prüfziffern öffentlich bekannt ist.

Wichtig für die Carder ist, dass die Daten vollständig sind. Deshalb ist der Preis dafür vom Lieferumfang abhängig: Erhält der Käufer nur die Nummer und das Ablaufdatum der Kreditkarte oder werden die anderen relevanten Daten mitgeliefert? In letzterem Fall wird der Käufer einen wesentlich höheren Betrag pro Datensatz zu zahlen haben.

11. Die wohl am besten getarnte Form von Cyberkriminalität ist das *Skimming*, da die Täter hierbei in der echten Welt agieren und darauf achten müssen, nicht geschnappt zu werden. Beim Skimming werden technische Geräte wie Kartenleser und eine Kamera an einem Geldautomaten angebracht (s. Abb. 3.14). Das Gerät liest die Karte des Opfers aus, während die Kamera die Pin-Eingabe filmt. Da solche Geräte in der Öffentlichkeit installiert werden müssen und die Gefahr, dabei aufzufliegen, erheblich höher ist als beim reinen Online-Betrug, hat sich diese Form des Betrugs zu unser aller Glück nicht durchgesetzt. Erschwert wird das Verbrechen durch die relativ hohen Kosten für die technische Ausstattung. Für die benötigte Hardware werden in den einschlägigen Foren mehrere tausend Euro verlangt. Außerdem können die Skimming-Geräte jederzeit entdeckt und beschlagnahmt werden. Sehr gefährlich ist für den Täter dann noch die Installation, da die meisten Bankautomaten inzwischen rund um die Uhr per Videokameras überwacht werden.

Oft stammen die Täter aus dem Ausland, nicht selten aus Osteuropa. In der Vergangenheit wurden so manche Skimming-Geräte von aufmerksamen Kunden entdeckt und der Polizei oder der Bank gemeldet. Inzwischen aber sind sie oft so gut getarnt, dass sie für Laien kaum noch zu erkennen sind. Dies kommt unter anderem dadurch, dass die Kriminellen die exakten Maße der Geldautomaten kennen und ihre Geräte demzufolge perfekt anpassen können.

12. Phishing ist ebenfalls eine beliebte Methode des Abzockens. Das Üble daran ist, dass der Kriminelle mit dieser Methode an fast alle für weitere Betrügereien erforderlichen Daten herankommt. Zunächst muss er Zugriff auf die Bankdaten seiner Opfer

erhalten. Üblicherweise erstellt er dazu eine gefälschte Banksite (Phishing-Site). Anschließend schickt er über sein Botnet große Mengen Spam mit Links auf seine Phishing-Site und dann heißt es: Abwarten und Tee trinken. Opfer sind in diesem Fall oft gutgläubige Menschen, die auf der gefälschten Seite ihre Bankdaten preisgeben. Mit dieser Methode wird nach allen Daten, die irgendwie zu Geld gemacht werden können, „gefischt": von Userdaten für Gamesites über Kreditkarten- bis hin zu Zugangsdaten für das Onlinebanking oder für Packstationen (siehe hierzu auch Kap. 3.4).

13. Dann gibt es noch die sogenannten Stealer. Wie der Name bereits vermuten lässt, werden sie zum Diebstahl, und zwar von Account-Daten, eingesetzt. Definitiven Schutz bietet nur ein ausgezeichnetes Antivirus-Programm, das alle Zugangswege auf zuverlässige Weise überwacht, beispielsweise den Browser über einen http-Filter oder den E-Mail-Eingang mit einem Mailscanner.

14. Zu guter Letzt sind da noch die Keylogger, die ich auch nicht unerwähnt lassen möchte. Diese kleinen Programme nisten sich in die Computer ihrer Opfer ein. Sind sie erstmal im System verankert, lesen sie alles mit, was der Benutzer über seine Tastatur eingibt. Für einen Kriminellen eine überaus bequeme Methode, an Benutzernamen und Passwörter zu gelangen, wenn diese nirgendwo im System gespeichert sind und der Benutzer sie immer wieder neu eingeben muss.

Ebenfalls großer Beliebtheit erfreuen sich die Accounts für Onlinewetten oder Onlinecasinos, da die Kriminellen über sie die Gelder waschen, an die sie durch ihre betrügerischen Machenschaften gekommen sind.

In der digitalen Unterwelt gibt es so gut wie nichts, was nicht für einen bestimmten Preis zu haben ist. Wenn man in den einschlägigen Foren herumstöbert, gelangt man rasch zu der Erkenntnis, dass sogar mit gestohlenen Facebook-, MySpace- und Twitter-Accounts gehandelt wird. Sinn und Zweck ist es, an möglichst viele persönliche Daten ihrer Opfer zu kommen, denn nur so kann ein Betrüger deren Identität annehmen und für seine Zwecke missbrauchen.

Marketing in der Unterwelt

Neben den bereits erwähnten Übereinstimmungen zwischen der Untergrundwirtschaft und der „klassischen" Geschäftswelt gibt es noch einige andere auffällige Gemeinsamkeiten. Schlussverkauf beim Untergrund-Händler? Gibt es! Wenn sich bestimmte Produkte gerade schlecht verkaufen, gibt es darauf einen satten Rabatt, um auch in ruhigeren Zeiten Umsatz zu erzeugen.

Die Händler greifen auch auf beliebte Marketingtricks wie Gratisangebote zurück. Ein Angebot von DDoS-Diensten enthält zum Beispiel oft das Verkaufsargument „Die ersten zehn Minuten sind gratis! ".

15. Viele Menschen bieten ihre Dienste als sogenannte „Money Mules" an. Diese – wört-
    lich übersetzt – „Geldmaulesel" überbringen das illegal erwirtschaftete Geld der
    Cyberkriminellen wie ein ganz normaler Kurier. Das Geld wird an einem bestimmten
    Ort abgeholt und an einen anderen Ort gebracht, sodass der Geldweg kaum noch
    zurückverfolgt werden kann. Das Geld der Opfer auf ein Konto des Money Mules zu
    überweisen, um es anschließend auf das Konto des letztendlich Begünstigten weiter-
    zuleiten, gehört ebenfalls zur Jobbeschreibung eines Money Mules. Im Tausch erhält
    er einen kleinen Obolus.

3.3 Wie ein Massenangriff funktioniert: Botnets und ihr Aufbau

Die Eindringlinge nutzen gerne „exploits" – Schwachpunkte im Betriebssystem oder in
der Software (siehe auch Kap. 8) –, um beispielsweise Trojaner auf dem Computer ihres
Opfers zu installieren. Um nicht sofort die gesamten Antivirus-Software zu alarmieren,
werden die Trojaner mit sogenannten „kryptischen Codes" verschlüsselt, das heißt, ihr
Code wird verdeckt. Von diesen kryptischen Codes gibt es öffentlich erhältliche Versionen, die aber meistens nicht für kriminelle Zwecke genutzt werden können, denn durch
ihre großflächige Verbreitung werden sie von den meisten Virenscannern sofort erkannt.
Daher sind im Handel spezielle, sehr kostspielige Versionen erhältlich, die als „Fully Un-
Detectable" (FUD) gelten – also nicht von Virenscannern aufgespürt werden können.

Diese Trojaner laden Bots herunter und installieren sie auf fremden PCs. Bots mit sehr
großem Umfang sind natürlich teurer als einfache und eingeschränkte Bots. Die einfachen
Bots haben meistens auch eine Achillesferse, sodass es durchaus passieren kann, dass das
Botnet, das man für sich selbst aufgebaut hat, von einem Dritten übernommen wird.

Für seine Administration bedient sich der Botnet-Administrator einer Webschnittstelle als Benutzeroberfläche, um die Daten des Servers administrierbar zu machen (s.
Abb. 3.15). Nach Eingabe von Benutzernamen und Passwort gelangt man direkt zur Ad-
ministrationsoberfläche, auf der sich verschiedene Funktionen finden. Außerdem stehen
Statistiken zur Verfügung: Wie viele Bots sind online, wie viele sind insgesamt infiziert
oder auf welchen Betriebssystemen laufen sie. Zudem können über die Schnittstelle Updates ausgeführt werden.

3.4 Und was ist mit der Beute?

So unterschiedlich die Tools und Vorgehensweisen auch sein mögen, sie dienen alle dem-
selben Zweck: Geld zu verdienen! Die Ironie dabei ist, dass sich eines der größten Probleme erst dann zeigt, wenn die Betrüger das Geld bereits ergaunert haben. Es gibt verschiedene Möglichkeiten des sogenannten „Cash-out". Dabei tauscht man sein virtuelles
in echtes Geld, ohne dass nachvollzogen werden kann, woher ersteres stammt. Häufig

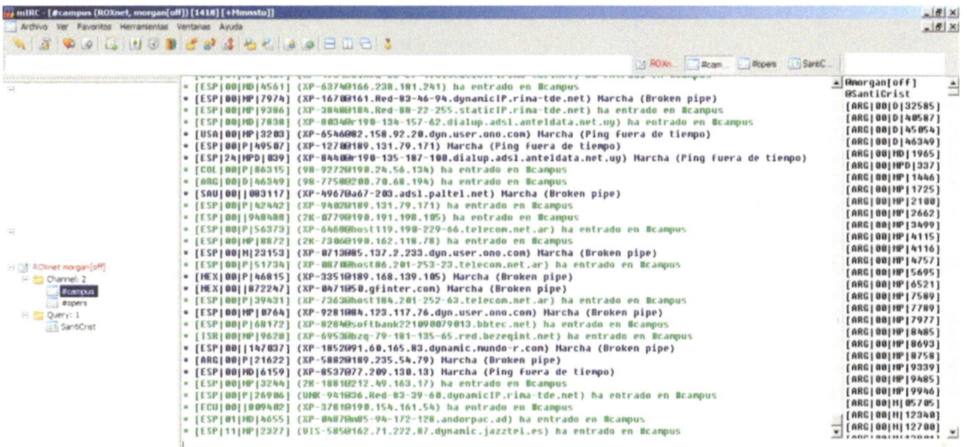

Abb. 3.15 Webschnittstelle eines Botnets

werden mit gestohlenen Kreditkartendaten oder mit virtueller Währung, die Kriminelle mit dem Versenden von Spam „verdient" haben, Waren im Internet bezahlt. Um bei der anschließenden Lieferung nicht gefasst zu werden, werden sie (dieses Mal physisch) an sogenannte *Dropzones* ausgeliefert. Hier stehen dann Strohmänner parat, die dafür bezahlt werden, die Waren sofort weiterzuleiten. (S. 3.17).

Dropzones sind bei Kriminellen äußerst beliebt, was ihre hohe Verbreitung in Unterweltforen erklärt. Das Standardszenario läuft so ab: Die bestellten Waren werden an eine Adresse in Russland oder ein anderes Land versendet. Hier werden sie von einem Strohmann abgeholt und an die Adresse des eigentlichen Empfängers weitergeleitet. Der Strohmann wird für seine Dienste fürstlich entlohnt, indem zum Beispiel für ihn bestimmte Waren gleich mit in die Bestellung aufgenommen werden.

Früher wurden oftmals leerstehende Häuser und Wohnungen genutzt, was man in der Unterwelt als „Housedrop" bezeichnete. An eine solche Adresse kann man sich auch die gesamte Post von Banken senden lassen.

Voraussetzung ist jedoch, die Anschrift seines Opfers bei der Bank ändern zu lassen. Das geht natürlich durchaus online, doch ein skrupelloser Bösewicht dürfte auch nicht davor zurückschrecken, zur Bank zu gehen und einen netten Schaltermitarbeiter um die Änderung zu bitten. Die gefälschten Unterlagen, die er hierfür benötigt, sind über die Unterweltforen ruck zuck zu bekommen. Wenn er dann beim Besuch in der Bank Nerven und Überzeugungskraft beweist, steht einem Housedrop nichts mehr im Wege.

Eine andere Möglichkeit bietet sich in Form von Packstationen, an die in Webshops bestellte Waren geliefert und anonym abgeholt werden können. Gestohlene Zugangsdaten für die Stationen können Kriminelle in Foren oder Shops im Untergrundmarkt kaufen. Aber auch mit gefälschten Dokumenten lassen sich relativ sicher und anonym Waren von Dritten bei Paketannahmestellen abholen (Abb. 3.16).

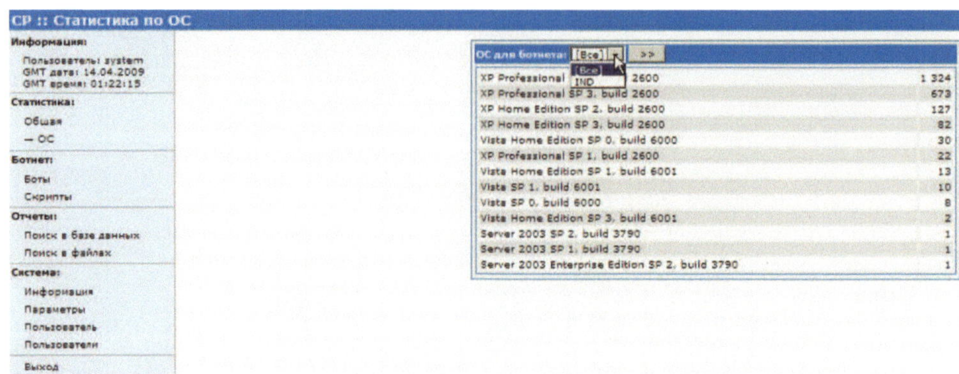

Abb. 3.16 Angebote für Dropzones ein einem Forum

Eine andere Methode besteht darin, das Geld über Onlinecasinos zu verschieben. So kann es unter anderem über einen gestohlenen PayPal-Account bei einem Onlinecasino als Einlage verwendet werden. Über Beurteilungen in den Foren des Milieus kann man sehr schnell herausfinden, welche Portale für Casinos oder Sportwetten sich am besten für kriminelle Machenschaften eignen. Wichtige Faktoren hierbei sind, welche Daten zum Anlegen eines Accounts abgefragt werden, ob die Echtheit der Daten sorgfältig verifiziert wird und ob manipulierte Identitätsnachweise akzeptiert werden. Für bereits verifizierte Accounts werden Cyberkriminelle gerne bereit sein, viele Euros zu bezahlen.

Vom Konto des Onlinecasinos wird das Geld weitergeschleust, vorzugsweise an einen sogenannten „Bankdrop" – ein Konto, zu dem man Zugang hat, das aber nicht auf den eigenen Namen läuft. Das allerdings ist gar nicht so einfach. Daher ist es nicht verwunderlich, dass die Anleitungen zum Eröffnen anonymer Konten im Milieu für durchaus ansehnliche Summen verkauft werden.

Und auch beim Cash-out gibt es verschiedene Kombinationsmöglichkeiten. Ein Betrüger kauft beispielsweise im Internet über einen *Cardable Shop* Waren ein, die er sich an eine Packstation schicken lässt, für die er die Zugangsdaten von einem nichts ahnenden Dritten gestohlen hat. Diese Waren holt er dann dort ab, verkauft sie über ein Auktionshaus weiter und lässt das hierdurch erbeutete Geld auf sein Konto fließen. Wer also behauptet, Cyberkriminelle seien zu faul zum Arbeiten?

3.5 Schlussfolgerung: E-Crime ist auf dem Vormarsch

Die Zeiten, als die Hackerszene zum überwiegenden Teil aus männlichen Jugendlichen bestand, die aus Spaß und technischem Interesse im Netz unterwegs waren, sind lange vorbei. Außerdem ist die Bezeichnung Hacker für die neue Generation, die sich in der „digitalen Unterwelt" bewegt, schlichtweg falsch. Sie sind nichts anderes als Straftäter, die ebenso wie Panzerknacker oder andere Kriminelle über ein gewisses „Fachwissen" verfügen. In dieser Szene dreht sich heute alles um Geld, jährlich werden Millionen umgesetzt, sowohl durch aktiven Diebstahl als auch durch Spam. Oftmals sind die Täter über eine professionelle Organisationsstruktur miteinander verbunden, innerhalb derer jeder seine eigene Aufgabe hat.

Für den User am heimischen PC wird daher immer wichtiger, seinen Computer vor solch üblen Machenschaften zu schützen. Wer heute noch ohne entsprechenden Schutz ins Internet geht, läuft ununterbrochen Gefahr, Opfer dieser Kriminellen zu werden. In einer Zeit, in der Onlineauktionshäuser und Onlinebanking zum Alltag gehören, birgt dies große Gefahren.

Ein weiteres wichtiges Thema ist unser Umgang mit persönlichen Daten. Viele von uns stellen bedenkenlos jede Menge persönlicher Daten in soziale Netzwerke ein, ohne auch nur einen Gedanken daran zu verschwenden, dass sie damit Betrügern quasi direkt in die Hände arbeiten. Denn selbst scheinbar unbedeutende Daten wie das eigene Geburtsdatum können helfen, Kreditkartendaten zu vervollständigen.

Immer häufiger kommt es vor, dass Cyberkriminelle, nachdem sie die Account-Daten ihrer Opfer gestohlen haben, auch deren Webseite missbrauchen. Sollte Ihnen bekannt sein, dass sich auf Ihrem PC Malware befindet, muss nicht nur Ihr Computer überprüft und entsprechend bereinigt werden – Sie müssen unbedingt auch Ihre Webseite checken! Denn sonst kann eine Infizierung höchst unangenehme Folgen haben: Haben die Betrüger Malware auf Ihre Webseite geschmuggelt, sind Sie als Eigentümer womöglich für einen eventuellen Schaden bei Dritten haftbar.

Was haben wir also gelernt?
Vermissen Sie persönliche Dokumente, egal, ob sie gestohlen wurden oder Sie sie verloren haben, sollten Sie diesen Verlust unverzüglich bei der Polizei melden. Denn schneller als Sie glauben, landen die Daten zu Ihrer Identität im Cyberunderground und werden für Onlinewetten oder andere Aktivitäten genutzt. Stellen Sie sich vor, was passiert, wenn Sie entdecken, dass sich im echten Leben jemand anderer als Sie ausgibt … dann ist es nämlich an Ihnen, nachzuweisen, dass Sie wirklich Sie sind.

Wird Ihre Kreditkarte von Kriminellen missbraucht, bedeutet dies nicht zwangsläufig, dass Sie Ihr ganzes Geld los sind. In den häufigsten Fällen zahlt das Kreditkartenunternehmen den Betrag zurück, allerdings nur unter der Voraussetzung, dass Sie den Betrug innerhalb von dreißig Tagen nach Feststellung gemeldet haben. Achten Sie also unbedingt auf diese Frist, wenn Sie Unregelmäßigkeiten auf Ihrer Kreditkartenabrechnung entdecken.

Bei der Nutzung von Internetdiensten müssen Sie äußerst vorsichtig mit Ihren Daten umgehen und genau prüfen, wo und über welche Kanäle Sie sie eingeben. Hier ist gesunder Menschenverstand gefragt! Alle Alarmglocken sollten bei Ihnen läuten, wenn über eine scheinbare Onlinebanking-Webseite nacheinander gleich mehrere Bestätigungscodes angefordert werden oder keine Verschlüsselung der Daten erfolgt.

Daher ist es immer besser, die Original-URLs der Banken in Ihre Favoriten zu platzieren und ausschließlich diese Links zu verwenden. Es empfiehlt sich außerdem, Links in einer E-Mail – auch von scheinbar authentischen Absendern – genau zu prüfen. Ein unbedachter Mausklick kann schnell zu einer infizierten Seite führen.

Wissen oder vermuten Sie, dass Ihr PC infiziert ist, überprüfen und reinigen Sie nicht nur Ihren PC, sondern auch Ihre Webseite, die ebenfalls gehackt sein könnte.

Überlegen Sie genau, welche Angaben zu Ihrer Person Sie in sozialen Netzwerken zur Verfügung stellen: Diese Informationen können Cyberkriminellen helfen, beispielsweise Ihre Kreditkartendaten zu vervollständigen, um sie für weitere üble Machenschaften zu nutzen.

Das letzte Kapitel hat uns vor Augen geführt, dass hinter der Fassade des uns bekannten Cyberspace eine dunkle und gefährliche Welt lauert. Das aber ist noch längst nicht alles. Selbst Regierungen sind nicht unbeteiligt: Sie setzen auf unterschiedlichste Arten Cyberwaffen ein, um andere Nationen zu manipulieren, zu bespitzeln und sogar zu bekämpfen. Daher dürfte es niemanden wundern, dass auch die Organisationen, die sich gegen den Staat richten, digitale Waffen für sich entdeckt haben und gezielt einsetzen. Wir begeben uns nun in den binären Schützengraben, um herauszufinden, ob auch der digitale James Bond seinen Martini lieber „geschüttelt, nicht gerührt" mag.

4.1 Cyberkrieg

In den vergangenen Jahren ist uns ein Begriff immer häufiger zu Ohren gekommen: der „Cyberkrieg". Dies aber (fast) zu unrecht. Denn warum spricht man von einem Cyberkrieg, wenn es doch keine menschlichen Opfer zu beklagen gibt? Nicht, dass dies zu wünschen wäre, aber solange es keine Toten und Verletzten gibt, ist der Begriff „Krieg" streng genommen nicht treffend.

Cyberangriff erscheint mir deshalb der weitaus passendere Begriff zu sein. Es gilt jedoch abzuwarten, ob nicht derartige Cyberangriffe in den kommenden Jahren öfter im Kontext echter Kriege stattfinden und Teil der Gesamtoffensive gegen den potentiellen Feind sind.

Es gibt übrigens noch einen anderen Grund, nicht von einem „Cyberkrieg" zu sprechen. An einem Krieg sind immer (mindestens) zwei Nationen oder Regionen beteiligt. Bei allen Internetangriffen handelt es sich bis dato grundsätzlich um Angriffe einer Partei, die nicht einmal mit hundertprozentiger Sicherheit identifiziert werden kann.

© Springer Fachmedien Wiesbaden 2015 47
E. Willems, *Cybergefahr*, DOI 10.1007/978-3-658-04761-0_4

Die ersten Beispiele für Angriffe, die als Cyberkrieg bezeichnet werden, ereigneten sich 2007 und 2008. Im Jahr 2007 wurde die Internetinfrastruktur von Estland über Wochen unter Beschuss genommen, nachdem die estnische Regierung beschlossen hatte, eine Sowjetstatue zu entfernen. Diese wiederholten DDoS-Angriffe erwiesen sich als Werk von mehr als einer Million russischer Computer und führten zum totalen Chaos. In Estland werden 97 % der Bankgeschäfte online abgewickelt. Schon allein deshalb traf die Unerreichbarkeit vieler estnischer Webseiten die Wirtschaft und die gesamte Bevölkerung besonders hart.

Trotzdem: Selbst dieses Ereignis verdient nicht die Bezeichnung „Cyberkriegsführung", man könnte höchstens von einem bemerkenswerten Experiment sprechen. Außerdem ist noch immer nicht endgültig erwiesen, dass die Angriffe die Handschrift russischer Behörden tragen. Nach den uns vorliegenden Daten wurde der Angriff von der Nasji organisiert, einer politischen Jugendbewegung Russlands. Streng genommen steckt also eine Hackertruppe dahinter. Diese Bewegung wird zwar vom Staat geduldet und unterstützt, doch das sagt noch nichts darüber aus, ob er tatsächlich hinter dem Anschlag steckte.

2008 befuhren russische Panzer georgisches Hoheitsgebiet, aber ob das Lahmlegen der georgischen Infrastruktur das Werk russischer Behörden oder des russischen Geheimdienstes FSB war, ist bis heute nicht bewiesen. Allerdings lässt das Timing vermuten, dass Letzterer seine Hände im „Spiel" hatte.

Wären die damals belagerten Länder heute besser auf einen erneuten vergleichbaren Angriff vorbereitet? Wohl nicht. Ich bin davon überzeugt, dass nur die wenigsten davor gewappnet sind. Ein gezielter Angriff von einer geballten „Meute" von Zombies (sprich infizierte PCs) ausgeführt, würde auch heute viele Webseiten von Behörden lahmlegen. Aber wäre das wirklich schlimm? Wie viele staatliche Webseiten müssen denn tatsächlich Tag und Nacht verfügbar sein? Tax-on-web in Belgien oder das niederländische Steuererklärungsmodul vermutlich schon, anderenfalls könnten willige Steuerzahler ungewollt bestimmte Fristen für die Online-Abgabe ihrer Steuererklärungen verpassen. Aber für die meisten behördlichen Webseiten ist *downtime* (Nichtverfügbarkeit) eher lästig als dramatisch, zumindest sehe ich das so. Doch es mag Angriffe geben, die eine ganze Nation ins Wanken bringen können.

In den kommenden Jahren könnten Cyberangriffe allerdings weitaus größere Probleme verursachen. Man braucht kein Nostradamus zu sein, um prognostizieren zu können, dass es schon in der nahen Zukunft wesentlich mehr Onlinedienste von Behörden geben wird. Und dann gilt, dass auch die Auswirkungen solcher Angriffe schwerwiegender sein dürften.

Die Cloud als Schlachtfeld?

Die *Cloud* ist ein Sammelbegriff für die gesamte Software und Infrastruktur, die als Dienst durch eine externe Partei angeboten wird (siehe Abb. 4.1). Sowohl bei Dropbox (für den Onlinezugriff oder das Aktualisieren von Daten) als auch bei Google (für das Suchen und Speichern von Daten und vielem mehr) handelt es sich um solche Clouddienste. Aber auch Unternehmen nutzen die Cloudsoftware auf breiter Ebene. So bieten manche Anbieter

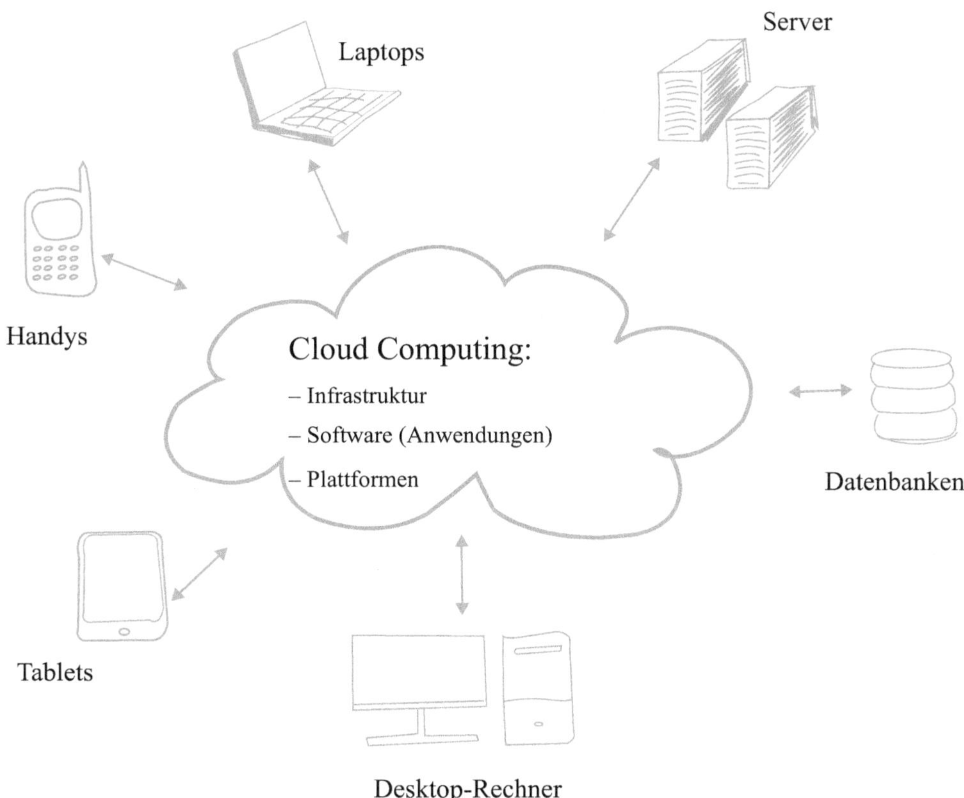

Abb. 4.1 Cloud computing – eine schematische Darstellung

auch eine Cloudversion ihrer Software an. Für diese wird eine Nutzungsgebühr fällig, die für Wenig-Nutzer von Vorteil sein kann. Außerdem wird diese Software zentral gespeichert und ist somit immer verfügbar. Der Nachteil dieses Systems ist, dass man darauf angewiesen ist, dass der entsprechende Online-Service stets zur Verfügung steht und dass die Server, auf denen die Dienste laufen, gegen alle möglichen Angriffe bestens geschützt sind.

Zugegeben: Die Cloud ist besser geschützt als normale Webseiten von Privatpersonen und Unternehmen. Doch die Cloud ist vor allem ein interessanteres Ziel, denn man kann über sie viele Opfer gleichzeitig erreichen. Keine Frage, die Folgen eines Angriffs wären wesentlich weitreichender. Daher sollten wir uns nicht einfach von der Euphorie um die Möglichkeiten der Cloud anstecken lassen. Ihr Schutz mag zwar besser sein, aber die Risiken sind auch deutlich größer. Außerdem sollten wir uns fragen, ob die Cloud immer die bessere Lösung ist. Die zur Nutzung erforderliche Bandbreite ist leider immer noch nicht flächendeckend verfügbar. Haben Sie schon mal versucht, eine Datei, die über ein Megabyte groß ist, über eine Mobilfunk-Verbindung herunterzuladen? Oder wollten Sie schon mal einen Tweet von einem gut besuchten Kongress aus versenden? Dann dürften Sie aus eigener Erfahrung wissen, dass die Cloud nicht immer mit Schnelligkeit und Zuverlässigkeit besticht. Vielleicht ändert sich dies mit dem Umstieg auf neuere Technologien, doch bis jetzt spricht in meinen Augen nicht viel für die Cloud.

Stuxnet

Stuxnet wird ebenfalls als Beispiel für die Cyberkriegsführung genannt, aber auch das stimmt meiner Meinung nach nicht. Zugegeben, Stuxnet war ein äußerst raffinierter und komplexer Virus, der sich unter anderem Zugang zu den Netzwerken von Energieunternehmen verschaffte. Es gelang ihm, die Kontrolle über einige Systeme zu übernehmen und so vorübergehend die Produktion einer Urananreicherungsanlage im Iran zu verzögern. Ein Angriff fand auf die Zentrale eines Unternehmens statt, die eine wichtige Rolle bei den vermeintlichen Plänen zum Bau einer Atombombe im Iran spielte. Der Wurm beeinträchtigte den Ablauf in den Nuklearanlagen, sodass von einer Sabotage der nuklearen Komponenten die Rede war, womit wir in meinen Augen der ganzen Sache näher kommen, als wenn wir von einem „Krieg" sprechen. Zum Glück für die ganze Welt handelte es sich wieder einmal um einen einseitigen Angriff, dem glücklicherweise kein Mensch zum Opfer fiel.

Dies ändert aber natürlich nichts an der Tatsache, dass der Trend hin zur Cyberkriegsführung geht. Man spricht zu Recht von einem Cyberkrieg, wenn die Infrastruktur eines Landes in Gefahr gerät. Wenn in Deutschland das Hochspannungsnetz lahmgelegt wird, kann man durchaus von einer Kriegshandlung sprechen. Und diese Gefahr ist durchaus real, denn die Energielieferanten sind oft weniger gut auf so etwas vorbereitet, als man glauben möchte. Kennen Sie zum Beispiel SCADA? Ein solches System überwacht und steuert technische Prozesse mittels Computersystemen von Mess- und Regelsignalen verschiedener Maschinen in großen Industrieanlagen. Es handelt sich also um Software, die auf Hardware läuft, die im Allgemeinen über die IT-Infrastruktur gut geschützt wird. Daher schätzen Lieferanten und Nutzer von SCADA-Software die Bedeutung eines zuverlässigen Sicherheitsprogramms oft falsch ein. Da das Risiko einer Infizierung ihrer Meinung nach relativ gering ist, werden sie leichtsinnig und aktualisieren ihre Software nicht regelmäßig. In meinen Augen ist dieser Leichtsinn ein Grund zur Sorge, denn genau in einer solchen Umgebung hatte sich Stuxnet bequem eingenistet.

Übrigens ist es so, dass aufgrund von Angriffen wie durch Stuxnet, Flame, Duqu und Gauss (auf die ich in Kap. 4.4 „Cyberspionage" näher eingehe) bei verschiedenen Behörden weltweit Konzepte für Cyberstrategien oder Cyberkommandos entwickelt werden. Sogar Kommunikationsplattformen wurden entwickelt, sodass die Behörden einfach und unbürokratisch miteinander über dieses Problem kommunizieren und somit besser einschätzen können, woher eventuelle Angriffe stammen. Die Zusammenarbeit unterschiedlicher Nationen ist allerdings nur eingeschränkt möglich und auf individuelle Initiativen einzelner Länder begrenzt. Eine weltweite Koordination von Cyberstrategien gibt es derzeit noch nicht, weshalb man auf dieser Ebene auch noch keinen umfassenden Schutz erwarten darf. Im Gegenteil: Die Gefahr ist groß, dass unterschiedliche Cyberstrategien für den Fall echter Cyberbedrohung eher für Chaos sorgen, als für einen besseren Schutz. Die

Gestaltung von Cyberkriegsverträgen zwischen den Ländern dürfte sich als harte Nuss erweisen, was wohl auf die unterschiedlichen Cyberstrategien zurückzuführen sein dürfte.

Es mag voreilig wirken, sich mit solchen Strategien zu beschäftigen, zumal es noch keine Anzeichen dafür gibt, dass ein Cyberkrieg droht. Weit gefehlt. Es ist nur vernünftig, frühzeitig festzulegen, wie im Fall eines Cyberangriffs zu handeln ist. Erfolgt zum Beispiel eine Attacke auf die zentrale Wasser- und Stromversorgung eines Landes, wird es tatsächlich zu zivilen Opfern kommen. Dann muss für die unterschiedlichsten Szenarien ein Handlungs- und Aktionsplan in der Schublade liegen. Denn nur so lassen sich Menschenleben retten und es wird zudem verhindert, dass auf die falsche Art und Weise auf einen möglichen Angriff reagiert wird. Kurz gesagt: Eine gute Vorbereitung auf einen Cyberkrieg kann diesen vielleicht sogar verhindern.

4.2 Cyberterrorismus

In meinen Augen gibt es eigentlich auch keinen Cyberterrorismus. Von „Terrorismus" sprechen wir, wenn es um blutige Anschläge wie 9/11 oder die in London oder Madrid geht. So etwas hat es aber im Cyberspace zum Glück noch nie gegeben. Wir können zwar Online-Kommunikation rund um derartige Anschläge ausfindig machen, ebenso wird das Internet natürlich auch zum Anwerben von Terroristen und deren Kommunikation untereinander missbraucht, aber dem Terrorismus an sich sind wir im Cyberspace noch nicht begegnet.

Wie auch beim Cyberkrieg heißt dies allerdings nicht, dass man seine Augen vor dem Cyberterrorismus verschließen sollte. Umfassender Schutz heißt auch hier die Devise. Man sollte sich die potenziellen Gefahren konkret ausmalen und entsprechende Schutzmaßnahmen treffen. Ich habe an dem europäischen Projekt „Clean IT" mitgewirkt, die Ergebnisse dieser Arbeit waren im Internet zu lesen. Dort hieß es ausdrücklich, dass es zwar noch keinen Cyberterrorismus gibt, aber in jedem Fall präventive Maßnahmen ergriffen werden müssen. Eine mehr als heikle Angelegenheit, denn bei Kritikern ist schon von Zensur die Rede. Ignorieren wir aber diese Gefahr, werden unter Umständen noch mehr Menschen für terroristische Akte angeworben. Außerdem betreiben wir ja bereits Content-Filterung: Bei Themen wie Sex und Gewalt sind zahlreiche Filter am Werk, der Kampf gegen terroristische Bedrohungen über das Internet wäre einfach der nächste Schritt. Wäre es nicht sinnvoll, per Tastendruck terroristische Seiten protokollieren zu können? Bei Clean-IT ging es u. a. um die Beantwortung genau dieser Fragen: Welche Lösungsansätze und Technologien sind sinnvoll und vor allem möglich?

Es ist natürlich ausgesprochen schwierig, eine Kooperation und Koordination zwischen allen Mitgliedsstaaten der EU zustande zu bringen. Für mich ist das jedoch eine vertane Chance, denn würden wir all unsere Erkenntnisse zusammengetragen, könnten wir den Terrorismus womöglich erheblich effizienter bekämpfen. Keine Frage, es gibt eine Zusammenarbeit und auch Kommunikation zwischen den Regierungen für den Fall terroristischer Bedrohungen, aber eher auf informeller Ebene. Kein wirklich beruhigender Gedanke, wie ich finde.

Ich möchte es noch einmal in aller Deutlichkeit sagen: Auch Stuxnet ist kein Beispiel für Cyberterrorismus. Terrorismus zielt unter anderem darauf ab, Menschen Angst einzujagen und in Panik zu versetzen, Sabotage dagegen beabsichtigt die Vernichtung eines bestimmten Ziels. Im Fall von Stuxnet wollte man die Arbeitsvorgänge in der Fabrik deutlich hinauszögern, sodass der Iran seine Programme zur Urananreicherung nicht durchführen konnte. Der Bevölkerung Angst einzujagen, war wohl eher ein gewünschter Nebeneffekt.

Somit fällt Stuxnet in dieselbe Kategorie wie der Angriff auf Saudi Aramco, die staatliche Ölgesellschaft Saudi Arabiens, dem größten Rohölexporteur der Welt. Mehr als 30.000 Computer wurden infiziert und vorübergehend außer Funktion gesetzt. Sinn und Zweck dieser Attacke war es, die Produktion von Rohöl zu verlangsamen oder vorübergehend stillzulegen. Das gelang zwar nicht, aber es wurden Daten gelöscht und Festplatten komplett zerstört. Der Iran wurde zum Sündenbock erklärt und für den Anschlag verantwortlich gemacht. Er stritt zwar alles ab, doch für die meisten Beobachter ist der Angriff auch heute noch nichts anderes als eine Drohgebärde des Iran, der herausfinden und zeigen wollte, was in einem echten Kriegsfall möglich wäre. Aber selbst das kann man in meinen Augen nicht als Cyberterrorismus bezeichnen.

Ich selbst plädiere daher dafür, die bekannten Angriffe zutreffender zu kategorisieren, beispielsweise als Cyberspionage oder -sabotage. Wie bereits gesagt, finde ich auch den Begriff Cyberterrorismus nicht wirklich zutreffend. Zugegeben, solche Begriffe klingen sensationell und spannend und können den einen oder anderen Leser dazu animieren, einen Artikel zu lesen. Doch man sollte sich auch klar machen, dass eine sensationslüsterne Berichterstattung durch die Medien unnötig Angst einjagen kann, zumal wenn es von Begriffen wimmelt, die eine nicht gegebene Gefahr bezeichnen. Bis zum heutigen Tag hat es noch keine einzige terroristische Tat über das Internet gegeben, auch wenn uns die Medien etwas anderes glauben machen wollen.

4.3   Hacktivismus

Die Verwirrung in Sachen Cyberterrorismus ist nicht zuletzt auch auf Hacktivisten zurückzuführen. Ihre Aktionen werden oft in einem Atemzug mit Cyberterrorismus oder Cyberkrieg genannt. Hacktivisten sind jedoch keine Terroristen und ganz sicher führen sie keine Kriege. Sie nutzen Hacking und DDoS als Mittel, Botschaften zumeist politischer oder ideologischer Natur zu verbreiten.

Ich möchte ein für alle Mal klarstellen: Malware ist keine Art des Hackings. Natürlich weisen Malware und Hacking gewisse Gemeinsamkeiten auf: Sie sind unerwünscht und werden oft gemeinsam genutzt. Doch es gibt einen wesentlichen Unterschied zwischen beiden. Malware bezeichnet – wie Sie wissen – jede Form schädlicher Software, die PCs manipulieren kann. Beim Hacking kommt nicht automatisch Malware zum Zuge. Ein Hacker kann einfach versuchen, in ein fremdes System einzudringen oder eine Webseite aufzurufen, indem er auf die Anmeldedaten eines Dritten zugreift. Er kann aber auch auf andere Weise den Schutz eines Systems oder einer Webseite umgehen. Manchmal – aber nicht immer – wird hierzu Malware genutzt.

Motive und Vorgehensweisen der Hacktivisten könnten unterschiedlicher nicht sein. Manche wollen den mangelnden Datenschutz der Behörden anprangern, indem sie vertrauliche behördliche Daten veröffentlichen, wie das in Chile passiert ist. Andere belagern die Webseite eines Nachrichtendienstes oder Senders, weil sie mit deren Berichterstattung unzufrieden sind. Diesen Missmut bekam der US-amerikanische Nachrichtensender CNN zu spüren, als er sich im Rahmen der Olympischen Spiele in Peking kritisch zu den Menschenrechten in China äußerte. Zu den Waffen der Hacktivisten gehören die Fähigkeiten, Webseiten lahm zu legen oder auch Besucher auf die eigene Seite umzuleiten, Informationen zu stehlen und an anderer Stelle zu veröffentlichen, Seiten zu parodieren und „Typosquatting"[1] zu nutzen.

Den Begriff „Waffe" habe ich bewusst gewählt, weil damit klar wird, dass Hacktivismus eine Straftat darstellt, also gegen geltendes Recht verstößt. Das scheint vielen Hackern nicht bewusst zu sein. Vor Hacktivisten, die ein edles Ziel verfolgen, sollte man jederzeit seinen Hut ziehen dürfen. Meistens greifen sie auf andere Mittel als das Hacking zurück. Wer auf seiner eigenen Webseite eine positive Botschaft hinterlässt und dafür sorgt, dass Nutzer zu dieser umgeleitet werden, macht nichts Falsches oder gar Rechtswidriges. Das Hacken und „Defacen" der Webseite eines Dritten (das Verändern der Seite, beispielsweise durch Einsetzen von Parolen einer Hacktivistengruppierung), Datendiebstahl und Veröffentlichung dieser Daten an anderer Stelle, ist dagegen eindeutig kriminell! Ich frage mich immer, was solche Menschen damit bezwecken. Um ein Unternehmen darauf hinzuweisen, dass es nicht gut geschützt ist, kann man es doch schlicht und einfach sagen, oder?

Hacktivisten haben ihren Teil dazu beigetragen, dass kein Unterschied mehr zwischen einem Hack als Statement und einem Hack mit kriminellen Absichten gemacht wird. Und trotzdem ist Hacktivismus immer noch positiv besetzt. Hacktivisten genießen einen derart guten Ruf, dass selbst ganz normale Menschen in diese Branche einsteigen. Inzwischen hat sich hier wohl einiges getan, denn ein großer Teil der Hacktivisten ist inzwischen festgenommen worden. Trotzdem haben sie viel zu lange vom positiven Medieninteresse profitieren können.

Was mir außerdem noch aufgefallen ist: Hacktivisten werden oft mit Cyberkrieg in Zusammenhang gebracht. Selbst in einer Sendung des renommierten flämischen TV-Magazins *Panorama* wurde Hacktivismus in einem Atemzug mit „Cyberkrieg" genannt und den Hacktivisten eine Plattform geboten. Kein Thema war dagegen, wie man Hacktivismus bekämpfen muss. Mich tröstet der Gedanke, dass auch das beste Pferd mal ins Straucheln kommt.

---

[1] User, die bei der Eingabe einer URL einen Tippfehler machen, werden auf die Seite von Hacktivisten umgeleitet.

Abb. 4.2 Ein Satz aus dem Film V for Vendetta: „Hinter dieser Maske verbirgt sich mehr als ein Mensch aus Fleisch und Blut. Hinter dieser Maske befindet sich eine Idee, Herr Creedy, und Ideen sind kugelsicher"

Das hat zur Folge, dass Hacktivismus von so manchem als netter, positiver und legaler Zeitvertreib angesehen wird. Wer sich aber tatsächlich mit den Machenschaften der Hacktivisten auseinandersetzt, weiß, wie falsch dieses Empfinden ist. Was würden diese „Fans" wohl sagen, wenn jemand bei ihnen einbricht, ihre Möbel klaut und ihre Bilder woanders aufhängt? Die Moral von Hacktivisten lässt zu wünschen übrig, und das lässt sich nicht schönreden.

V für Vendetta

Wenn von Hacktivisten gesprochen wird, sieht man in der Regel auch ein Foto mit einer Guy Fawkes-Maske.

Guy Fawkes war ein englischer Soldat, der von 1570 bis 1606 lebte. Gemeinsam mit anderen Katholiken schmiedete er seinerzeit einen Komplott, um den damaligen protestantischen König Jacobus I durch eine gigantische Explosion zu töten. Doch Fawkes wurde bereits bei den Vorbereitungen entlarvt, verhaftet und zum Tode verurteilt.

Der vereitelte Anschlag wird in England noch immer am 5. November als der Guy Fawkes Day gefeiert, indem Guy Fawkes-Puppen verbrannt werden. Doch selbst dieser Mann hatte seine Anhänger. Als 2005 der Film *V für Vendetta* in die Kinos kam, wurde die Maske mit Fawkes' Gesicht (s. Abb. 4.2) zum Symbol für freie Meinungsäußerung und den Kampf gegen das Unrecht der Staatsgewalt. Vor allem die Hacktivistengruppe Anonymous hat sich seit 2008 diesem Motto verschrieben. Bereits 1994 gab es einen DDoS-Angriff am Guy Fawkes Day durch eine Hacktivistengruppe mit dem eher niedlichen Namen „the Zippies".

Die Masken aus V für Vendetta sind sehr beliebt, auch bei Sicherheitsexperten. Ich bekam sogar einmal so eine Maske von einem renommierten Sicherheitsunternehmen geschenkt. Sicherlich war das Ganze witzig gemeint, aber trotzdem verstärkt man auf diese Weise das positive Image des Hackens. Ich habe meine Unzufriedenheit damit bereits häufiger zum Ausdruck gebracht, was nicht immer auf Verständnis stieß – in meinen Augen ein Beweis dafür, wie sensibel dieses Thema zu behandeln ist.

4.4 Cyberspionage

Cyberspionage ist Realität – und das schon sehr lange. Der PRISM-Skandal von 2013 veranschaulicht dieses Phänomen sehr deutlich. Kurz zur Erinnerung: Im Juni erzählte Edward Snowden der Washington Post, dass die NSA und das FBI bereits seit Jahren Zugang zu den persönlichen Daten verdächtiger Personen in sozialen Netzwerken wie Facebook, YouTube und zur Kommunikation über Programme unter anderem der Internetgiganten Microsoft, Google, Apple und Yahoo hätten. Snowden selbst war ein früherer Mitarbeiter des CIA, der als Systemadministrator über die Firma Booz Allen Hamilton für die amerikanische National Security Agency (NSA) arbeitete. Diese Zusammenarbeit war als PRISM-Programm bekannt und diente vorrangig dazu, verdächtige Personen im Ausland besser überwachen zu können. Ein klarer Fall von Cyberspionage also. Das wohl Denkwürdigste dabei ist, dass die Zusammenarbeit zwischen den Staatsdiensten und den IT-Unternehmen bereits 2007 in die Wege geleitet worden war.

Dieses Beispiel für Cyberspionage wurde quasi zufällig aufgedeckt und betrifft in erster Linie die Nachrichtendienste der Vereinigten Staaten. Jede Wette, dass Cyberspionage auch in vielen anderen Ländern eingesetzt wird, auch wenn nicht alles bekannt wird. Wie viel einfacher, sicherer und preiswerter ist es doch, Geheimnisse aus anderen Ländern (oder im Fall einer Betriebsspionage anderer Unternehmen) zu ergaunern, wenn man dazu nur hinter dem Monitor in einer geschützten Umgebung zu arbeiten braucht, anstatt sich jahrelang in die Höhle des Löwen wagen zu müssen und ihn dort auszuspionieren.

Mit den Worten von…
Guy Kindermans, ICT-Journalist, Sicherheitsexperte
Man hat nichts zu verbergen, aber alles zu schützen
In Aalst, meinem Wohnort, gab es früher zu Karneval den Brauch der „Anklage". Ein kostümierter Karnevalist verlas dann vor Zeugen in dessen Anwesenheit das Sündenregister des Betreffenden. Heutzutage könnte man meinen, dass der digitale Weltbürger dafür niemanden mehr braucht, da er nur allzu gern unglaubliche Mengen an Informationen zu seiner Person freigibt, selbst dann, wenn sie ihm nicht sonderlich schmeicheln. Ob dies nun auf Naivität oder Unerfahrenheit zurückzuführen ist, wie und in welchem Umfang Informationen digital verbreitet werden,

möchte ich vorerst noch offen lassen. Doch jeder sollte sich darüber im Klaren sein, dass sich Informationen in digitaler Form wie ein Lauffeuer verbreiten und dass das Internet nichts vergisst.

„Und wenn schon …", bekomme ich dann oft zu hören. „Ich habe nichts zu verbergen!" Das mag ja sein, aber man sollte den Grundsatz kennen: „Du hast nichts zu verbergen, aber alles zu schützen!" Was man einmal in digitaler Form freigegeben hat, kann sich rasend schnell verbreiten, auch an diejenigen, für die es nicht gedacht war. Oder diese Daten geraten an professionelle Marketingunternehmen, die sie von Grund auf analysieren und dann weitergeben. Häufig führt das lediglich zu netten Werbe- oder Rabattaktionen, aber auch ein Missbrauch der Daten kann nicht ausgeschlossen werden. Dies kann zum Beispiel der Grund dafür sein, einen Job nicht zu bekommen. Und wir reden hier noch nicht einmal von Informationen, die ohne Ihr Einverständnis übernommen wurden, wie aus der Enthüllung um den Einsatz US-amerikanischer Sicherheitsdienste bekannt wurde.

Kurz gesagt: Junge Menschen (und auch ältere) sollten besser keine digitalen Daten in Umlauf bringen, außer sie wollen, dass sie auch ihren Eltern (oder Partnern, Bekannten oder Kollegen) unter die Augen kommen. Wir müssen uns alle darüber im Klaren sein, dass der Freund von heute morgen zum Feind werden kann. Auch Versuche der europäischen Union, das „Recht auf Vergessen" für das Internet festzulegen, kann nicht garantieren, dass die von Ihnen freigegebenen Daten nicht in falsche Hände geraten. Deshalb mein Rat: Geben Sie Ihre persönlichen Informationen niemals leichtfertig preis, sondern schützen Sie sie!

Guy Kindermans (geboren 1956 in Aalst), studierter Übersetzer und Kommunikationswissenschaftler begann seine Karriere bei der Informatikzeitschrift Data News. Dort lernte er alles über Informatik. Nach einem kurzen Gastspiel bei den Herausgebern PCM Belgien und Schoolnetwerk arbeitete er Vollzeit bei Data News und war dort für mehr als 27 Jahre Redaktionsmitglied. In dieser Zeit hat er wohl über jeden erdenklichen IT-Aspekt – von der „Silikat"-Technologie bis hin zu Unter-

Da bei Cyberspionage in der Regel außerordentlich raffinierte Technologien zum Einsatz kommen, ist es gar nicht so einfach, sie zu bemerken. Wird dann tatsächlich mal ein Fall aufgedeckt, wie bei Flame, Duqu oder Gauss (siehe „Die Spionageverwandtschaft von Stuxnet"), wird dieser vielfach als Manöver in einem Cyberkrieg betrachtet. Im Grunde wurden diese Computerprogramme als Instrumente zur Cyberspionage vor allem für spezielle Ziele im Mittleren Osten eingesetzt. Diese Angriffe lassen sich möglicherweise gut mit einem Präzisionsbombardement vergleichen, da es ein sehr koordinierter und gezielter Einsatz war, bei dem für die Urheber uninteressante Bereiche verschont blieben. Zum Glück gab es auch hier keine Todesopfer zu beklagen und die aggressiven Handlungen gingen lediglich von einer Seite aus, weshalb ich diese Handlungen – so verwerflich sie auch sein mögen – nicht als Cyberkrieg bezeichnen will.

Die Spionageverwandtschaft von Stuxnet

Obwohl Stuxnet die meiste Aufmerksamkeit erregte, waren seine „Verwandten" Flame, Duqu und Gauss auch nicht von schlechten Eltern. Ihre Programmierung lässt den Schluss zu, dass sie vom selben Team entwickelt wurden. Stuxnet wurde bekannter, weil es ihm gelang, eine iranische Urananreicherungsanlage vorübergehend lahmzulegen, aber auch die anderen drei Schadprogramme zählen zu der fortschrittlichsten Malware, da sie jeden Tastenanschlag registrieren und alle Gespräche, die über den Computer geführt werden, abhören und weiterleiten können. Ihre Aktivität richtet sich meist auf den Mittleren Osten und es gelingt ihnen, oft Jahre unentdeckt zu bleiben. Soweit wir in Erfahrung bringen konnten, trinken sie keinen Martini, können es aber ansonsten mühelos mit James Bond und anderen Toppspionen aufnehmen.

Aurora war eine ebenso moderne und intelligente Malware, die eine Reihe von Angriffen auslöste und sogar große, weltweit tätige Unternehmen in die Knie zwang. Bekanntestes Opfer von Aurora war Google China. Google räumte öffentlich ein, dass Aurora in das Unternehmen eingedrungen war, was eine brisante politische Diskussion über die Zensur in China auslöste. Aufgrund des daraufhin einsetzenden Polittheaters wurde dem eigentlich wichtigsten Aspekt von Aurora von den Medien kaum Beachtung geschenkt: Außer Google griffen die Hacker nämlich noch rund 30 weitere große Unternehmen an, die ihre

Netzwerke aber offensichtlich besser geschützt hatten. Diese Zahl sagt eine Menge darüber aus, wie raffiniert die Hacker vorgingen.

Aurora konnte vor allem deshalb in die Netzwerke der großen Unternehmen eindringen, weil diese Schadware eine bis dahin vollkommen unbekannte Sicherheitslücke (die sogenannte „*zero day*"-Lücke; siehe Kap. 6.1) des Internet Explorers nutzte, für die Antiviren-Hersteller daher keinen Schutz vorhalten konnten. Außerdem war die Malware, die im Übrigen aus zwölf verschiedenen Programmen bestand, mehrfach verschlüsselt, weshalb sie nach dem Eindringen in das System lange Zeit nicht entdeckt wurde.

Die profitorientierten Schreiber von Aurora sorgten dafür, dass nur bestimmte Entscheidungsträger mit entsprechenden Rechten im System angesprochen wurden. Dazu wurden E-Mails mit einem Link auf eine infizierte Webseite an die entsprechenden Mitarbeiter der betreffenden Unternehmen versendet. Da aber viele dieser Mails im Spam-Ordner landeten oder vom Empfänger nicht ernst genommen wurden, gab es noch einen weiteren, sehr ausgeklügelten Plan, der sich die Popularität sozialer Netzwerke zunutze machte. Die Angreifer wollten nicht die Accounts der Schlüsselfiguren des betreffenden Unternehmens hacken, sondern die ihrer virtuellen Freunde. Im Erfolgsfall würden Updates und Berichte von deren „Freunden" an das eigentliche Ziel – einem Link zu der infizierten Webseite – weitergeleitet. Ein geschickter Schachzug, da ein Link, der von einem Freund gepostet wird, den meisten Menschen vertrauenswürdig erscheint und angeklickt wird. Ein einziger Besuch auf der infizierten Webseite genügte, um die Schadsoftware im Hintergrund – vollkommen unbemerkt – auf den PC herunterzuladen.

Offenbar hatten die Schreiber von Aurora an alles gedacht. Als die Schadsoftware nach geraumer Zeit dann doch von der Sicherheitssoftware entdeckt wurde, hatten die Hacker die gewünschten Informationen des Unternehmens schon längst entwendet. Nach ihrer Entdeckung wurde Aurora von Sicherheitsexperten mit den Worten „bislang modernste Schadsoftware überhaupt" beschrieben. Doch so unangenehm die Folgen dieser Malware für die betroffenen Unternehmen und möglicherweise auch für ihre Kunden waren, das eigentliche Ziel war Betriebsspionage. Der Allgemeinheit war kein Schaden entstanden, doch die IT-Verantwortlichen der betroffenen Unternehmen standen mit Sicherheit im Kreuzfeuer der Kritik ihrer Vorgesetzten und Konzernchefs.

Aurora veranschaulicht, was wir einen „*advanced persistent threat*" oder kurz APT nennen, eine fortschrittliche und dauerhafte Bedrohung. Wie bereits ausgeführt, kamen bei Aurora modernste Technologien zum Einsatz, weshalb fortschrittlich durchaus der passende Ausdruck ist und dauerhaft, weil die Schadsoftware ihre Gestalt ständig ändern konnte und somit langfristig unentdeckt blieb. Eine APT bleibt (vorläufig) vor allem der Cyberspionage vorbehalten, weil sie den Hackern eine besonders raffinierte Vorgehensweise und ein hohes Maß an Geduld abverlangt. Interessant ist, dass Aurora trotz aller Geschicktheit und Hartnäckigkeit auf einen schwachen Moment eines Mitarbeiters angewiesen war, um letztendlich ans Ziel zu gelangen. Aurora „beeindruckt" deshalb ebenso wie alle anderen modernen APTs mehr durch Persistenz als durch moderne Technologie.

4.5   Überlegungen zu guter Letzt

Die Angriffe mit Aurora und Stuxnet lassen so manche Schlussfolgerungen zu:

1. Malware ist nicht mehr nur Scriptkids oder Kleinkriminellen vorbehalten. Auch intelligente Entwickler stürzen sich auf diesen Markt, und das mit nicht unerheblicher finanzieller Unterstützung Dritter, möglicherweise sogar durch Regierungen verschiedener Länder.
2. Cyberangriffe werden immer raffinierter. Immer wenn ein neuer Angriff entdeckt wird, fragen sich Experten, wie es gelungen ist, ihn in nur ein paar Monaten zu entwickeln und doch setzt eine Gruppe Malware-Schreiber woanders garantiert bereits ein neues Projekt um, das den soeben noch aktuellen Angriff zum Kinderspiel degradiert. Gut möglich, dass die nächste „bislang modernste Schadsoftware überhaupt" schon jetzt vollkommen abgeschirmt weltweit in alle mögliche Systeme eingedrungen ist.
3. Es scheint so zu sein, dass auch die Ziele der Schadsoftware eskalieren. Wollten die Hacker ursprünglich lediglich ein bisschen Geld von den Geschädigten ergaunern, sind mittlerweile Betriebsgeheimnisse und dergleichen Gegenstand ihres Beutezugs. Anscheinend lauten ihre Ziele jetzt: Sabotage, Erpressung, vollständige Kontrolle von Industrieprozessen, Zerstörung und Schäden für die Allgemeinheit.

Um diese außergewöhnlich gut organisierten Cyberangriffe abwehren zu können, wird erheblich mehr nötig sein, als nur für geeignete Schutzmaßnahmen zu sorgen und die Belegschaft der Unternehmen für das Thema zu sensibilisieren. Ich denke, dass eine Zusammenarbeit auf internationaler Ebene unabdingbar ist. Die zuständigen Ministerien sollten, wie auch bei Kernwaffenprogrammen, Abkommen verabschieden, in denen die Beteiligung der einzelnen Nationen an Entwicklung und Finanzierung von Waffen gegen Cyberangriffe geregelt wird. Wir brauchen Verfahren, die das Aufspüren der Hintermänner von solchen Attacken einfacher machen. Die Organisationen, die hinter den Anschlägen stecken, setzen selbstverständlich alles daran, unentdeckt zu bleiben und ihre Spuren zu verwischen. Für Cyberangriffe werden beispielsweise regelmäßig Server in China oder Russland genutzt, was aber keinesfalls bedeutet, dass sich die Angreifer in diesen Ländern aufhalten. Grenzüberschreitende Ermittlungsarbeiten sind daher ein absolutes Muss, und alle Länder sollten sich aktiv daran beteiligen, oder, sofern sie nicht über eigene Fachleute verfügen, Ermittlern aus den anderen Staaten wenigstens Tür und Tor öffnen. Wir brauchen hohe Strafen für solche Angriffe und einheitliche Strafgesetze in allen Ländern. Nur so lässt sich verhindern, dass sich Kriminelle in Ländern aufhalten, in denen Cyberkriminalität mit vergleichsweise geringen Strafen geahndet wird.

Nicht nur Politik, Polizei und Justiz müssen Hand in Hand gegen diese Form der Kriminalität vorgehen, auch auf internationaler Wirtschaftsebene ist eine Zusammenarbeit mehr als sinnvoll, um Cyberangriffe bereits im Vorfeld abwehren zu können. Man müsste internationale Unternehmen dazu verpflichten, von sämtlichen (mehr oder weniger) erfolgreich verlaufenen Cyberangriffen über ihre Netzwerke zu berichten, obgleich sie daran natürlich aus unterschiedlichen Gründen nicht interessiert sein dürften. Aber es geht um zu viel, sodass es mir durchaus gerechtfertigt scheint, die eigenen Interessen in den Hintergrund zu rücken. Würden Informationen über einen Cyberangriff bereits in einem frühen Stadium bekannt, könnten andere Unternehmen Gegenmaßnahmen einleiten. In der Wirtschaft sollte es gang und gäbe sein, grundsätzlich in vollem Umfang an sämtlichen Untersuchungen von Cyberangriffen mitzuwirken, auch wenn dies bedeuten kann, dass es zu Einschränkungen in der Produktion kommen kann oder dass so manches Betriebsgeheimnis den Ermittlern preisgegeben werden muss. Letzteres scheint eine bittere Pille zu sein, doch die Alternative ist weitaus verheerender. Wenn man nichts gegen gefährliche Schadcodes unternimmt, fällt die Produktion unter Umständen komplett aus. Oder die Betriebsgeheimnisse werden für jeden einfach so zugänglich.

Gestatten Sie mir noch eine Bemerkung zu guter Letzt: Die falsche Verwendung von Begriffen wie „Cyberkrieg" und „Cyberterrorismus", um gezielt (?) Angst zu erzeugen, weckt Erinnerungen an die 1960er und 1970er Jahre, an die Zeit des kalten Krieges. Damals herrschte ein tiefes gegenseitiges Misstrauen zwischen den Supermächten und eine lähmende Angst vor einem Erstanschlag. Gut möglich, dass wir in einigen Jahrzehnten auf unsere jetzige Zeit zurückblicken und sie als „den kalten Cyberkrieg" bezeichnen. Ein schöner Gedanke, würde er doch bedeuten, dass die Gewalt auch im Cyberspace nicht eskaliert ist.

Was haben wir gelernt?

Für jedes Gerät mit einer IP-Adresse besteht grundsätzlich die Gefahr, durch Cyberangriffe infiziert zu werden. Dies gilt sowohl für in der Industrie eingesetzte Geräte, die Produktionsprozesse steuern, als auch für Smart-TVs in Privathaushalten. Im Augenblick ist das Risiko noch relativ gering, da vorrangig Geräte mit echter Computerfunktionalität als gefährdet gelten, doch früher oder später werden wir mit dieser Gefahr leben müssen.

Die Cloud kann dank ihrer allgemeinen Verfügbarkeit hervorragende Lösungen für viele Probleme bereithalten, da mobile Nutzer ihre Daten und Anwendungen immer und überall parat haben. Zugleich ist die Cloud auch für Cyber-Kriminelle ausgesprochen interessant, da sich dort jede Menge potenzieller Opfer tummeln. Daher meine eindringliche Warnung: Legen Sie Ihre Daten nicht nur in der Cloud ab, sondern behalten Sie auch eine lokale Kopie auf Ihrem Rechner. Man kann nämlich nie wissen, ob und wann die Cloud unter dem Bombardement vieler Angriffe in die Knie geht.

Auch wenn es Ihnen möglicherweise nicht bewusst ist oder Sie es nicht bemerken, besteht doch die realistische Möglichkeit, dass auch Ihr PC bereits zu einem Zombie mutiert ist, der von Hacktivisten für DDoS-Angriffe eingesetzt wird. Wie bereits erläutert, handelt es sich dabei um PCs, die infolge mangelnden Schutzes infiziert sind, zum Beispiel, weil das Antivirenprogramm nicht mehr auf dem aktuellen Stand ist. Heutzutage bieten manche Hardwarehersteller kostenlosen Schutz samt regelmäßiger Updates über einige Monate oder sogar Wochen an, doch sobald der Nutzer für den

Dienst zahlen soll, wird er nicht mehr genutzt. Wer aber nicht über das technische Rüstzeug verfügt, um selbst für seinen Schutz zu sorgen – also der überwiegende Teil der Bevölkerung – ist nicht ausreichend vor eventuellen Angriffen geschützt. Ein Programm, das sich selbst aktualisiert, verschiedene, perfekt integrierte Komponenten umfasst, über proaktive Techniken verfügt und eine professionelle Unterstützung sowie einen Helpdesk bietet, ist zwar Luxus, aber Luxus, den sich jeder leisten sollte.

Hören Sie genau hin, wenn von Cyberkrieg und Cyberterrorismus die Rede ist und lassen Sie sich nicht von der Panik, die gelegentlich verbreitet wird, anstecken. Gibt es Tote? Wurden Gebäude zerstört? Oder hat sich der Schaden auf einen vorübergehenden Ausfall des Internets oder den Diebstahl von Identitätsdaten beschränkt? Egal, wie lange oder massiv die Angriffe auch waren, sie als Krieg oder Terrorismus zu bezeichnen, ist schlichtweg falsch.

Mit den Worten von...
Dr. Klaus Brunnstein

CyberWar: Das Internet als Einfallstor für Angriffe auf Personen, Unternehmen und den Staat

Die Meldungen häufen sich: Hacker greifen Firmen, Regierungen und Organisationen an und rauben Informationen und Zugangsrechte zu wichtigen Daten, sie blockieren Computersysteme und Internetverbindungen. Neben dem Dauerbeschuss mit Spam-Mails werden Personen gezielt mit Angriffen auf Passwörter und digitale Bankkonten massiv geschädigt. Durch den illegalen Zugang zu Passwörtern und Internetzugängen verursachen solche Angriffe hohe Schäden im aktuell geschätzten Umfang von 2-stelligen Milliardenbeträgen. Im Zuge der weiter stark zunehmenden Vernetzung wichtiger Versorgungssysteme werden vermehrt auch Angriffe auf sog. „kritische Infrastrukturen" wie Logistik- und Verkehrsleitsysteme, Krankenhäuser u. a. m. bekannt.

Und all diese Schreckensmeldungen trotz regelmäßiger Warnungen und Mahnungen zu sicherheits-bewusstem Verhalten von Nutzern und Anwendern. Und dies, obwohl es angeblich hochentwickelte Sicherheitssysteme gibt, von Antimalware-Programmsystemen zur Erkennung und Vernichtung bösartiger Software über Einbruchs-entdeckende Systeme bis hin zu angeblich nicht-brechbaren Verschlüsselungsverfahren zur Sicherung gespeicherter und übertragener Daten. Überdies behaupten viele Hersteller von IT-Systemen, dass ihre Systeme gegen solche Angriffe wenn nicht von vornherein „sicher", so doch wenigstens mit geeigneten Mitteln zu schützen seien.

Über die Ursachen der heute UnSicheren IT-Verfahren

Wie kann es also – trotz angeblich sicherer Systeme und Schutzverfahren – zu derartigen Angriffen und Schäden kommen? Deren Ursachen werden bei einem Blick in die Entwicklungsgeschichte der heutigen IT-Systeme und Verfahren sofort klar: weil die heutigen IT-Systeme und Verfahren auf Konzepten aufbauen, welche für gänzlich andere Anwendungen und Einsätze ohne jeglichen Bedarf an sicheren Verfahren geschaffen wurden, kann man bei den heutigen IT-Systeme und Anwendungen lediglich versuchen, die Symptome der inhärenten IT-UnSicherheit so gut wie möglich – jedoch mit im Prinzip unzureichenden Mitteln – einzuschränken bzw. zu „bekämpfen".

Dazu drei Beispiele, wie bei der Entwicklung der heute wichtigen IT-Verfahren einige heute erforderliche Konzepte der IT-Sicherheit übersehen (bzw. als nicht erforderlich vernachlässigt) wurden:

Erstens das Konzept eines „sicheren" Betriebssystems: das in den 1960er Jahren am MIT entwickelte Betriebssystem enthielt mehrere wichtige Sicherheitskonzepte, darunter im „sicheren Systemkern" das Konzept der Schutzringe; angesichts der damals noch leistungsschwachen Hardware zeigte MULTICS jedoch erhebliche Speicher- und Performanzprobleme. Als Ken Thompson und Dennis Ritchie das Programm „Space Travel", welches vorrangig Rechenoperationen durchführen sollte, auf einem Rechner PDP-7 ohne damals eigenes Betriebssystem implementieren wollten, entwickelten sie die Grundlagen des später UNIX genannten Vorläufers heute verbreiteter UNIX-Systeme und ihrer Abkömmlinge LINUX und Android. Da die Aufgabe „Space Travel" keine Sicherheitsanforderungen stellte, verzichteten die Autoren (die übrigens auch die für die Programmmierung zuverlässiger Systeme wenig geeignete Sprache „C" entwickelten) auf den Sicherheitskern des ihnen gut bekannten MULTICS-Konzeptes. Die damalige Entscheidung, die mit der Formel

$$UNIX = MULTICS \text{ minus Security}$$

illustriert werden kann, versuchte man bei späteren Varianten abzumildern, als man Sicherheitsmaßnahmen in Schalen (shells) um den Systemkern hinzuzufügen versuchte – ein a priori missratener Versuch, den Entwurfsfehler zu heilen. Die Folgen: fast tägliche Meldungen über neu entdeckte Schwachstellen in LINUX-Varianten.

Zweitens: die dem Internet zugrunde liegenden TCP/IP-Protokolle: als Robert Kahn, Vint Cert und andere die für das heutige Internet so wichtige Protokollfamilie „Internet Protocol" (IP) und „Transmission Control Protocol" (TCP) unter finanzieller Beteiligung der US-Verteidigungsagentur ARPA entwickelten, legten sie besonderen Wert auf die zügige Herstellung von Verbindungen und schnelle Übertragung von Daten. Dabei spielten allerdings wichtige Sicherheitsanforderungen wie die Identifikation von Sender und Empfänger sowie der Schutz der übertragenen Daten gegen Abhören in den Spezifikationen keine Rolle; dies ist umso überraschender, als es eine ausgerechnet für die militärische Anwendungen der Geldgeber wichtige Forderungen gewesen wären. Der Mangel an zuverlässiger Identifizierung von Sendern sowie das allzu leichte Abfangen ungeschützter Daten erweist sich heute als schwere Hypothek bei der Nutzung sicherheitsbedürftiger Internet-Kommunikation.

Drittens: die dem „World Wide Web" zugrundeliegenden Hypertext-Konzepte: Als Tim Berners-Lee, damals Physiker am Forschungszentrum CERN in Genf, im März 1989 seinen Vorschlag zum „Information Management" vorlegte, wollte er verschiedenartige Dokumente – etwa Ideen, Aufsätze, Kommentare – als „Wissen" für beliebige Interessenten auffindbar speichern. Für diese als „Hypertext" zusammengefassten Dokumente entwickelte er die Beschreibungssprache „HTML" (Hypertext Markup Language) und das Kommunikationsprotokoll „HTTP" (Hypertext Transfer Protocol). Weil die Hypertexte bei CERN stets den Interessenten ohne jegliche Schutzbedingungen – wie Abfrage einer Berechtigung oder Schutz von unberechtigter Modifikation – zugänglich waren, hat Berners-Lee auch keinerlei Schutzanforderungen in HTML und http vorgesehen; so kann es nicht überraschen, dass sich das auf seinem Konzept aufgebaute, heute dominante „World Wide Web" mangels Sicherheitsvorgaben als hoch-riskant und als Hort zahlreicher Angriffe erweist, woran auch einzelne später hinzugefügte Sicherheitskonzepte (etwa die verschlüsselte Variante HTTPS) kaum etwas ändern können.

Das Rätsel, warum die heute offensichtlichen Mängel dieser ursprünglichen Konzepte entstehen konnten, ist einfach zu klären: die damaligen Pioniere haben ihre Konzepte für Anwendungen entwickelt, bei denen grundlegende Anforderungen an „sicher beherrschbare Systeme" – Identifikation und Authentikation von Sender und Empfänger, Schutz der Übertragungsverfahren gegen Dienstverweigerung und anderen Missbrauch, Sicherstellung der Integrität übertragener und gespeicherter Daten – keine Rolle spielten. Da vielmehr die einfache Implementation dieser Konzepte, geringe Anforderungen an Speicher- und Rechenbedarf (aka Performanz) sowie einfache Bedienbarkeit durch nicht speziell geschulte Anwender im Vordergrund standen, waren die heutigen Probleme vorprogrammiert.

Über die Nutzung heutiger UnSicherer IT-Verfahren

Angesichts der Sicherheitsdefizite heutiger I&K-Systeme und der daraus täglich erfahrenen Angriffe und Probleme könnte man die Forderung erheben: „Man darf nicht alles ausnutzen, was technisch möglich ist!" Diese Forderung wird jedoch durch die reale Entwicklung neuerer IT-Systeme ad absurdum geführt:

Bei mehr als 2 Mrd. Internet-Nutzern ist es praktisch unmöglich, neue inhärent sichere Methoden und Systeme einzuführen (Beispiel: IPv6: das 1998 sichere Protokoll wird bis heute nur wenig genutzt).

Von der mangelhaften Sicherheit der Übertragungsprotokolle profitieren ausgerechnet kriminelle Angreifer, die schwer entdeckbar Millionen verseuchter Netzrechner (Botnets) nutzen und daraus hohe kriminelle Gewinne erzielen.

Viele Unternehmen haben es zu ihrer Geschäftspolitik gemacht, mit der Vielzahl ungeschützter Daten von ahnungslosen Anwendern eigene Mehrwerte zu erzeugen, insbesondere mit Suchmaschinen und sog. „sozialen Medien".

Viele Geschäftsmodelle nutzen unsichere Methoden zu Lasten traditioneller Branchen aus, wie man etwa an Amazon studieren kann: das Geschäftsmodell des

Gründers verfolgt „gnadenlos" (so der ursprünglich geplante Name „relentless", der noch heute auf amazon.com verweist) eine Politik, neben den Buchhändlern und Verlagen auch die Autoren durch ein Monopol zu ersetzen.

Eine ganz neue Dimension von Risiken und Angriffen bringt die rasant zunehmende Vernetzung hochgradig sicherheitsbedürftiger Systeme – etwa der Logistik und Energieversorgung – über das „Internet der Dinge" (Internet of Things, IoT) mit sich.

Gibt es Perspektiven für „sichere" IT-Systeme?

So schwarz die Perspektiven heute erscheinen, so werden die unvermeidlich zunehmenden Angriffe und Unfälle nach einigen unliebsamen Vorfällen dazu führen, dass zumindest in einzelnen Bereichen ein Umdenken einsetzen wird: entgegen den Planungen europäischer Regierungen zur Vernetzung „kritischer Infrastrukturen" werden gravierende Unfälle und Blackouts anschließend deren Entkopplung erzwingen. Bei weniger kritischen Infrastrukturen wie „Smart Cities", „Smart Homes" und „Smart Cars" dürfte der Lernprozess allerdings länger dauern, mit entsprechend unerfreulichen Erfahrungen für viele Verbraucher.

Dr. Klaus Brunnstein war Professor für Anwendungen der Informatik am Fachbereich Informatik der Universität Hamburg. Seine Spezialgebiete waren Datenschutz, IT-Sicherheit und IT-Forensik. 1990 war er Mitgründer der Computer Antivirus Research Organisation (CARO). Er war Mitglied der Gesellschaft für Informatik, FB „Informatik & Gesellschaft" und von 2002–2007 Präsident des Präsidiums International Federation for Information Processing (IFIP).

Unstrittig dürfte sein, dass es immer schwieriger wird, Cyberkriminalität zu bekämpfen. Der Einsatz wird höher, die Gangster werden professioneller und dazu kommen inzwischen nun noch Cyberspione, Sabotage und Kriegsbedrohung. Schadsoftware wird mit rasanter Geschwindigkeit in die Welt geschickt.

5.1 Die Hersteller

Doch auch die Virenjäger schlafen nicht. Die Hersteller von Antivirensoftware entwickeln immer professionellere, effizientere und raffiniertere Produkte. Eine vollständige Auflistung aller Produkte mitsamt ihren Stärken und Schwächen würde an dieser Stelle zu weit führen. Der Virus Bulletin hat eine Übersicht (www.virusbtn.com) mit einem Link zu allen wichtigen Herstellern erstellt: Jeder Hersteller, der dort gelistet ist, bietet Antimalware-Programme, mit denen Sie rundherum und gut vor den meisten aktuellen Viren geschützt sind.

Das soll jedoch nicht heißen, dass von Programmen, die nicht auf dieser Liste stehen, abzuraten ist. Manchmal wird ein zuverlässiges Programm einfach nicht bewertet und es vergeht eine gewisse Zeit, bis es doch den Sprung in die Liste schafft. Der Umkehrschluss aber trifft zu: Entscheiden Sie sich für eines der Produkte aus dieser Liste, können Sie in jedem Fall sicher sein, dass Sie keine sogenannte „*Scareware*" gekauft haben. Scareware bedeutet wörtlich übersetzt Software, die den Nutzer ängstigen will, was meist als Verkaufsargument eingesetzt wird. Am bekanntesten dürften in diesem Kontext die Pop-ups mit der Meldung sein, dass der PC eines Benutzers voller Viren steckt, weshalb er einen bestimmten Virenscanner kaufen soll, um sie zu entfernen, s. Abb. 5.1. Dieser Virenscanner bietet in den meisten Fällen gar keinen Schutz, sondern enthält vermutlich Schadsoftware.

© Springer Fachmedien Wiesbaden 2015

E. Willems, *Cybergefahr*, DOI 10.1007/978-3-658-04761-0_5

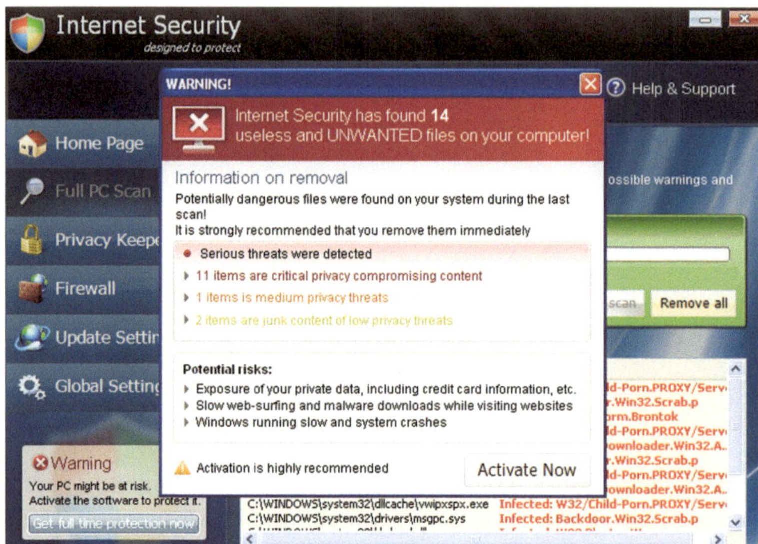

Abb. 5.1 Dieses „Scareware"-Pop-up, das vor Spyware warnt, ist nichts anderes als Schadsoftware

Kaufentscheidung leicht gemacht

Zugegeben, so mancher könnte sich mit der Entscheidung für ein bestimmtes Antivirenprogramm überfordert fühlen, da die Auswahl riesig ist. Achten Sie darauf, dass folgende Funktionen angeboten werden:

- *Real-time (on access) Protection*: Eine Art „Kondom" für Ihren Computer. Diese Funktion schaltet sich immer dann automatisch ein, wenn Sie ins Netz gehen und sorgt quasi für eine Schutzschicht, die die meisten Risiken abwehrt, noch bevor sie Schaden an Ihrem PC anrichten können. Wird diese Funktion deaktiviert, besteht auch kein Schutz mehr. Häufig ist das sogenannte *„Behaviour Monitoring"* in diese Funktion integriert. Damit wird nach verdächtigem Verhalten Ausschau gehalten, wie zum Beispiel wenn Dateien heruntergeladen werden, die dann in die Systemdaten gelangen können. Diese werden meist vorsorglich herausgefiltert.
- *On-demand Scanning*: Neben dem dauerhaften Scanning bieten die meisten Programme die Möglichkeit, nur dann einen Virenscan durchzuführen, wenn Sie dies explizit wünschen, also nur dann, wenn Sie diesen Vorgang manuell starten. Viele Hersteller haben jedoch dafür gesorgt, dass der Virenscan automatisch gestartet wird, wenn der Computer einige Zeit nicht genutzt wird, zum Beispiel, weil der Nutzer eine Pause einlegt.
  On-demand Scanning leistet größtenteils das Gleiche wie ein Realtime Scanner, bietet aber noch einen weiteren Schutz. Nehmen wir einmal an, Ihr PC wird von einem Virus infiziert, der zu dem Zeitpunkt, als die Datei heruntergeladen wurde, noch nicht in der Datenbank Ihres Realtime Scanner enthalten war, das heißt Ihr Virenschutzprogramm kennt diesen Schädling nicht. Selbst wenn der Realtime Scanner nach einem Update

Bescheid weiß, wird er Ihre Festplatte nicht nach dem bereits heruntergeladenen Virus durchforsten, da dieser ja bereits vorhanden ist. In diesem Fall wird der Virus erst dann unschädlich gemacht, wenn ein on-demand Scanning durchgeführt wird.
On-demand Scanning erfolgt also über manche Programme ganz automatisch. Wenn nicht, sollte man mindestens einmal pro Woche einen gründlichen Scan der Festplatte durchführen. Das gilt vor allem dann, wenn Sie befürchten, sich einen Virus eingefangen zu haben.

Nach einem on-demand Scan ist ein Neustart erforderlich, sofern Schadsoftware entfernt wurde. Diese Funktion ist vor allem für die Erkennung eines Rootkit sehr hilfreich, denn ohne Neustart bekommt man diese mehr als lästigen Viren so gut wie gar nicht los.

- *Behaviour Blocking*: Die meisten Antivirenprogramme können Viren und andere Schadsoftware anhand von bestimmten Eigenschaften, dem Dateinamen oder der „Signatur" erkennen (siehe Definition). Die Behaviour Blocking-Technologie sucht nach verdächtigem Verhalten, das typisch für einen Virus ist. Wurde es entdeckt, wird der vermeintliche Virus isoliert, bis der Nutzer bestätigt, dass die Datei sicher ist und den Zugriff darauf erlaubt.

▶ **Was ist eine Signatur?** Kein Schreiber einer Schadsoftware wird sein „Kunstwerk" signieren, denn damit würde er es seinen Jägern viel zu einfach machen. Eine Signatur ist auch kein Teil eines Dateinamens, wie man vielleicht meinen könnte. Irgendwie ähnelt sie der menschlichen DNA, dem Träger unserer Erbinformationen. Jeder von uns besitzt eine einzigartige DNA, die mittlerweile schon vollständig entschlüsselt werden kann. Und bestimmte Sequenzen dieser DNA teilt man mit seinen Blutsverwandten. Kann ein Virenscanner den „DNA-Strang" – sprich eine bestimmte Abfolge von Nullen und Einsen – eines Virus in der Datenbank speichern, dann kann die Software einen einzelnen Virus anhand dieser Sequenz erkennen, also nicht über den Dateinamen. Außerdem kann der Scanner darüber auch andere Mitglieder einer bestimmten Virenfamilie erkennen, also neue Viren, die durch den bereits bekannten Virus erzeugt werden und somit die gleiche Abfolge von Nullen und Einsen aufweisen.

- *AI heuristics*: Eine Art künstlicher Intelligenz, die auf der Grundlage einer Virenanalyse dessen gesamte Familie erkennen und isolieren kann.
- *Webschutz*: Der gesamte Internetverkehr wird vor Erreichen des Browsers auf Schadfunktionen überprüft.
- *Phishing Protection*: Basierend auf Cloud-Technologie werden Betrugs- und Malwareverseuchte Internetseiten automatisch blockiert und im Browser erst gar nicht angezeigt.
- *Firewall*: Zwar bietet Microsoft Windows bereits von Haus aus eine Firewall, zu empfehlen sind aber Internet-Sicherheitspakete mit eigener Firewall.
- *Exploit protection:* 90 % aller erfolgreichen Schadcode-Infektionen basieren auf Softwaresicherheitslücken, die durch *sogenannte* Exploits von Angreifern aktiv ausgenutzt

werden. Gute Sicherheitspakete verfügen über ein Anti-Exploit-Modul, das vor diesen Gefahren schützt. Weitere Details zu Exploits finden sich in Kap. 6 und Kap. 8.

Keine Frage, für den Laien scheinen sich viele der im Markt befindlichen Virenschutz-Programme nur in Kleinigkeiten zu unterscheiden. Aber auch hier gilt: Der Teufel steckt im Detail, achten Sie auf speziellen Funktionen und proaktive Schutztechnologien. So bietet beispielsweise G DATA in seinen Lösungen mit der BankGuard-Technologie als einziger Hersteller einen automatischen Schutz vor sogenannten *„man-in-the-browser"*-Angriffen beim Onlinebanking (siehe auch Kap. 6: die aktuellen Bedrohungen). Es gibt eine Vielzahl unterschiedlicher Programme auf dem Markt. Hilfestellung bei der Auswahl geben Ihnen Tests von Verbraucherschutzorganisationen.

5.2   Non-Profit-Organisationen im Kampf gegen Cyberkriminalität

Da wäre noch etwas: Zu unser aller Glück handelt es sich bei der Community der Viren-jäger um eine sehr eng miteinander vernetzte und offene Gemeinschaft, die alles daran setzt, die breite Öffentlichkeit vor sämtlichen Gefahren zu warnen. Das fällt mir vor allem bei Konferenzen auf, aber auch im direkten Kontakt mit anderen Virenjägern. Auffallend ist die große Anzahl an Non-Profit-Organisationen, die es sich zum Ziel gesetzt haben, Cyber-Gangster mit allen Mitteln zu bekämpfen. Die wichtigsten möchte ich Ihnen nun vorstellen.

5.2.1   CARO

CARO (Computer Antiviren Research Organization) wurde im Jahr 1990 von den dama-ligen Zugpferden der Antiviren-Industrie gegründet, allen voran von Dr. Alan Solomon, dem Entwickler des gleichnamigen Antivirenprogramms. CARO wurde später von McA-fee übernommen. Ursprünglich arbeiteten neben ihm noch Vesselin Bontchev (Sofia), Klaus Brunnstein (Hamburg), Christoph Fischer (Karlsruhe), Friðrik Skúlason (Reykja-vik), Morton Swimmer (Hamburg) und Michael Weiner (Wien) – allesamt gut ausgebilde-te Akademiker – intensiv an der Suche nach Viren und an der Virenbekämpfung.

Inzwischen gibt es weitaus mehr Mitarbeiter von CARO, ihre Namen werden jedoch nicht preisgegeben. Jede Wette, dass die einflussreichsten Größen der Antivirenwelt dar-unter sind. Wie auch immer: CARO legt größten Wert darauf, ein freier Zusammenschluss von Experten zu sein – mehr wird nicht verraten.

Das soll nicht heißen, dass sich CARO nicht aktiv an der Virenbekämpfung beteiligt hat. Ganz im Gegenteil! Jedes Mitglied war von Anfang an auf seine ureigene Weise sehr engagiert bei der Sache und daran hat sich bis heute nichts geändert. Die meisten Mitglie-der, die derzeit zu CARO gehören, besetzen bei den Herstellern von Antiviren-Software Spitzenpositionen. Wie gesagt, CARO legt Wert auf Zwanglosigkeit und so wenig Bürokratie wie möglich. In der Praxis finden deshalb alle Besprechungen hinter geschlossenen Türen statt und die Ergebnisse solcher Tagungen werden eben nicht gleich brühwarm an die Medien weitergeleitet, da damit das Risiko verbunden ist, dass die Informationen missbraucht werden könnten. Geht es zum Beispiel um einen potenziellen HTML5-Missbrauch, ist die strikte Geheimhaltung umso wichtiger, da sich HTML5 zum nächsten Standard der Webseiten-Programmierung entwickelt.

CARO wurde insbesondere durch die sogenannte *„Virus Naming Convention"* bekannt, bei der Vereinbarungen hinsichtlich der Namensvergabe von Malware getroffen wurden. So gilt zum Beispiel, dass Malware nicht nach ihrem Erfinder benannt werden darf.

5.2.2   EICAR

Allerdings fehlte den Mitgliedern von CARO etwas. Sie konnten zwar in aller Stille wichtige Dinge besprechen, ohne dass die Wände Ohren hatten, doch konnten sie ihre Erkenntnisse der ganzen Antivirengemeinde mitteilen? Oder der ganzen Welt?

Aus diesem Grund beschloss CARO 1991, eine weitere Organisation ins Leben zu rufen, deren Aufgabe die Verbreitung von Informationen und Erkenntnissen war. So kam es in Brüssel zur Gründung von EICAR (European Institute for Computer Anti-Virus Research). Die Mehrheit ihrer Belegschaft arbeitete auch für CARO, aber es gab auch noch andere Mitglieder, wie meine Wenigkeit. EICAR dient vorranging als unabhängige und unparteiische Plattform für den Austausch von Informationen über den Schutz von Computern, Netzwerken und der Telefonie. Eine der Möglichkeiten, diesen Informationsaustausch voranzutreiben, ist die jährliche EICAR-Konferenz, an der Hunderte Interessierter teilnehmen, den Fachvorträgen der Sicherheitsexperten zuhören oder in hitzige Diskussionen einsteigen. Weitere Informationen über EICAR finden Sie unter www.eicar.org.

Mit den Worten von …
Rainer Fahs, Vorstandsvorsitzender der EICAR
Zu Beginn der 1990er Jahre, als zahlreichen Unternehmen großer Schaden durch Viren entstanden war, setzte man voll und ganz auf den Synergieeffekt. Aus diesem Grund entstand das European Institute for Computer Anti-Virus Research (EICAR), das die meisten Antiviren-Hersteller hinsichtlich ihres Kampfs gegen virale Codes beriet, denen unzählige Computersysteme zum Opfer fielen.

Dieser „Wildwuchs" der Viren zeigte exponentielle Wachstumskurven und parallel zu neuen Computertechnologien tauchten neue Varianten dieser ekligen Zeitgenossen auf. Allerdings wurde nur eine Handvoll Antiviren-Engines entwickelt, die alle auf einem vergleichbaren technischen Vorgehen basierten: dem reaktiven Durchsuchen der Systeme nach Viren auf der Basis ihrer jeweiligen Signatur.

Um die zentralen Antiviren-Maschinen herum entstand eine neue Industrie, die der steten Zunahme von Viren, Trojanern und anderen Schadcodes Einhalt gebieten wollte. Neue Schadsoftware und Verbreitungstechniken erforderten subtilere Technologien (cyclische *redundancy checks*, *behaviour checks* und *heuristics*) in den Antivirenprodukten (übrigens: Wenn ich von „Antivirenprogrammen" spreche, meine ich grundsätzlich alle „Anti-was-auch-immer-Produkte"). Dieser Ansatz führte dazu, dass einzelne Unternehmen und ihre Produkte sich erheblich von anderen Unternehmen und Produkten unterschieden und keine Technologiestandards als verbindlich galten. Da sich die Viren nahezu unkontrolliert und rasend schnell vermehrten und es immer häufiger zu einer Infizierung in einer reaktiven Scanning-Umgebung kam, war auch das Teilen der *Virus samples* kein einfaches Unterfangen. Wer einen neuen Virus als erster erkannte und analysierte, zog an der Konkurrenz vorbei, weshalb nie eine zentralisierte Instanz zur Verifizierung und Verteilung solcher „Samples" in unterschiedlichen Ländern und Unternehmen eingerichtet wurde. Vielmehr setzte man auf eine betriebswirtschaftlich ratsame Vorgehensweise, die von der Antiviren-Industrie kontrolliert wurde.

Allerdings hängt der wirtschaftliche Erfolg eines Herstellers wesentlich davon ab, einen Beitrag im Kampf gegen die Viren zu leisten und sein Wissen zu teilen. Und doch basieren die neuesten Entwicklungen und der Fortschritt in der Antiviren-Technologie weniger auf gemeinschaftlichen wissenschaftlichen Untersuchungen, sondern vielmehr auf industrieller Forschung, sodass es bei der hehren Absicht blieb, Wissen zu teilen.

Trotz alledem sind sehr gute Antivirenprodukte auf dem Markt erhältlich. Von kleinen Unterschieden abgesehen erklären sich ihre hohen Verkaufszahlen leider mehr durch raffinierte Marketingstrategien als durch nachweisbare Qualitätskontrollen anhand wissenschaftlicher Erkenntnisse. Bedingt durch die Unterschiedlichkeit der zahlreichen Antivirenprodukte und die nicht standardisierten technischen Vorgehensweisen, bleiben Tests der Antivirenprodukte eine heikle Angelegenheit. Laut EICAR müssen Tests:

- auf vereinbarten Standardmethoden innerhalb standardisierter Testumgebungen basieren;
- eindeutige Kriterien erfüllen, sodass Testergebnisse keinen Spielraum für Interpretationen bieten;
- transparent und reproduzierbar sein;
- von unabhängigen Fachgremien entwickelt worden sein;
- auf wissenschaftlicher Forschung basieren.

Wissenschaftler – und EICAR – bedauern vor allem, dass sowohl Firmen als auch private Nutzer ihre Virenprobleme meistens mit lediglich einem Antivirenprodukt bekämpfen, was zu einer klaren Abhängigkeit von einem einzigen Hersteller führt. EICAR fordert seit langem, dass wissenschaftliche Forschung und industriell angewandte Untersuchungen zusammengefügt werden, um Produkte auf den Markt bringen zu können, die wirksam gegen aktuelle Bedrohungen vorgehen und gemäß standardisierter, verifizierbarer Methoden entwickelt wurden.

EICAR setzt nach wie vor auf den Synergieeffekt. Alle Unternehmensbereiche – technische, juristische und organisatorische – fließen zusammen, um eine Umgebung zu schaffen, in der akademische Studien die Grundlage für angewandte Forschung und Entwicklung neuer Antivirenprogramme bilden. EICAR entwickelt also Technologien, die dem neuesten Stand entsprechen und den Wandel der Zeit sowie die stets wachsenden Anforderungen berücksichtigen.

Rainer Fah, Sicherheitsexperte der NATO, ist vor kurzem in Pension gegangen. Er arbeitete 21 Jahre bei unterschiedlichen NATO-Organisationen, davor 17 Jahre bei der Air Command & Control Systems Management Agency (NACMA) in Brüssel. In der Position eines Senior Information Systems Security Engineer war er für die Planung, Koordination, Implementierung und Qualitätskontrolle der Sicherheitsmaßnahmen für Computer und Kommunikationstechnologie für das Air Command & Control Systems (ACCS)-Projekt und die Netzwerke der verschiedenen Vertretungen sowie die Entwicklung und Überwachung einer kohärenten Sicherheitspolitik für alle Systeme verantwortlich.

Außerdem war er als Vorsitzender des ACCS Security Accreditation Board für die Sicherheitsakkreditierung des Systems unter Einhaltung der NATO Sicherheitspolitik verantwortlich. Als Unternehmenssprecher war er Mitglied der Gremien der NATO. Die NATO Mitgliedstaaten arbeiteten gemeinsam an der Entwicklung des Computer- und Kommunikationsschutzes, was zunächst als Information Security (INFOSEC) bezeichnet wurde und mittlerweile als Cyber Security oder Cyber Defence. Aufgrund seiner Mitarbeit bei INFOSEC galt Rainer Fah als Experte für Schadsoftware und wurde Anfang der 1990er Jahre Mitglied des EICAR, dessen Aufsichtsratsvorsitzender er seit 1995 ist.

Seit 25 Jahren ist Rainer Fah mit Patricia, einer gebürtigen Schottin, verheiratet. Jahrelang bearbeiteten sie internationale Aufträge aus Deutschland, Portugal und Belgien, in ihrer gemeinsamen Freizeit spielen sie leidenschaftlich Golf.

5.2.3   AMTSO

Produkttests sind kein Kinderspiel. Zunächst muss man über möglichst viele „Schadcode-muster" verfügen, damit der Test repräsentativ ist. Des Weiteren muss ohne jeden Zweifel feststehen, dass tatsächlich Schadsoftware getestet wird. Häufig können wir folgendes Muster beobachten: In Fachmagazinen ist von einem Virus die Rede, der von einer bestimmten Anti-virensoftware nicht erkannt wird, was als Versagen dieses Programms interpretiert wird. Oft ergibt eine genauere Analyse, dass die Tester gar nicht mit Schadsoftware experimentierten. Wie so oft werden auch hier Äpfel mit Birnen verglichen, was in diesem Fall heißt, dass ein auf den industriellen Einsatz ausgelegtes Produkt mit einem für private Anwender verglichen wird, obwohl diese anhand vollkommen unterschiedlicher Kriterien beurteilt werden müssen.

Während eines Workshops von CARO entstand die Idee, eine neutrale Organisation ins Leben zu rufen, die objektive und einheitliche Kriterien ausarbeiten sollte, womit der Startschuss für AMTSO gefallen war. Seine Mitglieder stammen überwiegend aus der Antivirenwelt, aber auch Tester selbst sind dort ebenso vertreten wie einige Forscher. Mit wahrer Begeisterung widmen sich diese Experten sämtlichen Bereichen von der Forschung über Praxistests bis zur Dokumentation ihrer Erfahrung mit der Bekämpfung von Schadsoftware (die in ihre Software einfließt). So einfach lässt sich verhindern, dass Produkttests falsch durchgeführt werden. Gestatten Sie mir die Bemerkung, dass Smart-phones ja auch nicht getestet werden, indem jemand mit dem Auto darüberfährt.

AMTSO hat Richtlinien für die Durchführung von Praxistests erstellt, die künftigen Testern gerne zur Verfügung gestellt werden. Industrie und Wirtschaft bauen darauf, dass sich die Tester daran halten, denn nur so ist gewährleistet, dass die Ergebnisse zumindest auf denselben Standards basieren. Nachfolgend eine Zusammenfassung dieser Richtlinien unter „Die neun Gebote für Tester".

> **Mit den Worten von …**
> **Richard Ford, Präsident/CEO von AMTSO**
> **AMTSO und die Verbesserung von Produkttests**
> Die Anti-Malware Testing Standards Organization (AMTSO) spielt eine wich-tige Rolle für die gesamte Antimalware-Industrie. Gegründet wurde sie im Frühjahr 2008 als internationale gemeinnützige Organisation. AMTSO ist ein Zusammen-schluss von etwa 39 Herstellern, Testern und Forschern (Stand: Anfang 2015). Die Organisation verfolgt im Wesentlichen zwei Ziele: Zum einen möchte sie den Her-stellern helfen, ihre Produkte zu verbessern. Zum anderen geht es darum, internatio-nale Standards für Vergleichstests zu entwickeln.
>
> Erwähnenswert ist, dass AMTSO keine bestimmte Vorgehensweise für Produkt-tests vorschreibt, sondern lediglich Richtlinien für Hersteller und Tester herausgibt, die auf die Vor- und Nachteile der jeweiligen Testmethoden eingehen. Diese Richt-linien werden von der gesamten Gruppe getragen und bestätigt und können daher mit Fug und Recht als „best practices" der Antimalwarewelt bezeichnet werden.

Derzeit bietet AMTSO zwei Dienstleistungen für den Endkunden an: AMTSO verfügt zum einen über eine umfassende Dokumentation über die Schwächen und Stärken zahlreicher Testmethoden. Sie wurde mit äußerster Sorgfalt erstellt und wird sowohl von Testern als auch von Herstellern anerkannt. Sinn und Zweck war es, Probleme und unterschiedliche Aspekte der Produkttests aufzuzeigen. In der Praxis hat sie sich als wertvolle Hilfe für alle erwiesen, die anhand verschiedener Tests die Effizienz zahlreicher Produkte beurteilen wollen.

Und zweitens: AMTSO stellt der Allgemeinheit „Konfigurationskontrollen" zur Verfügung, mit deren Hilfe sich nachprüfen lässt, ob die Antiviren-Lösung eines Anwenders korrekt konfiguriert ist. Über eine einfache Internetschnittstelle lässt sich zum Beispiel feststellen, ob der Zugriff auf die Cloud über einen bestimmten PC korrekt eingestellt und ausreichender Schutz vorhanden ist. Diese Kontrollen sind äußerst hilfreich, weshalb sie von immer mehr Herstellern unterstützt werden (derzeit sind es 19).

AMTSO hat in den vergangenen Jahren stark an Bedeutung gewonnen und daran wird sich so schnell nichts ändern, vorausgesetzt immer mehr Endverbraucher entdecken die mit AMTSO verbundenen Möglichkeiten. Das Unternehmen arbeitet stets an neuen Projekten und jeder Endkunde sollte die verfügbaren Mittel ohne Wenn und Aber nutzen. Weitere Informationen finden Sie unter www.amtso.org.

Dr. Richard Ford bekam 1992 seinen Doktortitel in der Quantenphysik an der Universität von Oxford verliehen. Seitdem hat er sich dem Computerschutz und der Bekämpfung mobiler Schadsoftware gewidmet und beeindruckt durch sein Fachwissen. Er arbeitete unter anderem an Projekten wie dem Computer Virus Immune System bei IBM Research, in leitender Funktion an der Entwicklung der weltgrößten Webhosting-Systeme und im Engineering bei Verio.

Ford ist derzeit Direktor des Harris Institute for Assured Information und Professor of Assured Information am Florida Institute of Technology. Er entwickelt unter anderem Sicherheitslösungen, die er aus der Biologie ableitet, erforscht die Rootkit-Erkennung, sucht nach neuen Vertriebswegen und befasst sich mit Resilience, Security Metrics und der Schadsoftwareprävention. Ford ist Mitglied der Redaktion des Elseviers Computers & Security, beratender Redakteur beim Virus Bulletin und

> *regelmäßiger Kolumnist des IEEE Security & Privacy. Außerdem ist er Mitglied bei der CARO und Präsident/CEO der AMTSO. Ford ist anerkannter Privatpilot und gewann bereits drei Mal die Big Band Jazz-Competition der National Flute Association.*

Die neun Gebote für Tester

AMTSO hat verschiedene elementare Richtlinien erstellt, um ein für alle Mal dafür zu sorgen, dass Tests von Schadsoftware-Programmen vergleichbar, zweckdienlich und effizient sind. Detaillierte Informationen über diese Grundsätze finden Sie unter www.amtso.org. Hier meine Zusammenfassung, die ich Ihnen natürlich nicht vorenthalten möchte:

1. Tests dürfen keine Gefahr darstellen. Zu Testzwecken von Virenscannern neue Schadsoftware zu schreiben, ist folglich streng verboten.
2. Tests müssen neutral und objektiv durchgeführt werden.
3. Tests müssen nachvollziehbar und transparent sein, sodass sich ohne Aufwand feststellen lässt, was wie getestet wurde.
4. Tests der Effektivität und Effizienz von Antimalware-Produkten dürfen sich hinsichtlich der Testkriterien nicht voneinander unterscheiden. Ein Produkt, das sämtliche Schadsoftware erkennt und isoliert, aber auch viele harmlose Dateien als Malware identifiziert (was als „Positivfall" bezeichnet wird) ist nicht grundsätzlich besser als ein Produkt, das nicht alle Schadprogramme erkennt, dafür aber keinen „Positivfall" erzeugt.
5. Tester müssen gewährleisten, dass Testdateien und Testszenarien objektiv und nachvollziehbar als böswillig, harmlos oder ungültig eingestuft werden. Dies gilt vor allem dann, wenn die Tester ein Testprogramm nutzen, das von einem bestimmten Hersteller zur Verfügung gestellt wurde.
6. Die Testmethode muss auf den jeweiligen Test zugeschnitten sein. Ein Programm für den privaten Gebrauch muss nicht so umfassend getestet werden wie eine gewerblich genutzte Lösung.
7. Die Schlussfolgerungen von Tests müssen auf den Testergebnissen basieren. Oftmals wird ein Test als Grundlage für nationale und internationale Veröffentlichungen genutzt, was dazu führen kann, dass der Ausgangspunkt für den Test in den verschiedenen Bearbeitungen des Artikels untergeht. Oder es entstehen vollkommen sinnlose und sogar falsche Schussfolgerungen.
8. Testergebnisse müssen statistisch verwertbar sein. Anders gesagt: Testprogramme müssen so umfangreich sein, dass sie repräsentative Ergebnisse liefern.
9. Hersteller, Tester und IT-Magazine müssen sich an einen Ansprechpartner wenden können, über den der gesamte Schriftverkehr zum Test abgewickelt wird.

Erfüllen Tests alle oben genannten Kriterien, können Sie bei der Wahl Ihres Produktes darauf vertrauen, dass es sich um ein einwandfreies Produkt handelt, das seinen Zweck bestens erfüllt.

AMTSO ist auch für Sie, werter Leser, interessant. Wir haben nämlich eine Reihe von Tests für User entwickelt, mit denen man überprüfen kann, ob ein Erkennungsprogramm korrekt funktioniert. Ich kann Ihnen ein solches Programm nur wärmstens empfehlen. In Kap. 8 „Tipps für Einzelplatznutzer " komme ich noch darauf zurück.

5.2.4   The Wild List

The Wild List Organization International, häufig kurz Wild List genannt, wurde 1993 von Joe Wells gegründet. Er wollte ein Verzeichnis über die gesamte Schadsoftware erstellen, der man „in freier Wildbahn" – also im wahren Leben – begegnen kann. Darunter fallen keine Schadcodes, mit denen man sich über einen Dritten, Hersteller oder Kollegen, infiziert. Wells holte sich für dieses Projekt erfahrene Leute wie mich mit ins Boot, die tagtäglich mit Viren zu tun haben und als *„reporters "* bezeichnet werden. Auf Grundlage unserer Monatsberichte erstellen Wells und sein Team monatlich eine Übersicht über die am häufigsten entdeckten Viren.

Diese Wild List erfreute sich unglaublicher Beliebtheit. Es hat nicht allzu lange gedauert, bis etwa 60 bis 70 Leute ununterbrochen damit beschäftigt waren, Schadsoftware einzusenden, um die Liste fortführen zu können. Viele Tester entscheiden allein aufgrund der Wild List, welche Viren sie testen wollen. Der Grund dafür liegt auf der Hand: Gelingt es, zumindest die „Top 100 aller Viren" unschädlich zu machen, kann man mit Fug und Recht stolz auf sich sein.

Inzwischen aber steht die Wild List im Kreuzfeuer der Kritik, was nicht zuletzt auf die unglaubliche Geschwindigkeit zurückzuführen ist, mit der sich Viren derzeit verbreiten. Früher war eine monatliche Aktualisierung mehr als ausreichend, doch da Malware wie Pilze aus dem Boden schießt, reicht das heutzutage bei Weitem nicht mehr aus. Eine ähnliche Entwicklung hat sich auch mit unseren Nachrichten vollzogen: Früher sah man sich einmal am Tag die Nachrichten im Fernsehen an, doch heute muss man im Minutentakt über die aktuellen Vorkommnisse auf dem Laufenden gehalten werden, schließlich möchte man ja nichts Wichtiges verpassen. Bei AMTSO wird diese Tendenz über die sogenannte „the real-time threat list" aufgefangen, bei der alle Viren unmittelbar nach ihrem ersten Erscheinen erfasst werden. Übrigens, die Bezeichnung dieser Liste ist wörtlich zu nehmen, denn bei AMTSO weiß man, dass es bei einer Bekanntgabe einen Tag nach ihrem Erscheinen für manchen Nutzer schon zu spät sein kann.

5.2.5   Andere Organisationen

Interessierten Lesern, die wissen möchten, welche anderen Organisationen sich dem gemeinsamen Kampf gegen Viren und Schadsoftware widmen, lege ich die Webseite www. virusbtn.com ans Herz. Dort gehen Sie dann auf „links" und „organisation". Oder Sie werfen einen Blick auf Abb. 5.2.

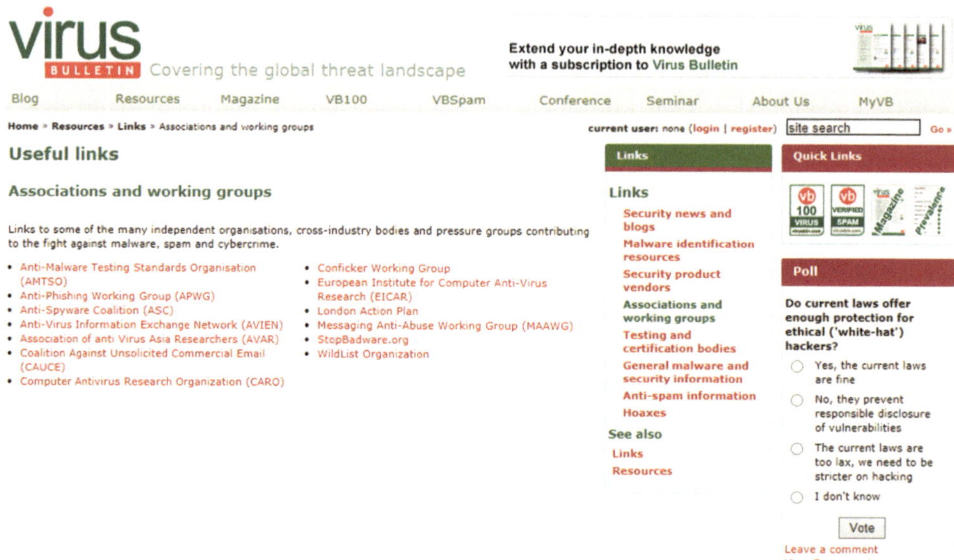

Abb. 5.2 Übersicht über Non-Profit-Organisationen und ihren Kampf gegen die Cyberkriminalität

Einige dieser Organisationen wie die *Anti-Phishing Working Group* und die *Anti-Spyware Coalition* hatten besonders wichtige Rollen inne, als Phishing und Spyware aufkamen und niemand so recht wusste, mit welchem Teufelszeug man es nun zu tun hatte. Heutzutage gehört es für die meisten guten Antivirenprogramme zur Standardfunktion, Spyware und Phishingseiten zu erkennen. Auch die *Conficker Working Group* musste sich mit mangelnder Nachfrage nach ihren Diensten abfinden, da zahlreiche Hersteller dieser Bedrohung problemlos die Stirn bieten konnten.

AVIEN (Anti-Virus Information Exchange Network) hat inzwischen ebenfalls an Bedeutung eingebüßt. Hinter dem Verband steckte allerdings eine hervorragende Idee: AVIEN repräsentierte eine Benutzergruppe, also einen von Firmen gegründeten Interessenverband, der als Sprecher bei der Kommunikation mit Herstellern von Antivirensoftware auftreten und best practices bei der Bekämpfung von Malware austauschen sollte. In den vergangenen Jahren hat sich gezeigt, dass es der AVIEN an Organisation fehlt, was dem Enthusiasmus aus der ersten Zeit ein Ende bereitete.

AVAR (Association of Anti Virus Asia Researchers) spielt nach wie vor eine bedeutende Rolle. Die asiatische Variante der EICAR genießt den gleichen Erfolg, den die EICAR in Europa hat. Ihretwegen brauchen asiatische Virenjäger nicht für jede Konferenz nach Europa oder in die Vereinigten Staaten zu reisen, außerdem ist es Fakt, dass die Probleme in Asien oft stark von denen des Westens abweichen.

Schwerpunkt der *MAAWG* (Messaging Anti-Abuse Working Group) ist vor allem die Bekämpfung von Spam. Auch das ist an sich nichts Neues, allerdings verlegte sie ihren Tätigkeitsschwerpunkt auf Spamprobleme bei Smartphones und Mobiltelefonen.

Eines haben Malware-Schreiber und Malware-Jäger gemeinsam: Sie lieben Foren über alles. So erfreut sich auch das Forum *Vforum*, über das sich etwa achtzig Antimalware-Experten (will sagen: Mitglieder von CARO und ihren Verbundunternehmen) regelmäßig über alle möglichen interessanten Themen aus der Welt der Schadsoftware austauschen, großer Beliebtheit. Es geht um Lücken in bestimmten Programmen, um Aufsehen erregende Interviews in Fachzeitungen oder um das Ausscheiden oder die Anwerbung von Top-Experten in der Antimalware-Industrie. Auf diese Weise haben wir Virenjäger immer den Finger am Puls der Zeit, auch wenn wir uns sonst in einer an sich geschlossenen Welt bewegen.

Schlussfolgerung

Keine Frage, es gibt Bereiche, da ist jeder auf sich allein gestellt. Aber bei der Bekämpfung von Viren und Schadsoftware wird deutlich, dass wir gemeinsam weitaus besser gegen die (meisten) Gefahren gewappnet sind, die uns in der digitalen Welt bedrohen. Die gesamte Industrie kommuniziert miteinander, teilt ihre Erfahrungen und vereint sich in ihrem Kampf gegen das Böse.

Wer meint, dass „Wir gegen Microsoft" die richtige Parole wäre, der irrt. Zugegeben, Microsoft hat nicht gerade den besten Ruf, was die Sicherheit seiner Programme anbelangt. Meiner Meinung nach aber zu Unrecht, und das aus zwei Gründen. Da Microsoft das mit Abstand populärste Betriebssystem vertreibt, ist es nicht weiter verwunderlich, dass seine Systeme am häufigsten von Schadware befallen werden. Erschwerend dazu kommt, dass die Zusammenarbeit mit Herstellern von Antivirenprogrammen zu wünschen übrig lässt. Jahr für Jahr sitzen wir mit Microsoft am runden Tisch und legen je nachdem, welche Programme Microsoft in den kommenden Monaten auf den Markt bringt, die aktuellen Schwerpunkte fest. Wir bilden eine starke Gemeinschaft, die darauf vorbereitet ist, den Schreibern von Viren auch in den kommenden Jahren entschlossen gegenüberzutreten.

Eine gute Zusammenarbeit zwischen den verschiedenen Herstellern von Antimalware-Technologie ist die Grundvoraussetzung, um neuer Schadsoftware weiterhin erfolgreich die Stirn bieten zu können. Und eben aus diesem Grund sind Organisationen wie EICAR, CARO und AMTSO unverzichtbar: Nur durch die Bündelung der Kräfte und des Fachwissens können wir die Cybergefahr in ihre Schranken weisen, so wie wir es auch derzeit bereits tun. Keine Frage, wir sind und bleiben Konkurrenten und haben alle unsere eigenen Trümpfe in der Hand, um Kunden davon zu überzeugen, unsere Produkte zu erwerben. Doch wenn es darauf ankommt, verfolgen wir gemeinsam ein und dasselbe Ziel: den Cyberspace so gut es geht vor Risiken und Gefahren zu schützen.

Dieses gemeinsame Ziel bringt uns regelmäßig zusammen, zum Beispiel auf unterschiedlichen Konferenzen, bei denen gelegentlich sogar Freundschaften geschlossen werden, da es keine Rolle spielt, dass wir für unterschiedliche Unternehmen tätig sind. Ich darf Righard Zwienenberg, *Senior Research Fellow* bei der ESET und aktives

CARO-Mitglied, seit ein paar Jahren zu meinem engen Freundeskreis zählen, obwohl unsere Arbeitgeber Konkurrenten sind. Wir können uns aufeinander verlassen, wann immer es um produktunabhängige gegenseitige Unterstützung geht, und es mangelt uns nie an Gesprächsstoff, wenn wir uns auf Konferenzen oder im Rahmen unserer Tätigkeit bei der AMTSO begegnen, was zu meiner großen Freude regelmäßig vorkommt.

6

Jetzt, da wir uns das Schlachtfeld genau betrachtet haben und wissen, wer die guten und wer die bösen Jungs sind und folglich gut einschätzen können, was alles auf dem Spiel steht, können wir uns der wohl wichtigsten Frage widmen: Was steht uns noch alles bevor? Welche schlimmste Cybergefahr lauert in Zukunft auf Sie, werter Leser? Mit welcher Art von Cyberkriminalität werden Sie früher oder später konfrontiert?

6.1 Botnets

Ganz oben auf der Liste der größten künftigen Bedrohungen stehen die Botnets. Das liegt erstens daran, dass von ihnen schlicht und einfach die größte Gefahr für Computer ausgeht, die überhaupt denkbar ist. Zweitens kann Malware mittlerweile in fast jedes System unbemerkt eindringen. Möglicherweise ist auch Ihr Computer schon Monate oder Jahre Teil eines Botnets, ohne dass Sie es mitbekommen haben. Drittens ranken sich um dieses Thema noch immer zahlreiche Missverständnisse und Mythen.

Lassen Sie mich kurz zusammenfassen: Wird Ihr PC infiziert, wird ein sogenanntes „bot" auf Ihrem Computer installiert, also ein Programm, das regelmäßig Kontakt mit dem Server aufnimmt, von dem es heruntergeladen wurde. Dieser Server braucht dann nichts weiter zu tun, als Befehle zu senden, die das Bot in Ihrem PC eilfertig ausführen wird, und zwar gemeinsam mit den Bots in unzähligen anderen infizierten Computern. Bei diesen Befehlen handelt es sich um Massenspams, um die Beteiligung an einem DDoS-Angriff, um massive Phishing-Aktionen und so weiter. Ein Botnet ist also nichts anderes als ein Netzwerk infizierter Computer, das für (fast ausnahmslos kriminelle) Handlungen eingesetzt wird.

Bots sind schwer zu identifizieren, weil sie oft nicht durch einen einzelnen Vorgang auf einem PC landen. Zunächst wird ein Trojaner in den PC eingeschleust, der sich so gut versteckt, dass diese Schadsoftware einfach nicht entdeckt wird. Erst nach Stunden oder

© Springer Fachmedien Wiesbaden 2015
E. Willems, *Cybergefahr*, DOI 10.1007/978-3-658-04761-0_6

Tagen nimmt der Trojaner dann Kontakt zum „Mutterschiff", dem Server des Botnets auf, um dann das „Bot" auf dem PC zu installieren.

Und nun kurz zum größten Irrglauben unserer Zeit: Noch immer ist sich eine beachtliche Anzahl User sicher, dass ein Computer nur durch das Öffnen von E-Mail-Anhängen infiziert werden kann. In einem späteren Kapitel werde ich mit dieser Fehleinschätzung aufräumen.

Grundsätzlich kann selbst der Besuch einer Webseite bereits ausreichen, um einen PC zu infizieren, was als *„Drive-by-download"* bezeichnet wird. Bei dieser Bezeichnung denken wir zwar eher an eine Bestellung bei einem Fastfood-Restaurant – sie soll aber ausdrücken, wie leicht es ist, einen Rechner zu infizieren. Man besucht ohne groß nachzudenken eine Webseite und zack, schon ist es passiert!

„Kein Problem", denken Sie vielleicht, „ich gehe nicht auf verdächtige Seiten und bleibe so von diesem Mist verschont." Ganz so einfach ist es aber leider nicht. Auch beliebte, vermeintlich harmlose allgemeine Seiten können ihre Besucher infizieren, wenn sie von Cyber-Gangstern gehackt wurden. Beispielsweise wenn es dort ein Werbebanner mit Schadcode gibt, das den ahnungslosen Surfer auf eine infizierte Seite weiterleitet oder wenn sich die infizierte Seite per Popup selbst öffnet. In der jüngeren Vergangenheit wurden verschiedene Seiten der BBC missbraucht, um Schadsoftware in Umlauf zu bringen. Selbst die Webseite der renommierten *The New York Times* wurde zu diesem Zweck missbraucht. Wie viele Seiten genau infiziert wurden, ist schwer zu sagen, da viele Seiten unmittelbar nach Aufdecken einer Schadcode-Manipulation bereinigt wurden. Eine kürzlich durchgeführte Studie kam zu dem erschreckenden Ergebnis, dass täglich rund 30.000 neu infizierte Seiten dazukommen. Anders ausgedrückt wird alle drei Sekunden eine neue Seite infiziert – von einer harmlosen Gefahr kann also definitiv nicht die Rede sein.

Sollte man nun besser auf das Surfen verzichten? Vermutlich wäre das *die* Lösung unserer Probleme im Internet, ob sie aber auch praktikabel oder erstrebenswert ist, sei dahingestellt. Ein kleiner Trost dürfte sein, dass die Browser, mit denen wir surfen (Internet Explorer, Google Chrome, Firefox und dergleichen) grundsätzlich ziemlich sicher sind, aber auch auf die Software von Drittunternehmen zugreifen, die das Surfvergnügen steigern und deshalb von fast jedem User genutzt werden. Man denke nur an Adobe Flash zum Abspielen von Videos oder Java für viele Spiele und andere Mini-Anwendungen auf einer Seite. Im Grunde sind das nützliche Anwendungen, aber auch bei ihnen finden sich früher oder später Schwachstellen (im Fachjargon *vulnerabilities*), die Malware-Schreiber nutzen, um in einen PC einzudringen.

Die meisten Softwarehersteller verfügen zwar über die Möglichkeit eines schnellen Updates ihrer Software, sodass eine solche Lücke zügig geschlossen werden kann, doch ein solches Update muss beim Anwender erst einmal installiert werden. Ich kann Ihnen nur eines raten: Installieren Sie sämtliche Updates aus zuverlässiger Quelle und starten Sie Ihren PC regelmäßig neu. Beherzigen Sie diesen goldenen Tipp nicht, laufen Sie Gefahr, dass Ihr PC infiziert wird, obwohl Sie sich auf der sicheren Seite glauben.

Die Tatsache, dass zahlreiche Benutzer diesen einfachen Tipp nicht beherzigen, dürfte der iPad-Mentalität geschuldet sein: Jeder möchte – wie das bei den Tablets möglich ist

– sofort loslegen können und niemand hat Lust, ein gefühlt stundenlanges Startverfahren abzuwarten, das auf Knopfdruck gestartet wird und selbst nach einem Kaffee und einem Plausch mit den Kollegen noch immer andauert. Deshalb klappen zahllose Anwender einfach den Deckel ihres Notebooks zu oder versetzen ihren Computer in Standby, da dann das Startverfahren auf einige wenige Sekunden beschränkt bleibt.

Installiert man regelmäßig Updates und startet den PC neu, ist die Gefahr zwar noch immer nicht gebannt, aber das Risiko einer Infektion ist dadurch wesentlich geringer geworden. Im Grunde ist man dann, was das Ausnutzen von Sicherheitslücken in Programmen betrifft, *nur noch* für „*zero day exploits*" anfällig. Bei diesem Angriffsvektor nutzen Online-Kriminelle den Zeitraum zwischen der Entdeckung einer Software-Sicherheitslücke und der Entwicklung und Bereitstellung eines Hersteller-Updates aus. Eines muss klar sein: Einen hundertprozentigen Schutz vor Viren und anderer Schadsoftware gibt es nicht und wird es wohl auch nie geben. Das kann aber kein Grund dafür sein, das persönliche Risiko nicht auf ein Minimum zu reduzieren.

Mit den Worten von …

Peter Kruse, Leiter der CSIS eCrime Unit und CTO der CSIS Security Group

Das Internet lässt sich mit einem Organismus vergleichen, der sich stets in alle Richtungen ausdehnt, nicht nur, was die kontinuierlich wachsende Anzahl von Online-Usern betrifft, sondern auch was das Volumen der angebotenen Dienste anbelangt. Derzeit wird das Internet im Schnitt von rund 2,4 Mrd. Usern täglich genutzt – das sind 566 % mehr als im Jahr 2000. Durchschnittlich 70 % der Internetnutzer sind täglich online, verkündet der Provider HostGators in *A day in the life of the internet*. Diese Zahlen sind für die Entwicklung von Schutzprogrammen vor Viren und Co. von enormer Bedeutung, denn je rasanter das Internet wächst und je mehr neue Dienste entwickelt werden, umso interessanter wird dieser „Markt" auch für Cyberkriminelle und umso schwieriger für die Ermittlungs- und Aufklärungsbehörden der Justiz.

Ich beschränke mich hier auf die Cyberkriminalität, da sie die mit Abstand größte Herausforderung des kommenden Jahrhunderts sein wird. In den vergangenen zwei Jahren haben Cyber-Gangster beim Infizieren der Microsoft Windows-Betriebssysteme mithilfe von Malware über die „drive-by"-Technik ihre Raffinesse und ihr Geschick unter Beweis gestellt. Drive-by bedeutet, dass wahllos auf alle (willkürlichen) Ziele in Schussweite gefeuert wird. Bezogen auf das Internet heißt das, man lockt potenzielle Opfer auf eine Seite mit Schadsoftware oder infiziert einen Webserver und verbreitet den Schadcode ohne Wissen und Zustimmung des Inhabers. Webseiten können so relativ einfach von Cyber-Gangstern dafür eingesetzt werden, Schadsoftware auf den PCs nach dem Zufallsprinzip ausgewählter Nutzer zu installieren. Die Zahlen des CSIS verdeutlichen, dass durchschnittlich 87,3 % aller Schadsoftware- und Virusinfizierungen gegenwärtig drive-by-Angriffen zugeordnet werden können. Doch es gibt noch weitere Gefahren als derart verbreitete Schadsoftware oder das Aufsuchen infizierter Webseiten. Wer E-Mails mit *P2P file sharing* oder infizierte Chatprogramme in blindem Vertrauen öffnet, setzt sich einer großen Gefahr aus.

Dieser Trend ist vor allem auf die intensive Nutzung von Webbrowsern, die aus unserem Alltag nicht mehr wegzudenken sind, zurückzuführen. Und es gibt noch mehr Probleme: Plug-ins und Produkte Dritter. Mit Einführung des Microsoft Windows XP Servicepack 2 wurde in das Betriebssystem unter anderem ein automatisches Update integriert, was sich unmittelbar darauf auswirkte, wie die Windows-Plattform angegriffen wurde. Im Handumdrehen passten sich Cyber-Kriminelle an die neuen Gegebenheiten an und setzten auf eine neue Strategie: Sie griffen Plug-ins und Produkte der Lieferanten wie Oracle, Adobe und Apple an. Laut einer von unserer eCrime-Division durchgeführten Untersuchung erfolgten rund 61 % aller Infizierungen durch den Missbrauch von Java JRE von Oracle. Diese Zahl basiert auf Statistiken über rund 843.100 Infizierungen, von denen knapp 40 % durch fehlende Sicherheitsupdates für das Microsoft Windows-Betriebssystem und Anwendungen von Drittanbietern verschuldet wurden. Wer möchte, kann sich die Studie unter https://www.csis.dk/en/csis/news/3981/ genauer ansehen.

Im Zuge der Analyse all dieser Daten entdeckten wir, dass vor allem drei Produkte für die Infektionswelle verantwortlich waren: Adobe Flash, Adobe Reader/Acrobat und Java JRE. Diese Anwendungen sind auf Millionen PCs in der ganzen Welt installiert. Unzählige Anwender wurden zu leichter Beute, da sie Updates nicht installierten und Sicherheitslücken somit nicht geschlossen wurden. Die Kriminellen konnten die Sicherheitslücken nahezu unbegrenzt ausnutzen: für Ransomware, Spyware, Banking-Trojaner, Click-Kapern, moderne RATS und noch vieles mehr.

Wir müssen uns jetzt den unterschiedlichsten Herausforderungen stellen. Wichtig wäre aber auch, dass die Hersteller beliebter „*third party Software*" endlich zu ihrer Verantwortung stehen. Außerdem sollte die internationale Zusammenarbeit groß geschrieben werden, denn nur dann können einschlägige Gesetze auch über Landesgrenzen hinweg umgesetzt werden. In Afrika, Lateinamerika und Asien wird das Internet immer großflächiger verfügbar, was natürlich die Anzahl der Nutzer dort erhöht. Im vergangenen Jahr wollten wir verschiedene Cyber-Straftaten untersuchen, doch aufgrund der mangelnden internationalen Zusammenarbeit mussten wir das Projekt vorzeitig und ohne Ergebnis einstellen. Das darf nicht noch einmal passieren, denn das Problem mit der Malware wird nicht von selbst verschwinden. Wir – also alle Endnutzer und auch die solidarische und weltweite Internetgemeinde – müssen gemeinsam dagegen ankämpfen, und zwar unter Wahrung aller Grenzen, doch mit größtmöglicher Freiheit und einem hohen Maß an Verantwortungsbewusstsein.

Peter Kruse war 2003 Mitbegründer des dänischen IT-Sicherheitsunternehmens CSIS und ist heute Leiter der Abteilung eCrime, deren hauptsächliche Aufgabe es ist, Unternehmen aus dem Finanzsektor vor Malware und Angriffen zu schützen und zu sichern. Dank seines messerscharfen Verstandes und seiner Gabe, sowohl unternehmerische Bedürfnisse zu berücksichtigen, als auch sein hohes technisches Fachwissen über Schadsoftware anzuwenden, hat sich die CSIS zu einem kompetenten und renommierten Partner für Unternehmen sowohl in Skandinavien als auch im restlichen Europa entwickelt.

Heute ist Peter der wohl mit Abstand am häufigsten zitierte IT-Sicherheitsexperte in Dänemark und einer der angesehensten Experten Europas. Er leistet seit vielen Jahren einen aktiven Beitrag in verschiedenen Communities und Spitzenverbänden im Bereich der IT-Sicherheit. Er verfügt über beachtliche internationale Verbindungen innerhalb des Antivirus- und Finanzsektors, aber auch über gute Kontakte zu Polizeibehörden, Universitäten und Hochschulen.

6.2   Ransomware

Eine der äußerst kriminellen Aktivitäten, für die das Botnet eingesetzt wird, ist das bereits erwähnte „Ransoming". Entstanden aus dem englischen Begriff für Lösegeld („ransom"), bezeichnet Ransoming einen Entführungsfall im Internet: Ein PC wird „entführt" – oder anders ausgedrückt von Cyber-Gangstern solange unbrauchbar gemacht, bis das Lösegeld bezahlt ist. Wie schon erwähnt, galt die AIDS-Diskette als die erste Ransomware weltweit. Zugegeben, sie war nicht wirklich professionell, funktionierte aber nach diesem Prinzip.

Heutzutage gibt es zahllose sehr professionell gemachte Ransomware, die sich gelegentlich hinter einer an sich gut gemeinten Warnung oder Rüge verstecken. Ein Beispiel dafür ist der bekannte eCops (siehe Abb. 6.1 und 6.2).

Abb. 6.1 ECops in Deutschland (BKA-Trojaner)

Abbildung 6.1 veranschaulicht trefflich, welchen Erfindungsgeist Kriminelle besitzen – ein Paradebeispiel des Ransoming. Allerdings mit einer kleinen Abweichung vom Normalfall, denn es handelt sich hierbei nicht um eine Entführung. Am Bildschirm wird die Meldung angezeigt, dass der User etwas Verbotenes getan und somit gegen geltende Gesetze verstoßen hat (zum Beispiel eine Seite mit pornographischen Inhalten oder

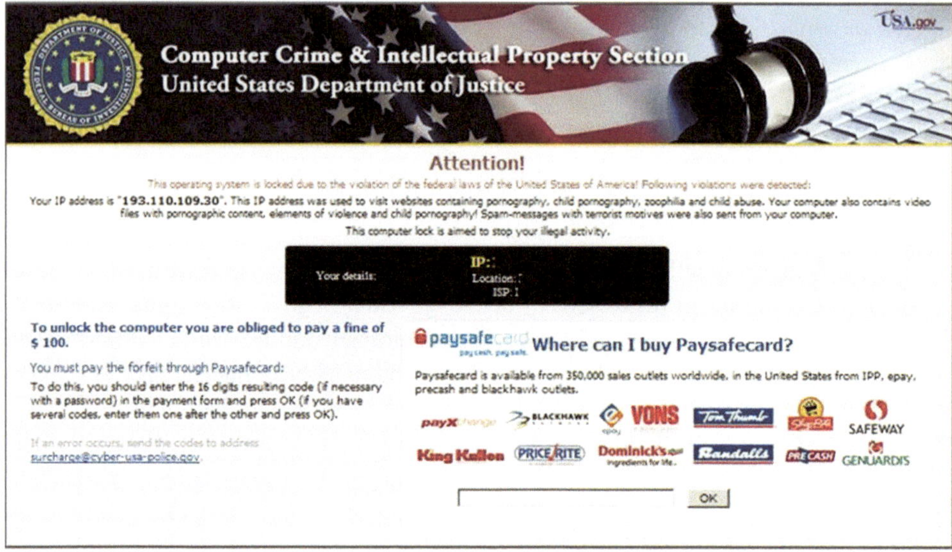

Abb. 6.2 ECops in USA

dergleichen besucht hat) und deshalb eine Art Geldstrafe für sein Vergehen zahlen muss. Und um das Ganze noch glaubwürdiger erscheinen zu lassen, werden die gut imitierten Logos und Hintergrundillustrationen der offiziellen Webseite der deutschen Bundespolizei (siehe Abb. 6.1) und des United States Department of Justice (siehe Abb. 6.2) gezeigt. In anderen Ländern sind ähnlich aufgemachte, landestypische Varianten zu finden.

Die Bezahlung der „Geldstrafe" erfolgt über sogenannte „Voucher", die zum Beispiel an Tankstellen erhältlich sind. Anschließend muss lediglich die Nummer des Vouchers eingegeben werden. Alles natürlich vollkommen anonym. Nicht wenige Opfer denken, sie seien damit noch glimpflich davongekommen, denn eigentlich hätten sie Grund genug, sich zu schämen: Schließlich wird behauptet, sie hätten Porno- oder andere Seiten zweifelhaften Rufs besucht. Selbst wer mit an hundertprozentiger Sicherheit weiß, noch nie auf einer solchen Seite gewesen zu sein, kann sich nicht sicher sein, dass Kollegen und Freunde ihm das auch glauben. Cyberkriminelle dagegen können davon ausgehen, dass ihre Opfer in der Regel aus Scham schweigen.

Die Kriminellen, die diese Ransomware entwickelten, wurden mittlerweile zwar verhaftet, aber bis heute – dem Tag, an dem dieses Buch gedruckt wird – ist die Schadsoftware im Umlauf. Der Code schwirrt im Internet herum und wird von anderen Kriminellen entsprechend angepasst und weiterverbreitet, was erklärt, warum der Spuk kein Ende nimmt. Das ist der Grund, weshalb auf diversen Webseiten der Polizei Warnungen vor dieser Ransomware sowie Hinweise darüber zu finden sind, wie sie zu entfernen ist und was Sie tun können, um Ihr Geld zurückzubekommen.

Leider ist auch hier kein Licht am Ende des Tunnels zu sehen. Die neuen Varianten dieser Schadsoftware (Cryptolocker) verschlüsseln alle Daten und fordern Bitcoins oder andere virtuelle Zahlungsmittel. Erst nach Zahlungseingang wird ein Schlüssel an das Opfer versendet, mit dem die Daten entschlüsselt und wieder nutzbar gemacht werden. Zumindest sollen die Opfer das glauben. Doch ist das Lösegeld erst einmal bezahlt, wird fast nie ein Schlüssel übermittelt. Fazit: Die Daten sind unwiderruflich verloren. Das kann übrigens auch Daten betreffen, die in der Cloud gespeichert werden, wie Dropbox, Google Drive oder One Drive. Ohne regelmäßige Backups sind Ihre Daten leichte Beute und Sie haben das Nachsehen.

6.3   Soziale Netzwerke

Facebook, Twitter, Pinterest,… einen großen Teil unserer Freizeit verbringen wir inzwischen vor dem Computer und tummeln uns in sozialen Netzwerken. Das erste Gesetz von Eddy Willems lautet: Je populärer eine Plattform ist, umso mehr Schadsoftware ist auf ihr zu finden. Somit wundert es nicht weiter, dass Malware auf Facebook, YouTube und Twitter nicht lange auf sich warten ließ.

Das erste Gesetz von Willems

Je populärer eine Plattform ist, umso mehr Schadsoftware ist auf ihr zu finden.

Mit Schadsoftware für soziale Netzwerke verhält es sich größtenteils wie bis dato mit E-Mails: Leser und Nutzer (oder in diesem Fall eben Follower und Freunde) werden dazu aufgefordert, Anlagen zu öffnen oder auf bestimmte Seiten zu klicken. Gesagt, getan? Schade, denn ein, zwei Klicks später wird die Schadsoftware auf dem jeweiligen PC installiert und der Missbrauch der Daten kann beginnen. Auch hier lautet die unumstößlich nackte Wahrheit, der sich jeder PC-Nutzer stellen sollte: Der Großteil aller Angriffe wäre niemals erfolgreich verlaufen, wenn nicht der betreffende Nutzer dafür gesorgt hätte! Ein einfacher Doppelklick auf eine E-Mail-Anlage, das Klicken auf einen Link zu einer Seite, die *man einfach gesehen haben muss* – ja, es wird einem sehr leicht gemacht! Doch oft gibt es erste Warnsignale, bei denen man hellhörig werden sollte. Zum Beispiel wenn ein guter Freund, der der deutschen Sprache durchaus mächtig ist, plötzlich Videos mit einem englischsprachigen, höchst unpersönlichen Kommentar postet – dann sollten beim Angeschriebenen sofort alle Alarmglocken läuten.

Das zweite Gesetz von Willems

CSP = TF × MF

Wobei CSP für Cyber-Sicherheits-Problem steht, TF für technologischer Faktor und MF für menschlicher Faktor.

Anders gesagt: Jedes Problem in Sachen Cyberschutz ist die unmittelbare Folge der Kombination aus dem technologischen und dem menschlichen Faktor. Schadsoftware hätte keine Chance, gäbe es die Naivität, Neugier oder andere menschliche Schwächen nicht.

6.4 Tragbare Medien

Malware-Schreiber nutzen menschliche Schwächen wie Naivität, Neugier, aber auch Unachtsamkeit schamlos aus. Die Art und Weise, wie sich der gefürchtete Conficker-Wurm zu verbreiten wusste (und noch weiß), war relativ simpel. Steckte man einen infizierten USB-Stick in den Computer, wurde ein Bildschirm wie in Abb. 6.3 dargestellt angezeigt.

Der aufmerksame Betrachter sollte sich durch dieses wunderbare Täuschungsbeispiel nicht in die Irre führen lassen. Unter den angezeigten Optionen lässt sich ein Ordner öffnen, und zwar genauso, wie wir es gewohnt sind. Allerdings wird in diesem Fall darüber noch eine weitere Option zum Öffnen eines Ordners angezeigt. Die beiden Unterschiede sind: Die obere Option steht unter der Überschrift „*Install or run program*" anstatt unter „*General options*" wie gewohnt und in der oberen Zeile steht unter „*Open folder to view files*" „*Publisher not specified*", obwohl dort normalerweise „*Using Windows Explorer*" stehen sollte.

Abb. 6.3 Verbreitung des Conficker-Wurms über einen USB-Stick

Einem erfahrenen Nutzer dürfte klar sein, dass mit der Option etwas nicht stimmen kann und er gerade im Begriff ist, Schadsoftware zu installieren. Da wir aber tagtäglich so oft Fenster wie diese zu sehen bekommen, und – ein nicht unwichtiger Aspekt – die Schadsoftware oberhalb des Fensters mit der eigentlichen Option zum Öffnen des Ordners steht, wird die Mehrheit der Nutzer aus reiner Bequemlichkeit auf die Schadsoftware klicken.

6.5 Attacke… und diesmal auf die Unternehmen!

In den vergangenen Jahren hat sich der Fokus der Cyberkriminellen weg vom Endverbraucher und dem Heimcomputer hin zu den Systemen ganzer Unternehmen verlagert.

Unternehmen unter Beschuss
- *Aurora*. Dieser bereits besprochene Angriff ereignete sich in der zweiten Hälfte 2009. Hauptsächliches Ziel der Attacke war es, Zugang zu Hightech- und Sicherheitsunternehmen zu erlangen, die für das Militär arbeiteten, um dann mit dem Quellcode ihrer Software Unwesen zu treiben. Opfer dieses gezielten Anschlags waren unter anderem auch Adobe, Juniper, Google und Yahoo.
- *Stuxnet*. Der Windows-Computerwurm wurde im Juli 2010 entdeckt. Da das Ziel ein iranisches Unternehmen war, darf Stuxnet in dieser Aufzählung nicht fehlen. Der Wurm sorgte für Störungen im iranischen Atomprogramm.
- *Die Deutsche Emissionshandelsstelle (DEHSt)*. Diese innerhalb der EU für die Ausgabe von Emissionsberechtigungen zuständige Behörde (die unter anderem deren Handel überwacht), wurde im Januar 2010 Opfer von Phishing-Angriffen. Die Urheber traten in einer E-Mail an Kontaktpersonen außerhalb der Organisation als Mitarbeiter der *DEHSt* auf. Anscheinend besaßen die Hacker einen – zugegebenermaßen recht eigenwilligen – Humor, forderten sie in ihrer E-Mail doch dazu auf, sich auf einer (gefälschten) Webseite anzumelden, um sich besser vor Hackerangriffen zu schützen. Mit den gestohlenen Zugangsdaten gelang es

ihnen dann verschiedene Emissionsberechtigungen, im Wert von rund 3 Mio. € an Unternehmen im Ausland, vor allem in den Niederlanden und in England, zu verkaufen.

- *RSA*, ein bekanntes und durchaus renommiertes Sicherheitsunternehmen, hat sich auf die Technologie für Identitäts- und Zugangsmanagement spezialisiert. Hackern gelang es 2011 ohne sichtbare Folgen an Informationen aus diesem Unternehmen zu kommen. Damals kursierte das Gerücht, Chinesen könnten hinter dem Angriff gesteckt haben.
- *Epsilon*. Dieses amerikanische Unternehmen, das im Online-Marketing tätig ist, verfügt in seiner Datenbank über Millionen E-Mail-Adressen von Mitarbeitern großer und weltweit agierender Firmen. Im April 2011 stahlen Hacker unzählige Namen und E-Mail-Adressen aus der Datenbank. Zu den bekanntesten Opfern zählen Unternehmen wie Citibank, Verizon und Disney.
- *Target*. Obwohl die Sicherheitslücke bereits 2013 veröffentlicht wurde, zogen sich ihre Effekte bis in das Jahr 2014. Nach Auskunft von Target ging der Umsatz in den USA deutlich zurück, nachdem der Datendiebstahl von über 110 Mio. Kreditkartendaten bekannt wurde.
- *EBay*. Im Zuge eines Großangriffs erbeuteten Hacker 2014 über 145 Mio. private Daten aktiver Nutzer – betroffen waren Login-Daten, E-Mail-Adressen und Anschriften.
- *JPMorgan*. Ebenfalls im Jahre 2014 gab die größte US-Bank einen Datendiebstahl bekannt, von dem 76 Mio. Haushalte und 7 Mio. Geschäftskunden betroffen waren. Es wurden 83 Mio. E-Mail- und Adressdaten entwendet.
- *Home Depot*. Nachdem die US-amerikanische Baumarktkette bereits 2014 den Diebstahl von 56 Mio. Kundenkarten mit Bezahlfunktion bekannt gab, stellte sich später heraus, dass zudem 53 Mio. E-Mail-Adressen entwendet wurden.
- *Sony*. 2014 verschafften Hacker sich Zugang zum Netzwerk und veröffentlichten 47.000 Dokumente mit persönlichen Informationen, Gehältern und Privatadressen, darunter privater Mailverkehr von Hollywood-Größen.
- *Ein deutscher Stahlproduzent*. Bei einem Cyberangriff Ende 2014 auf das Firmennetzwerk nahm ein Hochofen massiven Schaden. Infizierte E-Mails wurden genutzt, um Logindaten zu stehlen, die den Zugang zum Kontrollsystem ermöglichten. Dadurch wurden Teilfunktionen außer Kraft gesetzt und ein Hochofen konnte nicht normal heruntergefahren werden. Damit ist dieser Angriff einer der wenigen bekannten auf industrielle Systeme, die zu Schaden führten. Das bekannteste Beispiel für einen weiteren solchen Angriff ist Stuxnet.
- *Anthem*. Anfang 2015 wurden über 80 Mio. Sozialversicherungsnummern, E-Mail- und Privatadressen gestohlen. Laut Auskunft interner Quellen von Bloomberg News aus dem Ermittlerkreis trug der Diebstahl die Handschrift eines staatlich initiierten Angriffs.

Eines haben die genannten Angriffe alle gemein: Sie waren das Ergebnis einer APT (*advanced persistent threat*; siehe Kap. 4, Cyberspionage): Nur weil sie eine gehörige Portion Durchhaltevermögen besaßen und in der Lage waren, verschiedene Technologien zu vereinen, gelang es den Hackern letztendlich, den Schutzpanzer des angegriffenen Unternehmens zu zerstören.

Sehr unterschiedlich aber waren deren Motive. Im Fall von Stuxnet ging es einzig und allein um Sabotage, beim DEHSt-Hack waren es finanzielle Motive. In jedem Fall ist klar, dass manche Ziele für Kriminelle so wertvoll sind, dass sie bereit sind, Monate und sogar Jahre zu investieren, um in das System eines Unternehmens einzudringen.

Wer für ein kleines Unternehmen arbeitet, glaubt vielleicht, mit derartig modernen und intensiven Angriffen nie konfrontiert zu werden. Leider stimmt das nicht: Es werden nicht nur Großunternehmen attackiert, auch kleine Firmen sind aus den folgenden vier Gründen für Cyberkriminelle interessant.

Erstens: Auch ein kleines Unternehmen kann über wertvolle Informationen verfügen, wie E-Mail-Adressen, über die sich Kriminelle schnellen Zugang zu den großen Unternehmen verschaffen können.

Zweitens: Es braucht keinen dauerhaften und supermodernen Angriff, um ein kleines Unternehmen in ernsthafte Schwierigkeiten zu bringen. Gelingt es einem Hacktivisten zum Beispiel bei einem kleinen Unternehmen Webseite oder Onlineshop für einige Stunden in die Knie zu zwingen, kann das schwerwiegende Folgen auf Umsatz und Reputation haben. Erschwerend hinzu kommt, dass das Opfer kaum in Erfahrung bringen kann, ob lediglich die Seite lahmgelegt werden sollte oder aber im Hintergrund noch andere Schadsoftware installiert wurde, deren Folgen erst nach Monaten oder Jahren ans Tageslicht treten.

Drittens: Die Anzahl der auf Unternehmen gerichteten Angriffe wird in den kommenden Jahren weiter anwachsen. Allein aus diesem Grund ist zu hoffen, dass auch in den kleinen und mittelständischen Unternehmen mehr für Schutz und Sicherheit getan wird.

Viertens: Selbst die kleinste Firma ist ein lohnenderes Ziel als eine Privatperson. Schließlich befindet sich auf einem Geschäftskonto in der Regel ein höheres Guthaben, außerdem sind meistens Transaktionen größeren Ausmaßes zulässig.

6.6 Mobile Ziele

Wie heißt es doch so schön? Früher war alles einfacher. Man arbeitete den lieben langen Tag im Büro und ließ seine Daten und Unterlagen einfach für den nächsten Arbeitstag liegen. Aus diesem Grund war auch deren Schutz denkbar einfach: Der IT-Manager legte einen großen digitalen Burggraben rund um die virtuellen Betriebsmauern und stellte einige Wächter davor ab, die mit digitalem Pfeil und Bogen Eindringlinge fernhalten konnten. Einfacher formuliert bedeutet dies: Befinden sich alle Daten zentral an einem Ort, lassen sie sich viel einfacher vor Angriffen von außen schützen.

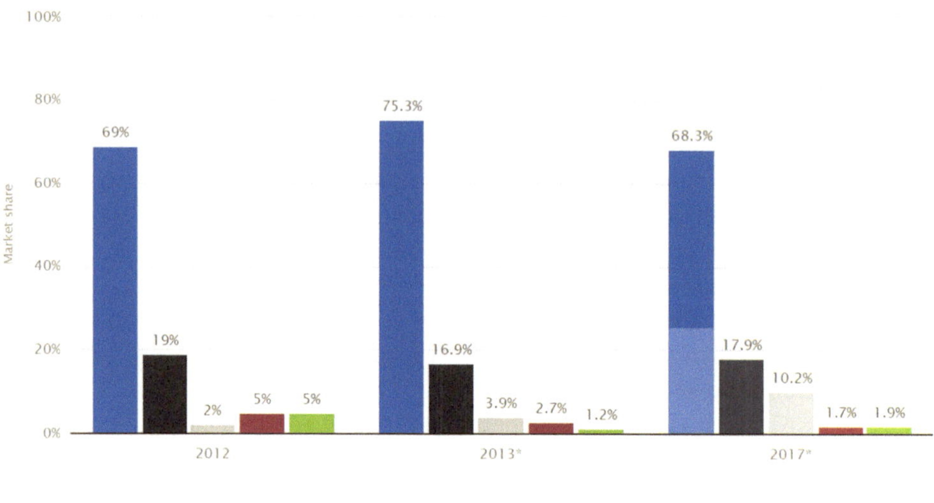

Abb. 6.4 Weltweiter Verkauf von Smartphones

Heutzutage ist es vollkommen normal, von zuhause aus zu arbeiten oder einfach sein Notebook bei sich zu haben. Außerdem erlauben immer mehr Unternehmen ihren Mitarbeitern, eigene Notebooks, Tablets und/oder Smartphones zu nutzen. Auf den ersten Blick klingt das gut, denn es ist recht einfach und ermöglicht dem einzelnen Mitarbeiter größtmögliche Flexibilität. Aber wie sieht es mit dem Schutz der Daten aus? Es ist ein Ding der Unmöglichkeit, einen Graben um jedes mobile Gerät zu ziehen. Und was ist im Falle des Verlusts eines Geräts zu tun? Lässt es sich per Fernbedienung ausschalten? Was passiert dann mit den beruflichen und privaten Daten des Besitzers?

Kurz gesagt: Die Mauern des Unternehmens werden auf digitaler Ebene komplett niedergerissen, mit allen sich daraus für die Sicherheit ergebenden Folgen. Man denke nur daran, dass sich alle Geräte regelmäßig im Firmennetzwerk anmelden und somit längere Zeit mit dem Internet verbunden sind. Und noch etwas: Den meisten Mitarbeitern, die auf mobilen Geräten arbeiten, liegt nur eine Sache am Herzen: Benutzerfreundlichkeit – ein wahrer Alptraum für jeden Sicherheitsexperten. Für Cyberkriminelle dagegen ein wahres Paradies!

Nicht anders als beim Betriebssystem für Desktops und Notebooks konzentriert sich der Cyberkriminelle in erster Linie auf die Plattform mit dem größten Marktanteil – und das ist derzeit Android wie aus Abb. 6.4 ersichtlich ist.

Fazit: Die Folge ist unschwer zu erraten: eine spektakuläre Zunahme mobiler Schadsoftware für Android-Systeme. Wurden 2011 rund 1800 Bedrohungen durch mobile Schadsoftware ermittelt, von denen 95 % auf Android-Geräte abzielten, betrug dieser Anteil 2012 bei rund 100.000 Bedrohungen exakt 99 %. Anfang 2015 wurde die Marke von 3.000.000 Angriffen geknackt. Wie aus Abb. 1.2 hervorgeht, steigt die Zahl der Attacken

Version	Codename	API	Distribution
2.2	Froyo	8	0.3%
2.3.3 - 2.3.7	Gingerbread	10	5.6%
4.0.3 - 4.0.4	Ice Cream Sandwich	15	5.1%
4.1.x	Jelly Bean	16	14.7%
4.2.x		17	17.5%
4.3		18	5.2%
4.4	KitKat	19	39.2%
5.0	Lollipop	21	11.6%
5.1		22	0.8%

Data collected during a 7-day period ending on June 1, 2015.
Any versions with less than 0.1% distribution are not shown.

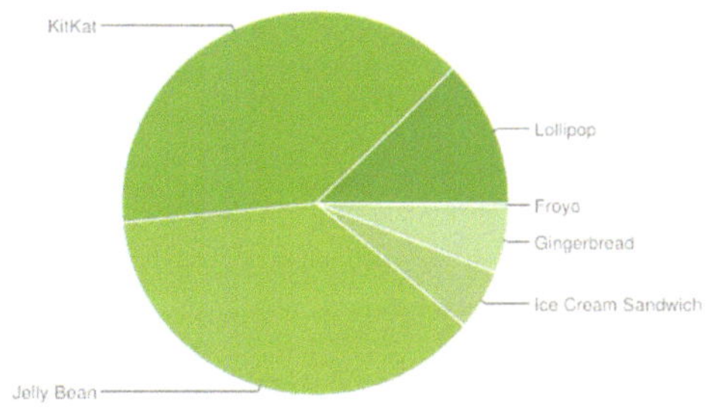

Abb. 6.5 Verbreitung verschiedener Android-Versionen

sprunghaft an: Während Sie diese Zeilen lesen, sind es vielleicht schon einige Millionen mehr.

Noch komplizierter wird die Sache durch die vielen verschiedenen Versionen des Android-Betriebssystems, die heute auf dem Markt sind: Manche Geräte laufen mit Version 2.2, andere mit 3.0 und noch andere mit 4.1 und höher (siehe auch Abb. 6.5).

Android hat aufgrund seiner zahlreichen Versionen eine enorme Entwicklung in Sachen Sicherheit erlebt, leider mangelte es an der einheitlichen Umsetzung diverser Sicherheitsstandards. Deshalb ist der Sicherheitsstatus bei zahlreichen mobilen Endgeräten katastrophal, was von der aktuellen mobilen Schadsoftware schamlos ausgenutzt wird.

Nicht nur die allgemeine Beliebtheit von mobilen Endgeräten – vor allem wenn sie mit Android laufen und die allerorts bekannten Sicherheitsprobleme bereiten mir Magengrimmen. Dazu kommt der geradezu leichtsinnige Umgang mit Smartphones und Tablets. Nicht nur für PCs, sondern insbesondere für Mobilgeräte gilt, dass der Nutzer die größte Schwachstelle einer jeden Sicherheitsstrategie darstellt. Grundsätzlich ist der Schutz der Plattformen keineswegs schlecht. Vor jeder Installation einer App wird ausdrücklich nach einer „Permission" (wie diese Genehmigung bei den meisten Geräten heißt) gefragt. Keine Frage, diese Genehmigung wird nur allzu gerne erteilt, denn schließlich will der Nutzer in diesem Moment nichts anderes als diese App. Ich frage mich, ob er wohl auch die Genehmigung zum Anzünden seines Hauses erteilen würde, wäre dies zur Installation der App erforderlich. Oder wie sonst ist zu erklären, dass es Menschen gibt, die ausdrücklich zulassen, dass eine App auf ihrem Tablet automatisch SMS versenden darf, obwohl sie eigentlich nur dazu dienen sollte, dass Kinder ihr Tablet zum Malen verwenden?

Werfen Sie doch mal einen Blick auf Abb. 6.6 und 6.7 – fällt Ihnen da etwas auf?

Abb. 6.6 Google Malware Removal Tool, Version A

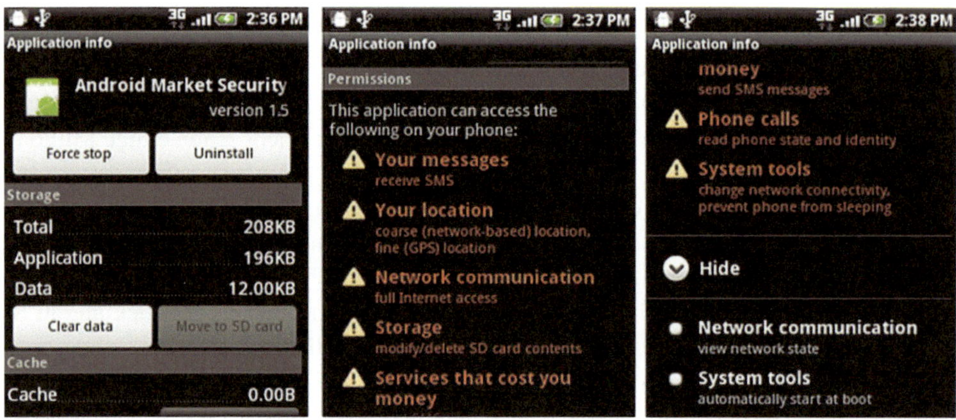

Abb. 6.7 Google Malware Removal Tool, Version B

Beide Screenshots ähneln dem Google Malware Removal Tool, einer App, die vor einigen Jahren zum Entfernen spezieller Schadsoftware für Android entwickelt wurde. Um bei der Wahrheit zu bleiben: bei einer der beiden Apps handelt es sich tatsächlich um ein Tool zum Entfernen von Schadcode, während die andere dies lediglich behauptet, in Wahrheit jedoch der Übeltäter ist. Können Sie mir sagen, welche die Schadsoftware ist und mir Gründe für Ihre Entscheidung nennen? Die Antwort finden Sie unten.

Bei Version B handelt es sich um die Schadsoftware, was anhand der Zugriffe zu erkennen ist, die von der App genutzt werden wollen. Dort steht unter „services that cost you money" die Option „send SMS messages". Dem aufmerksamen Leser muss klar sein, dass das Versenden einer SMS bei einer solchen App völlig überflüssig ist. Daraus können wir den Schluss ziehen: Bei einer solchen Option ist Misstrauen absolut angebracht.

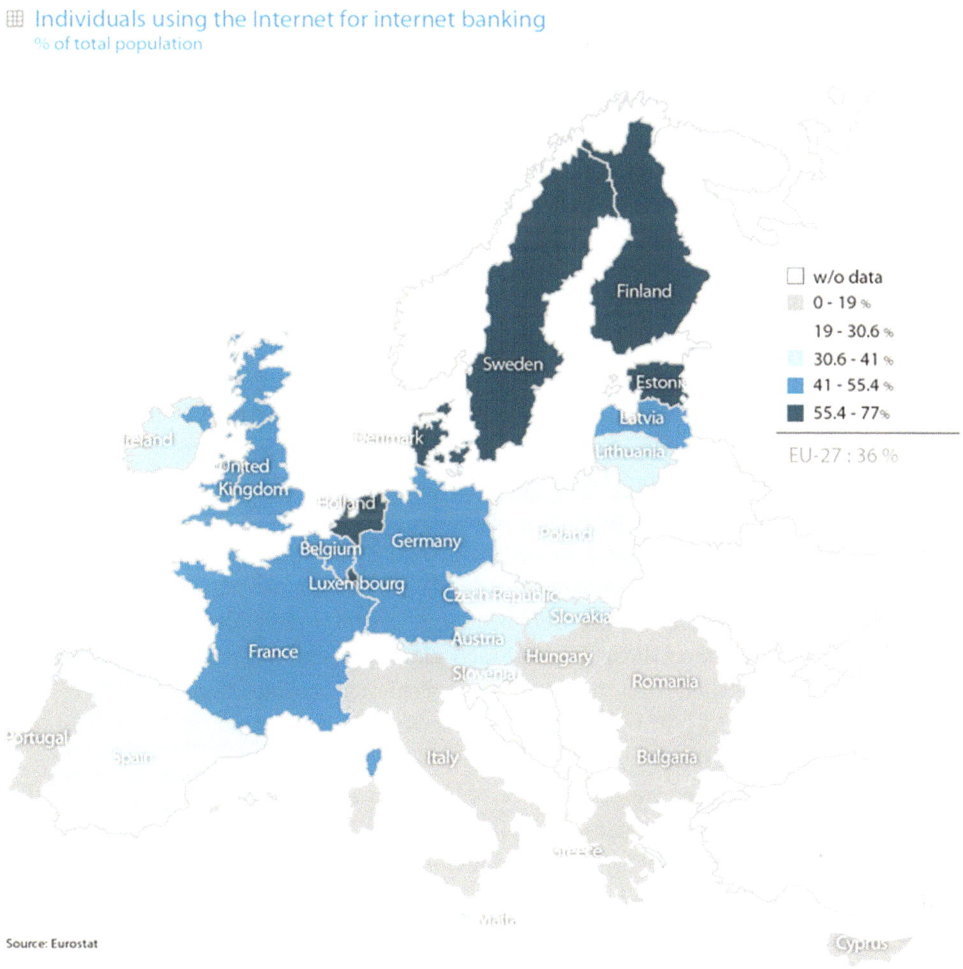

Abb. 6.8 Onlinebanking-Nutzer in Europa

6.7   Onlinebanking: Vorsicht vor dem Mann im Browser

In nur wenigen Ländern ist das Onlinebanking so beliebt wie in den Niederlanden. 2012 nutzten rund 11 Mio. Niederländer diese Dienstleistung, das sind immerhin 79 % aller Niederländer im Erwachsenenalter. Die Niederlande sind weltweit die Nummer eins, was das Internetbanking angeht. Aber auch in Deutschland, Belgien, Großbritannien und Frankreich nutzen mehr als die Hälfte der Bevölkerung Onlinebanking, wie aus Abb. 6.8 ersichtlich ist.

Ist es tatsächlich so, dass das Risiko immer größer wird, je beliebter Onlinebanking wird? Anscheinend ist der Schaden (noch) nicht allzu groß, allerdings geben viele Länder die exakte Schadenshöhe nicht bekannt. Die Niederlande stellen eine Ausnahme dar: 2012 wurde von 10.900 diesbezüglichen Straftaten berichtet. Der Gesamtschaden belief sich auf immerhin 34,8 Mio. €, also durchschnittlich fast 3.200 € pro Fall. Man kann wohl davon ausgehen, dass es sich in anderen Ländern ähnlich verhält, obgleich häufig keine Statistiken darüber zur Verfügung stehen. Je beliebter das Onlinebanking in einem Land ist, umso interessanter wird es für Cybergangster. Man könnte sagen, die Cyberkriminalität verfolgt die Spur des Geldes. Zum Glück für die meisten Bankkunden sind sich so gut wie alle Banken des Risikos bewusst und haben entsprechende Sicherheitsmaßnahmen ergriffen. In den meisten Fällen erstatten die Banken den entstandenen Schaden an ihre Kunden zurück, doch leider nicht immer. Dies wird von Fall zu Fall, Bank zu Bank und von Land zu Land unterschiedlich gehandhabt.

Welche Gefahren lauern nun eigentlich beim Onlinebanking? Zunächst einmal das bereits erwähnte *Phishing*. Darunter versteht man, dass man die Login-Daten eines Kunden über einen Anruf oder eine E-Mail, die angeblich von der Bank kommen, herauszubekommen versucht. Phishing ist und bleibt *die* große Gefahr im Netz, auch wenn in einzelnen Jahren ein leichter Rückgang dieser Betrügereien zu verzeichnen ist. In Großbritannien, dem traurigen Spitzenreiter dieser Kriminalstatistik, ist eine von 245 empfangenen Mails eine Phishing-Mail. Auch die sozialen Netzwerke werden immer häufiger zum *Abgreifen* persönlicher Daten missbraucht. Die Niederlande gehören zur Spitzengruppe der davon betroffenen Länder, zum Glück zeichnet sich eine deutliche Verbesserung der Lage ab, was wohlauf aktuelle und bessere Sicherheitsmaßnahmen zurückgehen dürfte. Aber: Rund 66 % aller Phishing-Angriffe richten sich gegen Kreditinstitute und deren Kunden, denn dort sitzt nun mal das Geld.

Jede Wette, dass jeder von uns schon mal so eine Phishing-Mail in seinem Postfach gefunden hat wie in Abb. 6.9 dargestellt.

Einige sind durchaus professionell gestaltet und kaum von echten E-Mails Ihrer Bank zu unterscheiden. Es ist daher schon fast logisch, dass viele Leute Opfer dieses Tricks werden.

Glücklicherweise reichen die Daten, die Cyberkriminelle über das Phishing ergaunern, nicht (mehr) aus, um im Namen ihrer Opfer Banktransaktionen vorzunehmen. Dank der Doppelauthentifizierung, bei der ein Code von einem sogenannten TAN-Generator erzeugt wird, kann der Täter mit den über die E-Mail bezogenen Daten nicht auf das betreffende Konto zugreifen.

▶ **Was ist ein TAN-Generator?** Fast alle Banken in Belgien und den Niederlanden, aber auch in anderen Ländern wie Deutschland, nutzen den TAN-Generator, um Anmeldeverfahren und Bankdienstleistungen sicherer zu machen. Der TAN-Generator wurde unter dem Namen Digi-Pass vom belgischen Sicherheitsunternehmen Vasco entwickelt, um Anmeldeverfahren und Bankdienstleistungen sicherer zu machen. Das Gerät besitzt einen Zahlen- und Tastenblock, seitlich wird die EC-Karte hineingesteckt. Bei neueren Geräten wird als zusätzlicher Schutz ein Scanner eingesetzt, deroptische Daten (eine Art Barcode) auf der Seite des Kreditinstituts scannt. Pin-Nummer der EC-Karte und der Code, den der TAN-Generator erzeugt, ergeben die Zugangskontrolle. Da sie auf zwei Faktoren basiert,

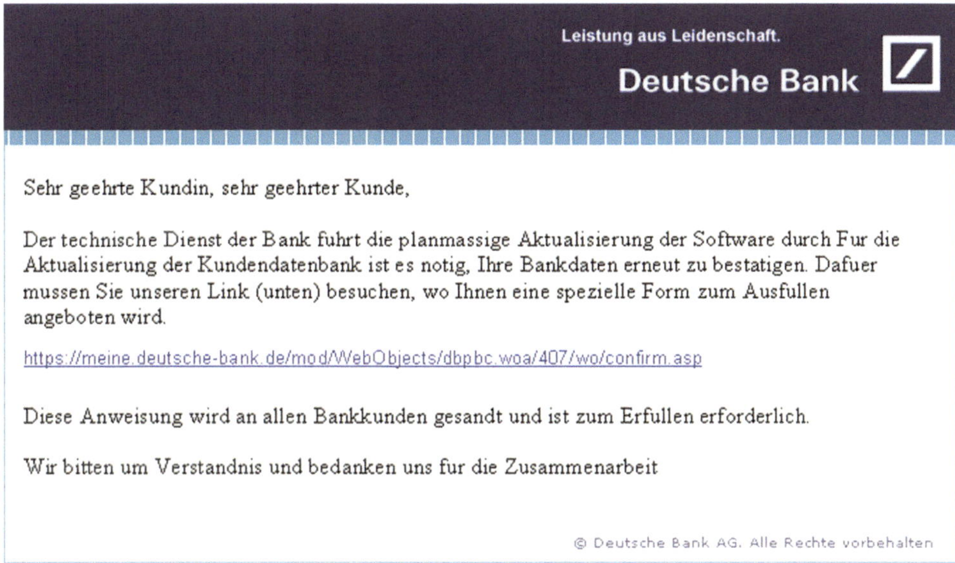

Abb. 6.9 Beispiel für das Daten-Phishing beim Onlinebanking

spricht man von einer Doppel-Authentifizierung. Es gibt unterschiedliche Modelle des TAN-Generators, manche verfügen nur über eine Taste. Je nach Land und Bank werden ältere oder neuere Versionen (mit besseren Sicherheitstechniken) eingesetzt.

Ein weitaus größeres Problem ist das telefonische Phishing, bei dem sich der Anrufer als Mitarbeiter einer Bank ausgibt. Der Angerufene soll dem Anrufer die über den TAN-Generator erzeugte TAN mitteilen. Bei Anrufen „Ihrer" Bank sollten Sie deshalb auf Nummer sicher gehen und anbieten zurückzurufen. Lassen Sie sich auf jeden Fall den Namen des Anrufers geben. Möglicherweise lässt sich so größerer Schaden verhindern.

Doch auch „traditionelle" Schadsoftware, wie Keylogger und Spyware, versucht, an vertrauliche Informationen (zum Beispiel Anmeldedaten für Onlinebanking) heranzukommen, um sie an Cyberkriminelle weiterzuleiten. Diese Form der Schadsoftware wird von der einschlägigen Antivirensoftware zumeist erkannt und blockiert, vorausgesetzt, die Software ist auf dem aktuellen Stand. Die meisten Banken beraten ihre Kunden, wie sie sich vor solcher Malware schützen können. Die gute Nachricht lautet: Aufgrund der Doppelauthentifizierung wird der Bankbetrug in der Regel verhindert, denn die ergaunerten Datenreichen nicht aus, um Bankgeschäfte im Namen eines Dritten zu tätigen.

Worüber Banken den Mantel des Schweigens breiten, ist die dritte große Bedrohung beim Onlinebanking: sogenannte „Banking-Trojaner". Kreditinstitute räumen nicht gerne ein, dass sie auf Fragen dazu eher keine Antworten oder gar Lösungen parat haben. Zurzeit stellen Banking-Trojaner weltweit die größte Gefahr dar. Diese Malware dient nur dem einem Zweck, Onlinebanking für die eigenen, schändlichen Zwecke zu missbrauchen. Leider kann dieser Betrug auch durch Doppel-Authentifizierung nicht immer verhindert werden. Erschwerend kommt hinzu, dass die Trojaner meist erst sehr spät und oft gar

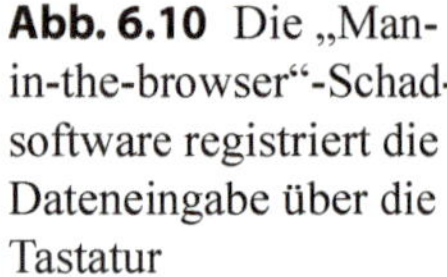

Abb. 6.10 Die „Man-in-the-browser"-Schadsoftware registriert die Dateneingabe über die Tastatur

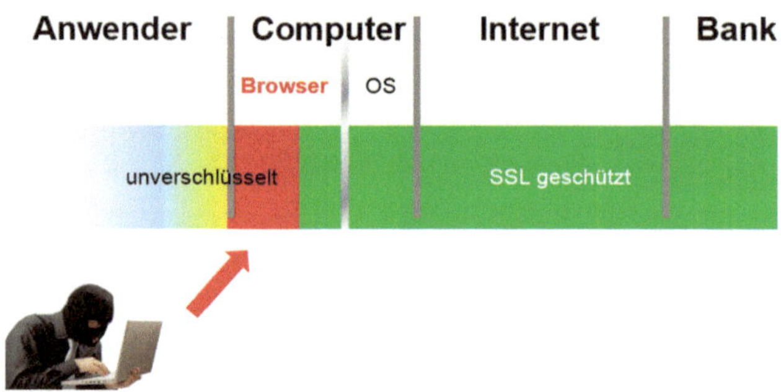

nicht von Virenscannern erkannt werden. Konkrete Zahlen hierzu folgen weiter hinten in diesem Kapitel.

Ein Banking-Trojaner kann völlig unbemerkt in ein System eindringen und sich alle sechs Stunden aktualisieren. Durch diesen Kniff bleibt er unerkannt und kann geduldig abwarten, bis der Kunde auf das Onlinebanking zugreift. In dem Augenblick startet der Trojaner einen „*Man-in-the-browser*"-Angriff, der fast immer unbemerkt bleibt. Was versteht man darunter? Wie Sie wissen, steht vor jeder Internetadresse entweder *http* oder *https*. Ersteres steht für *hypertext transfer protocol*, also das Protokoll, mit dem Daten über die betreffende Seite versendet werden. Letzteres bedeutet im Grunde das Gleiche, das „s" am Schluss steht für „*secure*" und somit für eine sichere Verbindung zwischen dem Browser und der Seite, die aufgerufen werden soll. Die Daten werden verschlüsselt übertragen, sodass sie für jeden, der sich unbefugt Zugang verschafft, nicht lesbar sind.

Selbstverständlich laufen Banktransaktionen immer über eine solch verschlüsselte Verbindung. Die meisten Nutzer sind davon überzeugt, dass Onlinebanking aufgrund des Authentisierungsverfahrens und der verschlüsselten Verbindung vollkommen sicher ist. Den meisten Kunden dürfte nicht klar sein, dass die größte Gefahr ist, dass die Daten abgefangen werden, bevor die verschlüsselte Verbindung zustande kommt. Dazu muss die Malware die Dateneingabe über die Tastatur abgreifen. Gelingt dies, war der „Man-in-the-browser" erfolgreich (siehe Abb. 6.10).

Sobald Daten für eine Überweisung eingeben werden, stehen sie dem „Man-in-the-browser" zur Verfügung, der daraufhin dafür sorgt, dass ein nachgemachter Transaktionsbildschirm angezeigt wird, der nahezu identisch mit üblichen, dem Kunden vertrauten ist. Werden nun weitere Überweisungsdaten eingegeben, sendet der „Man in the browser" einen anderen Betrag an ein anderes Konto. Aufgemerkt: Dafür nutzt er die vom ahnungslosen Nutzer gestartete Sitzung. Die Bank sendet daraufhin eine Authentifizierungsanforderung, die vom „Man in the browser" abgefangen und mit den vom Nutzer eingegebenen Daten beantwortet wird. Der Kunde erteilt dann nur noch die letzte Genehmigung für die Überweisung und der Fall ist erledigt.

Die schematische Darstellung einer ganz normalen Überweisung ist aus Abb. 6.11 und 6.12 ersichtlich.

In diesem Beispiel ist die Überweisung erledigt und der Kunde ahnt noch nicht, dass sein Geld ganz woanders ankommt. Auch die Bank schöpft keinen Argwohn, schließlich

Abb. 6.11 Eine ganz
normale Überweisung per
Onlinebanking

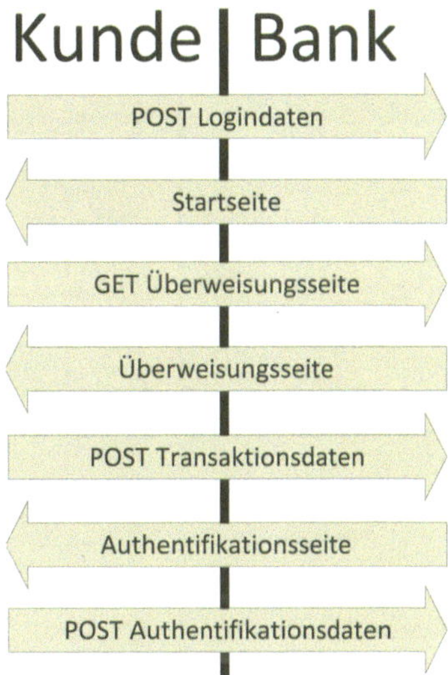

ist eine Überweisung ein alltägliches Bankgeschäft. Und der Gewinner ist? Keine Frage,
der Cyberkriminelle, der mit dieser Aktion eine Menge Geld erbeutet, ohne dass es jemand
bemerkt hat.

Glücklicherweise wurde dieses Problem durch eine spezielle Form der Doppelauthentifizierung von den meisten Banken in Deutschland oder Belgien gelöst. Dabei wird mit
den Transaktionsdaten (Kontonummer und Betrag) ein für jede Transaktion einzigartiger
Code generiert. Wird vom „Man-in-the-browser" eine Kontonummer und/oder ein Betrag
verändert, wird die Transaktion nicht ausgeführt, da der Code falsch ist, der für die Über-

Abb. 6.12 Ablauf einer
Überweisung, wenn ein „Man-
in-the-browser" dazwischenge-
schaltet wurde

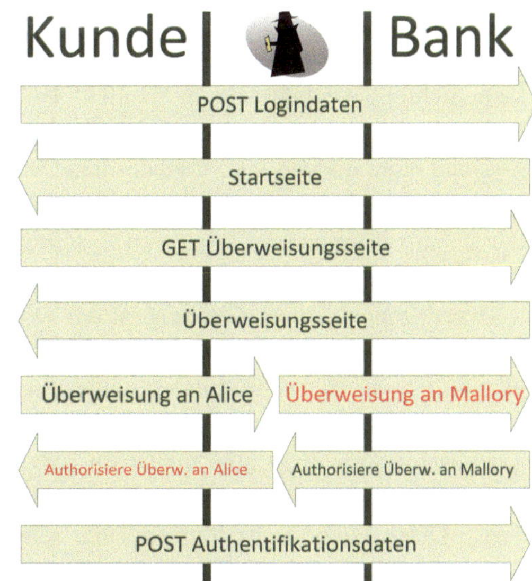

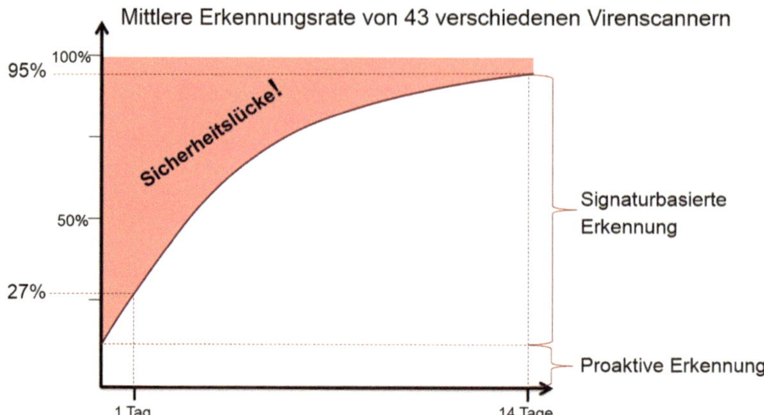

Abb. 6.13 Nur 27 % dieser Trojaner werden innerhalb von 24 Stunden erkannt, erst nach weiteren zwei Wochen liegt die Quote bei 95 %

weisung generiert wurde, denn eine geänderte Kontonummer und/oder ein anderer Betrag würden einen anderen Code ergeben.

In vielen Ländern ist der für die Ausführung der Transaktion erforderliche Code bei manchen Banken an den Betrag oder die Kontonummer der Transaktion gebunden – meistens nur bei größeren Beträgen ab 4000 €.

In den Ländern ohne standardmäßige Doppelauthentifizierung für Online-Bankgeschäfte ist das Risiko somit unverhältnismäßig hoch: Dort wird meist ein SMS-Code benutzt, der selbstverständlich vom „Man-in-the-browser" abgefangen werden kann. Zum Glück werden die meisten Trojaner nach einiger Zeit vom Virenscanner erkannt und unschädlich gemacht. Aus dem Weißbuch einiger Sicherheitsexperten aus Wissenschaft und Wirtschaft wissen wir aber, dass die Entdeckungsrate zu wünschen übrig lässt. Nur 27 % aller Trojaner werden innerhalb von 24 Stunden erkannt (siehe auch Abb. 6.13) und es kann mehrere Wochen dauern, bis alle handelsüblichen Virenschutzprogramme diese Art von Malware erkannt und beseitigt haben.

Doch dann dürften schon wieder neue Trojaner entwickelt worden sein, die neue Angriffe starten. Das Risiko ist somit ganz real vorhanden. Allerdings gibt es Software, mit der Banktrojaner auf der Basis von Systeminformationen erkannt werden und nicht über den Namen und die Signatur der Datei.

Trotz Doppelauthentifizierung ist das Onlinebanking leider nicht absolut sicher, denn da wäre noch die Schwachstelle Mensch. Es gibt „Man-in-the-browser", die versuchen, eine andere als die vom Kunden eingegebene Kontonummer (keine Frage, die des Cyberkriminellen) als Überweisungsziel weiterzuleiten. Werden vor der Bestätigung einer Transaktion also nicht alle Nummern sorgfältig überprüft, kann es passieren, dass der Betrug noch vor dem Generieren des Codes mit dem TAN-Generator klappt. Ein kleiner Trost: Diese Methode ist für den Täter sehr arbeitsintensiv ist, was ihn in den meisten Fällen davon absehen lässt.

Wie gesagt, Kriminelle schrecken auch nicht davor zurück, telefonisch an die begehrten Daten zu gelangen. Unter dem Vorwand, die Software für das Onlinebanking sei kurzfristig außer Betrieb, wird versucht, dem Angerufenen Überweisungsdaten und TANs zu entlocken. Wer darauf eingeht, ist verraten und verkauft, denn gegen blindes Vertrauen gibt es keinen Schutz!

Was haben wir gelernt?

Nimmt Ihre Bank wegen eines (vermeintlichen) Problems mit der Software für Ihr Onlinebanking Kontakt mit Ihnen auf, sollten Sie darauf bestehen, den Mitarbeiter später zurückzurufen. Nur so können Sie sicher sein, dass Sie mit dem richtigen Ansprechpartner verbunden sind. In der Regel dürften Sie Namen und Durchwahl Ihres Beraters kennen.

Sie möchten eine App laden, stellen aber fest, dass dafür Genehmigungen erforderlich sind? Trauen Sie Ihrem Bauchgefühl und verzichten Sie lieber auf diese App!

Schließen Sie einen USB-Stick oder einen anderen externen Speicher an Ihren PC an, prüfen Sie zunächst, ob die „open Folder"-Meldung tatsächlich von Windows Explorer und nicht von einem unbekannten Anbieter stammt.

Fahren Sie Ihren PC vor Feierabend möglichst immer vollständig herunter, auch wenn das bedeutet, dass Sie morgens etwas länger brauchen, bevor Sie sich an die Arbeit machen können. Regelmäßige Updates von Programmen wie Adobe Reader oder Java müssen selbstverständlich sein, denn von solchen Sicherheitslücken geht größte Gefahr aus.

In Ihrem Posteingang befindet sich ein Bußgeldbescheid, weil Sie angeblich Porno- oder andere illegale Seiten besucht haben? Das sollte Ihnen nur ein müdes Lächeln entlocken, denn das dürfte wohl das einzige Bußgeld sein, das Sie keinesfalls zu bezahlen brauchen. Wenden Sie sich lieber an die Polizei, vielleicht kann sie aufgrund Ihrer Information den Gaunern das Handwerk legen.

Wäre dieses Buch ein Menü aus mehreren Gängen, dann wären wir jetzt beim Zwischengang angelangt – bei einem kleinen und leicht verdaulichen Häppchen zwischendurch, das uns optimal auf das vorbereitet, was uns noch alles erwartet. In diesem Kapitel widme ich mich den häufigsten Irrtümern rund um die Schadsoftware und erkläre, warum sie in die Welt der ‚Mythen und Fabeln' gehören. Sie werden erstaunt sein, wie viel Mythen sich rund um Malware ranken.

7.1 Mythos 1: Wenn ich nichts Verdächtiges am Computer bemerke, ist er auch nicht infiziert

Vor einigen Jahren führte mein Arbeitgeber G DATA eine groß angelegte Untersuchungsreihe mit 16.000 Teilnehmern aus elf Ländern (Niederlande, Belgien, Deutschland, Schweiz, Österreich, Großbritannien, Russland, Spanien, Italien, Polen und Amerika) durch, um herauszubekommen, wie gut Internetnutzer über potentielle Gefahren informiert sind. Aus dem Untersuchungsergebnis wurden die ersten zehn Mythen abgeleitet.

Die Forscher konnten gar nicht glauben, was bei dieser Studie herauskam. Sagenhafte 93 % aller Teilnehmer hielten den ersten Mythos für wahr! Anders ausgedrückt: Der Irrglaube, dass ein PC in Ordnung ist, solange nichts Auffälliges angezeigt wird, hält sich hartnäckig. Es gab Zeiten, da zielte Schadsoftware überwiegend darauf ab, viel Wirbel zu machen und aufzufallen. Das war die Zeit, als die Scriptkids ihren Auftritt hatten, die nur eines im Sinn hatten: Sehen und gesehen werden – und zwar von möglichst vielen Anwendern.

Da Sie mein Buch bis zu dieser Stelle gelesen haben, wissen Sie, dass Cyberkriminelle geradezu akribisch daran arbeiten, dass sich ein von ihnen infiltrierter Computer unauffällig verhält. Malware in einem PC bedeutet nicht zwangsläufig, dass Bildschirme flackern

© Springer Fachmedien Wiesbaden 2015
E. Willems, *Cybergefahr,* DOI 10.1007/978-3-658-04761-0_7

oder lebensgroße Totenköpfe angezeigt werden, wie uns so mancher Hollywood-Streifen glauben machen möchte. Je länger die Malware unentdeckt bleibt, umso länger können die Kriminellen den PC als Teil eines Botnets missbrauchen und umso nützlicher ist er. Was so ein PC nicht alles kann: Spam verschicken, mitwirken Betriebe auszuspionieren, einen DDoS-Angriff starten,… Ohne jeden Zweifel nimmt er den Übeltätern jede Menge Arbeit ab.

7.2　Mythos 2: Teurer Virenschutz muss gar nicht sein, auch kostenlose Programme bieten optimalen Schutz!

Auch diese Überzeugung hält sich hartnäckig: 83 % der Teilnehmer hielten diese Aussage für richtig. Doch das ist ein Märchen! Klar kann man auch einen kostenlosen Virenschutz verwenden, das erfordert jedoch tiefer gehendes Wissen und anderes technisches Rüstzeug. Wird so ein Virenschutz perfekt auf die im Betriebssystem vorhandene Firewall abgestimmt und mit anderer Sicherheitssoftware kombiniert, ist ein Maß an Sicherheit möglich, das mit dem der kostenpflichtigen Variante durchaus vergleichbar ist. Ich würde diese Option aber einer technisch versierten Minderheit, den „Nerds" überlassen.

Bei den meisten kostenlosen Virenprogramme gibt es auch das umfassendere kostenpflichtige Pendant. Nennen Sie mir einen guten Grund, weshalb die Hersteller dies tun sollten, wenn die kostenlose Version doch einen ebenso guten Schutz bietet? Microsoft bietet eine kostenlose Sicherheitssoftware unter dem Namen Microsoft Essentials an. Doch wie der Name des Produkts bereits verrät: Geboten wird lediglich die Essenz des Möglichen, also nur ein Mindestmaß an Sicherheit. Der Anwender kann es jederzeit auf das kostenpflichtige Produkt erweitern – was im Sinne von Microsoft sein dürfte.

Wer ausschließlich auf kostenlosen Virenschutz setzt, geht erheblich größere Risiken ein, als jemand, der einen Virenschutz erworben hat. Der Unterschied fängt schon beim Updatezyklus an: Die meisten kostenlosen Antivirenprogramme werden einmal am Tag über eine Datenbank aktualisiert, die die jeweils aktuelle Malware und die bekanntesten Schwachstellen im Betriebssystem und anderer Software enthält, während die meisten kostenpflichtigen Programme mitunter sogar stündlich ihre Datenbanken aktualisieren. Dies trifft zum Beispiel auf *Window of opportunity* zu, bei dem bei der kostenlosen Variante wesentlich mehr Zeit zwischen dem Erkennen der Malware dem Schutz durch ein entsprechendes Antivirenprogramm vergeht. Auf diese Weise haben auch Cyberkriminelle mehr Zeit, den jeweiligen PC mit ihrer Malware zu infizieren.

Kostenlose Antivirenprogramme enthalten außerdem so gut wie keine proaktiven Technologien zur Bekämpfung von Malware. Anders ausgedrückt, keine Technik, mit der man Schadprogramme anhand von Systeminformationen erkennen könnte. Das heißt, aktuelle Malware wird in den meisten Fällen nicht als solche erkannt. Und noch ein für viele Anwender wichtiger Unterschied: Kostenlose Programme bieten keinen Helpdesk oder sonstige Art der Unterstützung bei Problemen an.

Achten Sie darauf, offiziell angebotene Antivirensoftware zu erwerben, sonst laufen Sie Gefahr auf Scareware hereinzufallen. Viele dieser sogenannten Antivirenprogramme machen nämlich nichts anderes als Spyware zu installieren und die Daten an Dritte weiterzuleiten. Diesem Trick sind schon viele zum Opfer gefallen, was in den meisten Fällen mit erheblichen Kosten verbunden war. Kaufen Sie sich einen Virenschutz eines renommierten Herstellers, um auf der sicheren Seite zu sein.

7.3   Mythos 3: Die meiste Schadsoftware wird per E-Mail verschickt

Dieser Überzeugung hängen noch rund 54 % der Befragten an. Sie glauben, dass ein PC überwiegend durch Anhänge in E-Mails infiziert wird. Kaum zu glauben, dass sich dieser Mythos so hartnäckig hält, denn E-Mail-Anhänge sind in Wirklichkeit nur für einen geringen Prozentsatz aller unmittelbaren Infizierungen verantwortlich. Viel häufiger enthält eine schädliche E-Mail einen Link zu einer anderen Seite, wo die Schadsoftware bereits auf der Lauer liegt. Richtig, die Rede ist von einem Drive-by-download, den Sie bereits im vorigen Kapitel kennengelernt haben.

Die sozialen Netzwerke sind für eine ganze Welle an Infizierungen verantwortlich. Jeder Fan von Facebook und Co. dürfte die Links kennen, die auf ein Video auf der Seite eines Freundes hinweisen und nicht mit flotten, meist englischsprachigen Sprüchen wie *„Check this out!"*, *„You gotta see this!"* geizen. Und diese Masche scheint zu funktionieren. In der Studie wurden auch Fragen zum Umgang mit den Seiten der sozialen Netzwerke gestellt. 46 % der Befragten gaben an, noch nie auf unbekannten Seiten unterwegs gewesen zu sein, 35 % würden nur auf Links ihrer Freunde klicken. Immerhin 19 % gaben zu, ohne Zögern auf alle Links zu klicken, die ihnen über soziale Netzwerke übermittelt werden. Vor allem die jüngere Generation tut dies ohne jegliche Bedenken und Frauen überlegen länger als Männer. Die Folge: Der durchschnittliche Nutzer ist meistens ein einfaches Opfer des Missbrauchs sozialer Netzwerke.

7.4   Mythos 4: Mein PC oder Netzwerk kann durch den Besuch einer Webseite nicht infiziert werden, wenn ich nichts herunterlade

Sehen Sie eine Möglichkeit, den 48 %, die diesem Mythos tatsächlich anhängen, schonend beizubringen, dass sie sich gewaltig täuschen? Ich nicht, weshalb ich auf den Schockeffekt setze: *Wenn Sie surfen, verehrter Leser, laden Sie die ganze Zeit alle möglichen Daten auf Ihren PC* – sämtliche Inhalte einer Webseite, sprich Text, Rahmen und Fotos. Und noch viel mehr: Flash-Plug-Ins und andere kleine Anwendungen, die nötig sind, um sich ein Video ansehen oder eine Audiodatei anhören zu können. Und all das geschieht quasi hinter Ihrem Rücken, ohne dass Sie dem ausdrücklich zustimmen müssten. Und jede Wette, Malware wird erst Recht nicht um Zustimmung bitten.

▶ **Wie funktioniert ein „Drive-by-download"?** Drive-by-downloads stellen zweifelsfrei das momentan größte Sicherheitsrisiko dar. Die Zeiten, in denen Sie auf „Annehmen" klicken mussten, um ein Programm oder ein Update zu installieren und sich dadurch infiziert haben, gehören definitiv der Vergangenheit an. Heutzutage genügt schon der Besuch einer infizierten Seite, – also das „Vorbeifahren", daher auch die Bezeichnung – um sich einen Schadcode einzufangen.

Download und Installation finden vollkommen unbemerkt im Hintergrund statt. Das ist nur deshalb möglich, weil das Programm sehr klein ist und somit schnell heruntergeladen und installiert werden kann. Schließlich dient es lediglich dazu, Kontakt zu einem Server aufzunehmen, von dem die eigentliche Schadsoftware heruntergeladen und installiert wird. Die meisten Drive-by-downloads stellen nur den ersten Schritt in einem umfangreichen Infizierungsprozess dar (siehe Abb. 7.1), was es noch schwieriger macht, sie zu entdecken.

Webseiten, von denen solche Drive-by-downloads ausgehen, kommen meist ganz harmlos daher und zeigen ein niedliches Foto oder Video, das den Betrachter lange genug auf der Seite hält, um den Schadcode zu installieren. Oft enthalten solche Seiten auch verschiedene Codetypen, sodass bei einem Besuch nach unterschiedlichen Sicherheitslücken des Browsers oder anderer Software gesucht wird. Vor allem beliebte Webseiten werden für diese Angriffe gern gehackt, da sich dort nicht nur die meisten Besucher tummeln, sondern sie auch am längsten verweilen.

Hersteller von Antiviren-Lösungen bekämpfen diese Drive-by-downloads auf zwei unterschiedliche Arten. Zum einen wird eine Liste der verdächtigen URLs (Webadressen) geführt und alle Links zu diesen URLs automatisch blockiert. Zum anderen gehen sogenannte *„crawlers"* (Programme, die selbsttätig das gesamte Internet durchforsten) auf die Suche nach den Seiten, von denen aus Schadware verbreitet wird.

Siehe dazu auch Peter Kruses Erläuterung im vorherigen Kapitel.

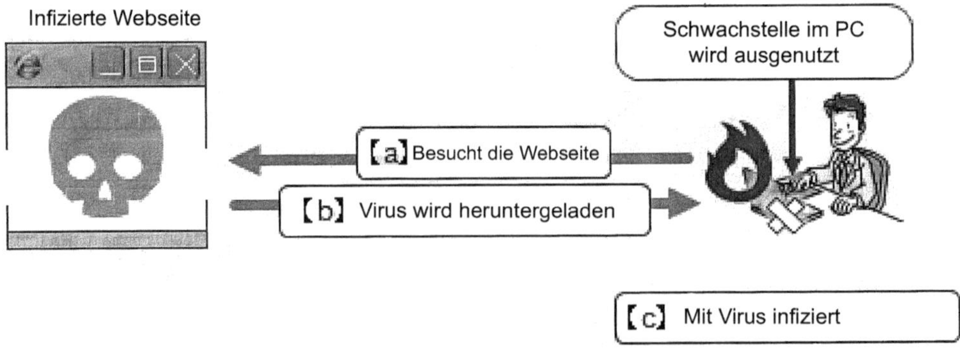

Abb. 7.1 Schematische Darstellung eines Drive-by-downloads

7.5   Mythos 5: Am häufigsten wird Malware über Downloads von Peer-to-Peer und Torrent-Sites verbreitet

Peer-to-Peer, Torrent,… wenn Ihnen diese Begriffe nichts sagen, dann ist die Wahrscheinlichkeit groß, dass Sie besser geschützt sind, als diejenigen, die tagein, tagaus damit zu tun haben. Peer-to-Peer-Netzwerke sind Netzwerke von Nutzern, die ihre eigenen Dateien zum Download zur Verfügung stellen und im Tausch dafür Daten anderer herunterladen dürfen. Dies ist eine preiswerte – meist aber illegale – Möglichkeit, an Unmengen von Software, Musik und Filme zu gelangen. Keine Frage, Malware-Schreiber nutzen solche Plattformen gerne, um ihre Viren und Trojaner etwa als aktuelle Version von Microsoft Office an ahnungslose Mitmenschen zu übertragen. Der Begriff „Torrent-Site" wird übrigens häufig als Synonym für Peer-to-Peer-Site verwendet. Torrent bezeichnet aber im Grunde genommen ein bestimmtes Protokoll, das Peer-to-Peer-Netzwerke erst möglich macht.

Der Download von Daten ist grundsätzlich ein riskantes Unterfangen, vor allem dann, wenn es sich um illegale Spiele und Software handelt. Allerdings ist das noch immer nicht die Hauptinfizierungsquelle, wie rund die Hälfte der Teilnehmer unserer Studie fälschlicherweise vermutete: Im Vergleich mit den „Drive-by-downloads" ist die Anzahl der Infizierungen über die Peer-to-Peer- und Torrent-Sites relativ gering.

7.6   Mythos 6: Die Gefahr, sich mit Malware zu infizieren, ist beim Besuch einer Pornoseite größer als bei einer Seite über Pferdesport

37 % der Teilnehmer fühlten sich sicher, weil sie keine einschlägigen Seiten für Erwachsene besuchen würden. Gegen den Einwand, eine Seite über Pferdesport beinhalte ein weitaus geringeres Infektionsgefahr als „ungeschützter Sex", ist grundsätzlich nicht viel einzuwenden. Und ja, es ist sehr wohl richtig, dass Malware-Schreiber gelegentlich Erotikseiten nutzen, um Schadsoftware zu verbreiten. Das dürfte daran liegen, dass der Betroffene häufig aus Scham darüber, wo er sich den Virus eingefangen hat, schweigt, was wiederum die Lebensdauer der Malware erheblich verlängert.

Professionell gestaltete Erotikseiten sind allerdings häufig weit besser geschützt als die meisten Hobbyseiten, die oftmals von Leuten programmiert und betrieben werden, die nicht über das notwendige Wissen über die Absicherung von Webseiten verfügen. Professionelle Erotikseiten sind deshalb wesentlich sicherer als eine einfach erstellt Seite – wie beispielsweise von kleineren Sportvereinen. Erotikseiten leben zudem größtenteils von immer wiederkehrenden Besuchern, weshalb es für sie umso wichtiger ist, ihre Site vor Malware zu schützen.

Ich persönlich bin zu dem Schluss gekommen, dass jede Webseite, professionell oder nicht, pornographisch oder ganz harmlos über Schmetterlinge, ein Risiko in sich birgt.

Selbst die Seiten großer Nachrichtensender blieben nicht verschont und ich fürchte, sie bleiben nicht die einzigen. Vorsicht ist daher unbedingt geboten!

7.7 Mythos 7: Wenn ich eine infizierte Datei nicht öffne, passiert auch nichts

Die gute Nachricht vorweg: Nur 22 % der Teilnehmer waren davon überzeugt, diese Aussage entspreche der Wahrheit. Weit gefehlt! Die Zeiten sind ein für alle Mal vorbei, dass ein Nutzer bestimmt, ob eine Datei geöffnet wird oder nicht. Fakt ist, eine Datei kann ohne jegliches Zutun des Anwenders geöffnet werden.

Doch das ist längst noch nicht alles: Es ist technisch möglich, Malware so zu schreiben, dass sowohl das Öffnen als auch das Herunterladen der entsprechenden Datei vollkommen unbemerkt erfolgen. Das bedeutet im Klartext, dass sich dieser Mythos noch eine Zeitlang halten wird, denn auf den ersten Blick betrachtet ist ja nichts passiert: Keine Datei wurde heruntergeladen oder geöffnet! So kann man sich täuschen…

7.8 Mythos 8: Die meiste Schadsoftware wird über USB-Sticks verbreitet

USB-Sticks sind in der Tat eine häufige Infektionsquelle. Bekanntestes Beispiel dürfte der Conficker-Wurm sein, der sich vor allem über USB-Sticks verbreiten konnte.

Auf verschiedenen Sicherheitskonferenzen, an denen ich teilgenommen habe, stellten wir fest, dass so mancher PC der Teilnehmer durch USB-Sticks infiziert worden war – auf *Sicherheitskonferenzen* wohlgemerkt! Trotzdem ist die Gefahr relativ gering, im Vergleich zu den Drive-by-downloads fast schon lächerlich gering.

7.9 Mythos 9: Sicherheitssoftware oder -hardware kann ich mir sparen, weil ich mich auskenne und nur auf sicheren Seiten unterwegs bin

Diese Behauptung, die sage und schreibe 13 % der Teilnehmer der Studie für richtig hielten, sollte bitte direkt unter „ausgemachter Blödsinn" abgelegt werden. Erstens: Niemand kann definitiv sagen, welche Seite sicher ist und welche nicht. Zweitens: Auch eine sichere Seite kann irgendwann einmal gehackt und infiziert werden, und sei es nur für einige Stunden. Drittens: Selbst eine perfekt gesicherte Webseite kann ein infiziertes Werbebanner enthalten.

Fakt ist: Betrug gibt es immer und überall, im Privat- wie auch im Berufsleben gibt es Leute, die versuchen, ihre Mitmenschen mal auf sehr plumpe und offensichtliche Weise, mal äußerst raffiniert hinters Licht zu führen. Es würde den Rahmen dieses Buchs bei weitem sprengen, wollte ich alle Tricks aufzählen, mit denen man in die Falle gelockt werden soll. Tatsache ist, dass professionelle Schadsoftware auf immer trickreifere Weise miteinander kombiniert wird. Auch das sogenannte *„Social Engineering"* – bei dem auf unterschiedliche Weise versucht wird, den ahnungslosen Nutzer zu überrumpeln. Man setzt auf Neugier oder Sensationslust, flüchtiges Lesen oder übereilte Klicks oder versucht, Daten aus den sozialen Netzwerken zu missbrauchen. Ich glaube nicht, dass es gelingen kann, ein Leben lang virenfrei zu bleiben. Nicht einmal, wenn Sie das Internet meiden wie der Teufel das Weihwasser, denn es ist nur eine Frage der Zeit, wann unsere Haushaltsgeräte mit dem Internet verbunden sind. Und dann?

Nur wer seinen Computer mit einer soliden Sicherheitssoftware schützt, kann sich auf Dauer eines sorgenfreien Lebens im Netz erfreuen. Wer sie allen Ernstes für überflüssig hält, wird höchstwahrscheinlich früher oder später ein Lehrgeld für diese Haltung zahlen müssen, das die Kosten für eine gute Sicherheitstechnologie weit übersteigen dürfte.

7.10   Mythos 10: In meinem PC gibt es keine wertvollen Daten – warum sollte ich also angegriffen werden?

Die Antwort ist denkbar einfach: Lesen Sie noch mal den Absatz über die Untergrundwirtschaft in Kap. 3 in diesem Buch.

Wir können also festhalten: Alle persönlichen und sonstigen Daten in meinem Computer sind für Kriminelle wertvolle Informationen. Mit so gut wie allen Daten wie E-Mail-Adressen, User-IDs, Passwörtern (für das Onlinebanking, für soziale Netzwerke, für Firmennetzwerke und so weiter), Kreditkartendaten, sämtliche Inhalte von Datenbanken von Unternehmen, Kunden und Lieferanten lässt sich Missbrauch – im kleinen und größeren Stil – betreiben. Diese Aufzählung ließe sich vermutlich endlos fortsetzen.

Doch selbst wenn sich auf Ihrem PC keine solchen Daten befinden, lässt er sich für kriminelle Zwecke nutzen. Kann er in einem Botnet eingesetzt werden, um Spam und Malware zu versenden, lässt sich in der Schattenwirtschaft haufenweise Geld damit verdienen (siehe Abb. 7.2) oder kann stundenweise vermietet werden (siehe Abb. 7.3).

Vergessen Sie nie, dass auch Ihr Computer enormen Wert für Klein- und Großkriminelle darstellt. Seine Sicherheit muss Ihnen daher wichtig sein!

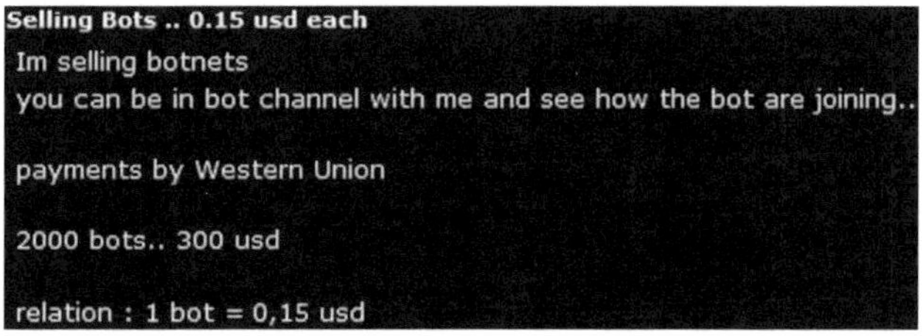

Abb. 7.2 Verkauf von PCs in Botnets

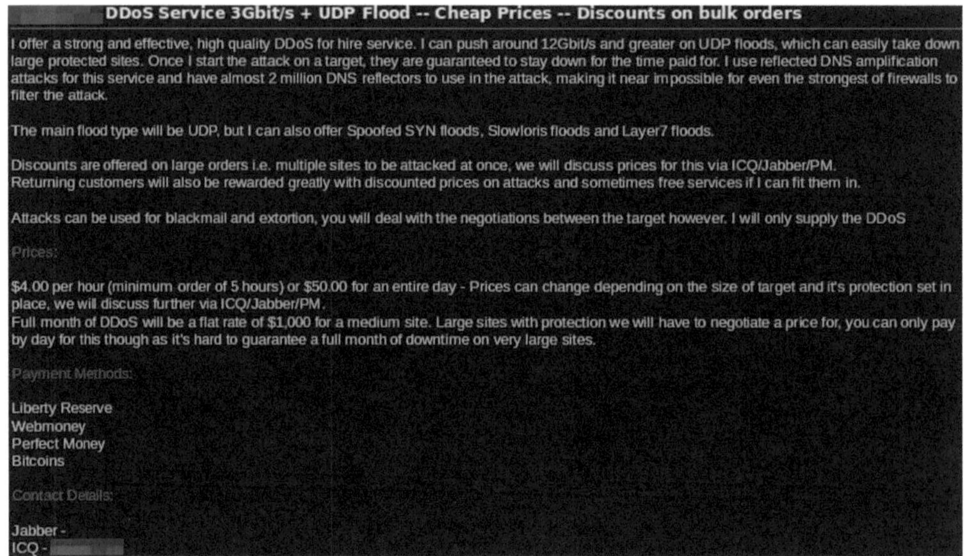

Abb. 7.3 Vermietung von PCs in Botnets

7.11 Mythos 11: Ich besitze kein Windows, also ist mein PC sicher

Viele Jahre lang dominierte Windows 95 den PC-Markt, weshalb es nur allzu verständlich ist, dass Schadsoftware fast ausschließlich für dieses Betriebssystem entwickelt wurde. Dies ist auch ein Grund dafür, weshalb Mac-Besitzer jahrelang auf Windows-User herabgesehen haben: Für MacOS wurde keine Malware entwickelt, da die Zahl der potenziellen Opfer schlichtweg zu klein war. Mit zunehmender Beliebtheit von Apple-Computern wuchs aber auch hier das Interesse der Malware-Schreiber daran. Der Flashback-Trojaner, dem es gelang, mehr als 800.000 MacOS-Nutzer zu infizieren, gilt als Paradebeispiel.

Und auch Android, das beliebteste – wenngleich unsicherste – Betriebssystem für Smartphones und Tablets muss immer mehr gegen Schadsoftware ankämpfen (siehe Kap. 1 „Die mobile Generation"und Kap. 6 „Mobile Ziele").

7.12 Mythos 12: Schadsoftware wird von Antiviren-Herstellern geschrieben

Eines muss ich ein für alle Mal klarstellen: Alle mir bekannten Fachleute, die gegen Schadsoftware und Viren kämpfen, richten sich strikt nach einer Art Ehrenkodex, dem sie sich mit ganzem Herzen verschrieben haben. Selbst Viren zu schreiben und in Umlauf zu bringen ist völlig tabu. Auch bei der Stellenbesetzung gilt: Jeder, der schon mal Malware geschrieben hat, wird bereits im Vorfeld herausgefiltert.

Zum Schreiben von Viren braucht es ganz andere Talente als zum Entdecken und Bekämpfen selbiger. Ich kann zwar nur für mich sprechen, bin mir aber sicher, dass meine Kollegen mir zustimmen würden: Wir sind mit dem Kampf gegen Viren so intensiv beschäftigt, dass wir nicht einmal die Zeit hätten, selbst Viren zu schreiben. Während dieses Buch geschrieben wird, werden täglich mehr als 150.000 neue Variationen auf uns abgefeuert, das sind mehr als eine pro Sekunde! Und es gibt gerade mal 20 Hersteller, die Malware den Kampf angesagt haben. Wir brauchen keine weiteren Feinde, gegen die wir ankämpfen sollen, wir sind mehr als ausgelastet!

Übrigens: Unsere Moralvorstellungen haben mit denen der Malware-Schreiber nichts – gar nichts – gemein. Sinn und Zweck eines Sicherheitsunternehmens ist die Bekämpfung von Viren, während ein Virenschreiber … was soll ich sagen? Das wissen Sie doch schon. Wie auch immer, allein aus diesem Grund sind wir extrem vorsichtig bei unseren Stellenausschreibungen. Kommt ans Tageslicht, dass ein Bewerber früher Mal an Malware gebastelt hat, war es das mit seiner Bewerbung. Und das nicht nur aus moralischen Gründen: Stellen Sie sich nur mal folgendes Szenario vor: Von einem börsennotierten Sicherheitsunternehmen wird bekannt, dass es den einen oder anderen ehemaligen Virenschreiber beschäftigt. Der Aktienkurs würde ins Bodenlose stürzen. Daher nochmals in aller Deutlichkeit: Wir – Hersteller von Antivirensoftware – wollen die Guten in unseren Reihen haben und nicht die (ehemals) Bösen. Nicht nur unsere Moralvorstellungen klaffen meilenweit auseinander, sondern wir setzen auch höchst unterschiedliche Methoden und Werkzeuge ein. Schließlich wollen wir Malware lediglich analysieren, nicht aber schreiben.

Vielleicht denken Sie jetzt ja, ob es nicht doch sinnvoll wäre, selbst einmal einen Virus geschrieben zu haben, um besser verstehen zu können, wie Schadsoftware aufgebaut ist? Keinesfalls! Malware lässt sich analysieren, auch ohne dass wir selbst in dieser Richtung tätig gewesen sein müssten. Wahrscheinlich ist sogar das Gegenteil der Fall: Als Außenstehender erkenne ich viel besser, was da jemand „falsch gemacht" hat, als jemand, der selbst nach einer ganz bestimmten Methode Viren geschrieben hat. Schließlich besteht die Gefahr, den Wald vor lauter Bäumen nicht zu sehen.

Innerhalb der Sicherheitsbranche findet sich jedoch durchaus der eine oder andere ehemals selbst Gejagte, der unter die Jäger gegangen ist. Ehemalige Hacker arbeiten jetzt als Berater und testen, ob die Webseite eines Unternehmens sicher ist. Nun, Sie sollten wissen, dass die Antivirenwelt innerhalb der gesamten Sicherheitsbranche eine Vorrangstellung einnimmt. Dort herrschen weitaus strengere Moralvorstellungen, und – ich muss hier Klartext reden: Das ist auch gut so!

Ich hoffe doch sehr, dass ich Sie davon überzeugt habe, dass wir angesichts der ganzen Malware, die uns tagein, tagaus überrollt, keine Zeit und Lust haben, selbst welche zu schreiben.

Und mehr gibt es dazu meiner Meinung nach nicht zu sagen.

8.1 Legen Sie sich eine Antivirensoftware zu und aktualisieren Sie sie regelmäßig!

Die Anschaffung und regelmäßige Aktualisierung eines guten Antivirenprogramms ist das A und O für die Sicherheit eines jeden PC-Nutzers. Woran aber erkennt man ein gutes Programm? Auf den ersten Blick mag diese Frage recht einfach klingen, aber – glauben Sie mir – sie hat es in sich. Die Anforderungen an die Funktionalität, die jede gute Antivirensoftware erfüllen sollte, wurden bereits in Kap. 5 ausführlich geschildert, allerdings setzt sie jeder Hersteller auf seine ganz eigene Weise um. So kann ein Programm auf völlig andere Sicherheitsaspekte ausgerichtet als ein anderes. Virus Bulletin bietet eine Übersicht über die bekanntesten und zuverlässigsten Hersteller: www.virusbtn.com/resources/links/index?ven. Die Entscheidung für ein Programm aus dieser Liste ist ein erster großer Schritt in die richtige Richtung, werte Leser!

Ebenso wichtig wie die Anschaffung ist allerdings auch die regelmäßige Aktualisierung – und ganz ehrlich, hier kann ich kostenlose Virenschutzprogramme nicht zu 100 % empfehlen. Doch auch kostenpflichtige Programme müssen auf dem aktuellen Stand gehalten werden. In der Regel läuft das Ganze nämlich so ab: Die meisten User erwerben voll guter Vorsätze das entsprechende Programm, meist mit einer Lizenz für ein Jahr. Muss die Lizenz anschließend erneuert werden, überspringen viele diesen sehr, sehr wichtigen Schritt und begnügen sich mit dem – in der Mehrheit – über Microsoft Windows Defender oder Security Essentials gebotenen Schutz. Besser als nichts, mögen Sie nun denken, und da kann ich Ihnen nur zustimmen, doch die meisten Anwender sind auf den zusätzlichen Schutz, den eine kostenpflichtige Software bietet, angewiesen und vor allem auf den Support, falls doch einmal etwas nicht so funktioniert wie es sollte.

Übrigens, dieser Tipp gilt auch für mobile Endgeräte, die nicht mit Windows laufen. iMacs, Smartphones, Tablets, … kennen Sie jemanden, der noch ohne sie auskommt? Und

© Springer Fachmedien Wiesbaden 2015
E. Willems, *Cybergefahr,* DOI 10.1007/978-3-658-04761-0_8

genau aus diesem Grund sind sie auch für Malware-Schreiber sehr interessant. Jetzt verrate ich Ihnen noch etwas: Es ist kein Luxus, sich eine gute Antivirensoftware zu leisten, deren Datenbank kontinuierlich mit dem neuesten Stand in Sachen Schadsoftware aktualisiert wird. Also: Worauf warten Sie noch?

8.2   Aktualisieren Sie auch Ihr Betriebssystem und andere Programme regelmäßig

Wie Sie wissen, nutzen Cyberkriminelle zumeist noch unbekannte Schwachstellen, um in PCs ahnungsloser Nutzer einzudringen. Mitunter dauert es eine gewisse Zeit, bis auch die Hersteller der Virenprogramme oder des jeweiligen Betriebssystems solche Lücken im Sicherheitsnetz entdecken. Dann ist rasches Handeln angesagt und die meisten Hersteller stellen in so einem Fall unverzüglich ein entsprechendes Update („*patch*") zur Verfügung, um das „Leck" zu schließen. Doch was nützen die besten Updates, wenn sie nicht installiert werden? Eigentlich wissen wir alle, was zu tun ist, aber – Hand aufs Herz: Wer hat eine Bildschirmanzeige, die zum denkbar ungünstigsten Zeitpunkt angezeigt wird und uns auffordert, ein Programm zu aktualisieren und einen Neustart durchzuführen, nicht einfach schon mal weggeklickt und dann vergessen? Auch auf die Gefahr hin, dass ich mich wiederhole: Tun Sie das nicht! Denn das macht den kleinen, aber feinen Unterschied zwischen einem infizierten und einem „sauberen" PC aus. Zahlreiche Cyberkriminelle achten auf Ankündigungen von neuen Patches und gehen dann gezielt auf die Suche nach den zugrundeliegenden Schwachstellen. Leider ist diese Strategie häufig erfolgreich. Aber Sie wissen ja, was Sie dagegen tun können!

8.3   Fahren Sie Ihren Computer grundsätzlich herunter!

Auch das dürfte allgemein bekannt sein: Wir sind gut gelaunt und voller Elan am Morgen in unserem Büro angekommen und fahren als erstes den PC hoch. Und dann? Es dauert und dauert und dauert. Da viele von uns aus erster Hand wissen, wie schnell im Vergleich dazu ein iPad oder anderes Tablet einsatzbereit ist, verlieren viele Anwender die Geduld und wollen den üblichen Startvorgang einfach nicht mehr abwarten. Es geht ja auch ganz einfach: Zack, den Deckel des Notebooks zuklappen oder den PC in den Standby- oder Energiespar-Modus versetzen. Am Morgen danach oder auch schon nach der Mittagspause geht das Ganze schon viel schneller und man muss nicht untätig vor seinem Arbeitsgerät herumsitzen. Machen Sie sich aber klar: Wenn Sie Ihren PC nie ganz herunterfahren und/oder neustarten, werden die Updates, von denen im vorherigen Tipp die Rede war, nicht installiert und Ihr PC ist und bleibt äußerst anfällig für jede Art von Malware. Tricksen Sie Ihren PC am Morgen doch einfach anders aus: Schalten Sie ihn ein und holen sich erst dann eine Tasse Kaffee. Bis Sie wieder zurück an Ihrem Arbeitsplatz sind, ist auch Ihr PC soweit – und obendrein auch noch optimal geschützt.

8.4   Verwenden Sie schwierige Passwörter

Ende der 1980er Jahre wurde das Passwort des damaligen belgischen Premierministers Martens – „Tindemans1" nach dem ehemaligen Ministerpräsidenten Belgiens – mühelos von einem Hacker geknackt. Im Frühjahr 2013 wiederholte sich das Drama mit dem Passwort von Elio Di Rupo, dem damaligen belgischen Premierminister, obwohl man doch hätte meinen können, dass man aus der Sache gelernt und das Passwort besser geschützt hätte. Und was können Sie aus dieser Misere lernen? Machen Sie es den Angreifern so schwer wie möglich und lassen Sie Ihrer Fantasie bei der Erstellung von Passwörtern freien Lauf. Finger weg von Dingen wie dem Namen oder Geburtsdatum Ihres Lebensgefährten, Ihrer Kinder, aber auch Straßennamen oder Hausnummern, ja nicht einmal Ihr Autokennzeichen sollten Sie verwenden, denn all diese Informationen sind relativ leicht von Hackern herauszubekommen. Nicht einmal der Name Ihres Haustieres ist sicher. Diese leidliche Erfahrung musste Paris Hilton machen, als ihr Account gehackt wurde, da der Angreifer – wie auch der Rest der Welt – wusste, dass ihr Chihuahua *Tinkerbell* hieß.

Welches Passwort bietet optimalen Schutz? Meiner Meinung nur eines, das mindestens eines, am besten gleich mehrere, der folgenden Kriterien erfüllt:

- Es muss mindestens aus 12 Zeichen bestehen.
- Optimal ist eine bunte Mischung aus Ziffern, Buchstaben und Sonderzeichen.
- Auch eine Kombination aus Groß- und Kleinbuchstaben macht sich gut.
- Es unterscheidet sich von Ihren anderen Passwörtern.
- Sie sollten auch Ihre Passwörter regelmäßig ändern, am besten alle drei Monate. In diesem Augenblick denken Sie sich bestimmt: „Ach, was soll's? Mein Passwort ändere ich nur, wenn mein Account geknackt oder mein PC gehackt wurde." Doch woher wollen Sie wissen, dass das passiert ist? Vielleicht wird Ihr PC ja nur dafür genutzt, um Ihre E-Mails und Facebook-Daten mitzulesen und speichern zu können. Und das bekommen Sie – das garantiere ich Ihnen – niemals mit. Aus diesem Grund sollten Sie Ihre Passwörter regelmäßig ändern – und zwar ausnahmslos alle!

Ungelogen: Es ist ein Kinderspiel für kreative Hacker, sämtliche Ihrer Accounts zu knacken, wenn Sie immer dasselbe Passwort benutzen. Cyberkriminelle versuchen ihr Glück nämlich zunächst auf der am wenigsten geschützten Web-Site und probieren es im Erfolgsfall dann mit allen anderen Ihrer Accounts (Facebook, Twitter und natürlich Onlinebanking oder andere Finanzdienste). Sie können sich keinesfalls mehr als ein Passwort merken? Dann legen Sie einfach eine verschlüsselte Datei mit allen Passwörtern an oder nutzen einen sogenannten „virtuellen Passworttresor": ein Programm, das unsichtbar im Hintergrund eines Computers läuft und sich automatisch bei verschiedenen Diensten einloggt. Sie brauchen nichts weiter zu tun, als sich Ihr – hoffentlich supersicheres – Passwort zu merken, mit dem Sie Ihren „Tresor" verschließen. Zu den bekanntesten virtuellen Tresoren zählen LastPass, KeePass und Password Vault Manager.

Innerhalb von 0,0001 Sekunden

Manche Passwörter sind einfacher zu knacken als andere. Nachfolgend finden Sie eine Auflistung der bekanntesten Passwörter samt Angabe, wie lange es dauert, sie zu knacken.

Passwort	Geknackt in…
Passwort	0,0001 Sekunden
12345678	0,0002 Sekunden
Pasw00rt	53,9 Sekunden
Klammeraffe	5 Monate
Kl@mmer@ffe	10 Monate
$Kl@mmer@ffe$	895 Jahre

Wollen Sie wissen, wie sicher Ihr Passwort ist? Prüfen Sie es doch über www-ssl. intel.com/content/www/us/en/forms/passwordwin.html nach. Doch auch hier ist Vorsicht geboten: Geben Sie keinesfalls ein Passwort ein, das Sie tatsächlich verwenden, sondern lediglich ein ähnliches. Lernen Sie auf diesem Weg, sich ein einfaches, aber schwer zu knackendes Passwort auszudenken.

8.5   Führen Sie regelmäßig Backups durch

Trotz aller Vorsichtsmaßnahmen können Sie früher oder später zum Kreis der Cyberopfer zählen. Auch auf dieses Worst-Case-Szenario sollten sie vorbereitet sein, damit sich der Schaden im Fall der Fälle im Rahmen hält.

Daher kommt hier der nächste Tipp für Sie: Führen Sie Backups durch – und das möglichst täglich. Keine Frage, am Abend ist man erschöpft, denkt an den bevorstehenden Feierabend und soll dann noch ein Backup initiieren? Ja, unbedingt, denn allein der Gedanke, Ihre ganzen Daten fielen dem Cyberangriff eines Kriminellen zum Opfer, sollte Ihnen nicht ohne Grund einen gehörigen Schauer über den Rücken jagen. Daten effektiv zu sichern ist zudem mit keinem großen Aufwand verbunden – hierfür stehen zahlreiche Tools zur Verfügung, die Backups automatisch durchführen, sobald der Rechner heruntergefahren wird. Hier schließt sich der Kreis, denn auch das funktioniert nur, wenn der PC tatsächlich heruntergefahren wird und nicht nur in den Standby-Betrieb geht.

Noch eines: Nutzen Sie für Ihre Backups nicht nur Cloud-Dienste, denn auch diese können gehackt werden!

Wenn Sie Ihre Sicherungskopien in Ihrem Haus erstellen, ist das ein guter Anfang. Ideal ist es, wenn Sie auch für ein „off-site-Backup" sorgen. Speichern Sie zum Beispiel all Ihre Fotos zusätzlich zur internen auf einer externen Festplatte und kopieren Sie diese Daten außerdem noch auf den Computer Ihrer (Schwieger-) Eltern. Damit schlagen Sie zwei Fliegen mit einer Klappe, denn die glücklichen Großeltern werden sich garantiert über die vielen Fotos ihrer Enkel freuen.

Doch es gibt noch andere Optionen. Besorgen Sie sich Festplatten mit mehreren Terrabyte Speicherplatz, die Sie überall hin mitnehmen können. Eine Verschlüsselung von Backups ist ebenfalls ratsam, denn falls Ihre Daten trotz aller Vorsicht einem Dritten in die Hände fallen sollten, kann er sie nicht lesen. Dieser Tipp gilt übrigens für alle Sicherheitskopien. Aus dem Vorfall mit PRISM (siehe Kap. 4) haben wir schließlich gelernt, dass man nie wissen kann, wer einem über die Schulter guckt.

8.6   Achten Sie darauf, wo und wie oft Sie Ihren persönlichen Fingerabdruck im Netz hinterlassen

Jeden Tag werden wir mit einer wahren Flut an Preisausschreiben und der verlockenden Aussicht auf tolle Preise wie Kreuzfahrten, Kisten voller hochpreisiger Weine, Autos und vieles mehr überschwemmt. Die Teilnahme ist ein Kinderspiel: Einfach nur die eigene Mailadresse eintragen und zwei kinderleichte Fragen beantworten. Ich weiß nicht, ob Sie zu den Glücklichen zählen, die schon die eine oder andere Kreuzfahrt gewonnen haben, aber ich vermute mal, dass die meisten meiner Leser nicht zu diesem erlauchten Kreis gehören. Machen Sie sich eines klar: Wann immer Sie Ihre E-Mail-Adresse für ein solches Spiel angeben, haben Sie in jedem Fall eines gewonnen: Jede Menge Spam – Monat für Monat und Tag für Tag.

Sie wollen trotz meiner Warnung partout an einem bestimmten Preisrätsel teilnehmen? Dann rate ich Ihnen Folgendes: Beschaffen Sie sich eine zweite E-Mail-Adresse und nutzen Sie nur diese für Preisausschreiben. Auf diese Weise vermeiden Sie, dass Ihre „eigentliche" Mailbox allmählich „*zugespamt*" wird. Und über die andere Mailbox prüfen Sie nach, ob Sie nicht doch Ihre Koffer für die Kreuzfahrt packen dürfen.

8.7   Reagieren Sie grundsätzlich nicht auf Spam

Das Schlechteste, was Sie mit Spam tun können, ist auf solche E-Mails zu reagieren. Bei den meisten Spam-Mails steht ganz unten der Hinweis, sich über den dort angegebenen Link aus dem Verteiler austragen zu lassen. Sie können den Absender natürlich auch mit bösen Worten (versehen mit zahlreichen Ausrufezeichen) auffordern, Ihre E-Mail-Adresse aus dessen Datenbank zu löschen, doch die schlechte Nachricht lautet: All das nützt nichts, rein gar nichts. Das Einzige, was Sie damit erreichen, ist dass die Gegenseite jetzt weiß, dass Ihre Mailadresse tatsächlich genutzt wird. Und im Anschluss daran werden Sie aller Wahrscheinlichkeit nach noch wesentlich mehr Spam erhalten als sonst schon. Außerdem können Cyberkriminelle die bestätigte E-Mail-Adresse zum Versenden von Spam oder für Phishingmails nutzen. Das heißt, es werden E-Mails über die Adresse Dritter als Absender versendet. Diese Vorgehensweise bezeichnet man als „*spoofing*". Im schlimmsten Fall geschieht dies über einen bereits infizierten PC eines nichts Böses ahnenden Nutzers. Erhält also jemand von Ihnen Spammails, die Sie nicht versendet haben, muss das nicht heißen, dass Ihr PC mit Schadsoftware infiziert ist. Gut möglich, dass Cyberkriminelle Ihre E-Mail-Adresse aus den Daten eines Dritten herausgefiltert haben und jetzt für Spambotschaften nutzen. Aufgepasst: Wir reden hier nur von Spam, die Sie nicht selbst initiiert haben und deren Urheber Sie folglich nicht sind. Im Fall von Newslettern verhält es sich anders: Immer, wenn Sie sich selbst angemeldet haben, können Sie sich selbstverständlich auch wieder abmelden. Das ist kein Problem.

Zusammenfassend kann ich nur sagen: Wenn Sie einen guten Spamfilter Ihr Eigen nennen und die oben stehenden Tipps beherzigen, sind Sie sehr gut vor Spamfluten geschützt.

8.8   Gesunder Menschenverstand ist gefragt

Sie erinnern sich sicherlich daran, dass ich Ihnen bereits geraten habe, auf Ihr Bauchgefühl zu achten, wenn es um die Sicherheit geht. Fragen Sie sich grundsätzlich bei jeder E-Mail: Was kann passieren, wenn ich darauf antworte? Warum erhalte ich diese E-Mail überhaupt? Ist sie verdächtig? Weshalb sollten mir (gute) Freunde mit einem Mal englischsprachige Facebook-Nachrichten senden? Wer seinen gesunden Menschenverstand nicht „abschaltet", ist vor diesen Angriffen bereits wirkungsvoll geschützt.

8.9   Sicher in den Urlaub

Nach einem wunderbar entspannten Tag unter spanischer Sonne wird es am Abend doch allerhöchste Zeit, die aktuellen Strandfotos bei Facebook einzustellen, um sie sogleich mit Familie und Freunden teilen zu können. Mit dem Smartphone kann das allerdings schnell zu einem teuren Vergnügen werden. Die Alternative liegt auf der Hand: Ein kurzer Abstecher in das nächstgelegene Internetcafé und schon kann es losgehen – und das alles für ein paar Cent.

Keine gute Idee … denn diese Internetverbindungen sind in den meisten Fällen ziemlich unsicher. Unsicher bedeutet in diesem Fall allerdings nicht nur, dass man keine User-ID oder Passwort braucht, sondern auch, dass die hochgeladenen Daten mühelos abgeschöpft werden können. An den kostenlosen Hotspots in beliebten Urlaubsorten tummeln sich auch unzählige Cyberkriminelle, denn gerade weil die kostenlosen Netzwerke nur unzureichend gesichert sind, lassen sich alle möglichen Daten im Handumdrehen ergaunern. Schneller als Sie bis drei zählen können sind Ihre Zugangsdaten für Ihre Kreditkarte, Ihre Passwörter und andere persönliche Daten weg! Mein Tipp lautet: Gehen Sie nur über geschützte Verbindungen ins Internet, auch wenn Sie dafür ein paar Euro bezahlen müssen.

Sie glauben, Sie wären über ein gesichertes Netzwerk in jedem Fall vor Hackern und Kriminellen geschützt? Definitiv nicht! Aber Sie haben das Risiko, Opfer solch übler Machenschaften zu werden, schon ein ganzes Stück weit gesenkt. Mich erinnert das Ganze an ein anderes Übel, das wir vor allem aus dem Urlaub kennen: den Sonnenbrand. Ohne Verwendung einer Sonnencreme, also ohne Schutz, ist die Gefahr riesengroß, dass Sie am

Abend rot wie ein Krebs vom Strand ins Hotel zurückkehren, was Ihr persönliches Risiko, an Hautkrebs zu erkranken, erhöht. Verwenden Sie ein Mittel mit Lichtschutzfaktor 5, senken Sie dieses Risiko zwar, sind aber noch lange nicht vor einem Sonnenbrand gefeit. Klar, dass Sie mit einer Creme mit einem Lichtschutzfaktor von 50 besser geschützt wären. Andererseits ist ein niedriger Lichtschutzfaktor immer noch besser als gar kein Schutz – da sind wir uns doch einig, oder?

Da wir gerade von Schutzfaktoren sprechen: Wussten Sie, dass Surfen und Mailen über eine 3G/4G-Verbindung sicherer ist als über ein geschütztes Wifi-Netzwerk? Bei ersterem werden nämlich alle Daten grundsätzlich verschlüsselt und Sie können dann ganz sicher sein, dass kein Unbefugter an Ihre Daten kommt. Der einzige Nachteil dieser Netz-Verbindung ist jedoch, dass Sie tiefer in die Tasche greifen müssen. Die Kosten für das Surfen über ein 3G/4G-Netzwerk im Ausland können je nach Urlaubsort so manchem Heimkehrer den Urlaub im Nachhinein vermiesen.

Ich rate Ihnen, vor allem im Urlaub auf Folgendes zu achten:

- Prüfen Sie vor der Abreise, ob Betriebssystem, Softwareanwendungen, vor allem aber Ihr Browser in der jeweils aktuellen Version auf Ihrem PC laufen. Auf diese Weise ist das Risiko am geringsten, Opfer von Sicherheitslücken zu werden.
- Besorgen Sie sich eine Diebstahlsicherung: eine spezielle Software, mit der Sie Laptop oder Tablet bei Diebstahl sperren können. Meist kommt ein solcher Schutz gleich mit einem weiteren Goodie daher: Derart geschützte Geräte lassen sich ganz einfach über GPS orten.
- Verwenden Sie eine speziell für Reisen eingerichtete E-Mail-Adresse: Falls Ihre Daten doch gestohlen werden sollten, ist es besser, wenn sich darunter eine E-Mail-Adresse befindet, auf die Sie gut und gerne verzichten können.
- Nutzen Sie eine Firewall, um Ihre persönlichen Daten vor unerwünschten Eindringlingen in Ihr System zu schützen (dieser Tipp gilt übrigens nicht nur für die Urlaubszeit).
- Sichern Sie auch Ihr Smartphone mit einer Sicherheits-App, vor allem wenn Sie ein Android-Gerät besitzen.
- Deaktivieren Sie die sichtbare Anzeige der Bluetooth-Funktion.
- Notieren Sie sich die Seriennummer Ihres Smartphones, denn sollte es gestohlen werden oder geht es verloren, ist es besser, sie parat zu haben (Sie finden diese Nummer bei iPhones unter »Information, Allgemein, Info« oder bei Android-Geräten unter „Einstellungen, System, Über das Telefon, Status").
- Notieren Sie vor Ihrer Reise auch noch diese nützlichen Informationen: die Telefonnummer, über die Sie Ihr Handy bei Ihrem Mobilfunkanbieter sperren lassen können, sowie die Telefonnummer Ihres Kreditkarteninstitutes und Ihrer Hausbank.

- Halten Sie sich über Ihre genauen Reisedaten bedeckt, vor allem in sozialen Netzwerken. Oder möchten Sie potenzielle Einbrecher auf dumme Gedanken bringen?
- Weisen Sie auch Ihre Kinder auf alle Gefahren rund um Internet und Handy hin. Was bringt der beste Schutz, wenn Ihre Kinder sorglos surfen und mailen und Ihre Haustür sperrangelweit offen stehen lassen?
- Onlinebanking ist etwas, was Sie am besten nur zuhause über eine geschützte Verbindung durchführen sollten. In einem ungeschützten Netzwerk riskieren Sie, dass Ihre User-ID und Ihr Passwort gestohlen werden und dann wird aus einer Traumreise schnell ein Albtraum.

8.10 Nicht alles, was installiert werden kann, sollte auch installiert werden

Manche Apps für Android-Endgeräte sind auf den ersten Blick unglaublich verlockend, versprechen sie doch Spaß, Spannung und Spiel oder auch Ihr Leben einfacher zu gestalten. Trotzdem rate ich Ihnen dringend, genau hinzusehen, bevor Sie „zuschlagen". Welche Genehmigungen fordert diese App von Ihnen (ja, darüber haben wir im letzten Kapitel bereits gesprochen)? Versuchen Sie doch herauszufinden, wie oft sie heruntergeladen wurde (für jede neue App gibt es ohne jede Frage immer jemanden, der sie zum ersten Mal herunterlädt, und Schadsoftware wird zu meinem großen Erstaunen sehr oft heruntergeladen) aber trotzdem: Je weniger Anhänger eine App findet, umso wahrscheinlicher ist es, das damit etwas nicht stimmt.

8.11 Machen Sie sich über Antivirensoftware kundig

Sie sind auf der Suche nach einem guten Antimalware-Paket? Glückwunsch! Am besten, Sie wenden sich an einen Händler an Ihrem Wohnort. Oder Sie erwerben das gleiche Programm, das zum Beispiel Ihr Arbeitgeber verwendet. Oder Sie informieren sich über IT-Fachzeitschriften oder über online verfügbare Verbrauchertests. Ganz gleich, wie Sie sich auf diesem Gebiet schlau machen, ich freue mich darüber, dass Sie sich bewusst und kritisch mit dem Thema auseinandersetzen.

Ihre Quellen müssen in jedem Fall überprüft werden. Was wissen Sie über den Herausgeber des von Ihnen anvisierten Antivirenprogramms? Wie umfassend sind die Erfahrungen anderer Anwender? Wurde die Software nach objektiven Kriterien oder von unabhängigen Testern auf Herz und Nieren geprüft? Wurde Malware als Basis für die Tests eingesetzt? Diese und noch weitere Fragen sind natürlich von wesentlicher Bedeutung bei der Auswahl eines bestimmten Produkts. Überdenken Sie Ihre Kaufentscheidung gründlich, schließlich wollen Sie kein mittelmäßiges Produkt kaufen, das mehr oder weniger zufällig in nur *einem* spezifischen Test gut abgeschnitten hat. Im schlimmsten Fall haben Kriminelle dem Tester entsprechende Malware untergejubelt, um das Testergebnis zu ihren Gunsten zu verfälschen. Um einen Schlussstrich unter diese Willkür und falschen Testergebnisse zu ziehen, sind in den vergangenen Jahren einige hervorragende Initiativen ins Leben gerufen worden, wie zum Beispiel **AMTSO** (www.amtso.org), die Anti-Malware-Testing-Standards-Organization, von der bereits in Kap. 5 die Rede war. Auf den Webseiten von **AMTSO** können Sie prüfen, ob die derzeit von Ihnen eingesetzt Antivirensoftware bestimmte Schadsoftwaretypen erkennt. Derzeit gibt es fünf unterschiedliche Schutzfunktionen, die verhindern, dass:

- Schadsoftware manuell nach entsprechender Eingabe heruntergeladen wird;
- Drive-by-downloads durch auf Webseiten eingeschleuste Schadsoftware erfolgen;
- gefährliche Applikationen (Software, die beispielsweise durch Malware-Schreiber missbraucht werden kann) versehentlich heruntergeladen werden;
- Sie Opfer von Phishing-Seiten werden;
- Daten in der Cloud von Cyberkriminellen gestohlen werden.

Die ersten beiden Schutzfunktionen wurden übrigens von **EICAR** (eine andere, ebenfalls in Kap. 5 erwähnte und für den Kampf gegen Malware sehr wichtige Organisation) entwickelt und sind auch auf der Webseite von **EICAR** unter www.eicar.org/85-0-Download. html zu finden.

Diese Tests greifen auf ein sogenanntes *EICAR Testfile* zurück, das heißt eine Datei, die Antimalware-Produkte für Schadsoftware hält, aber keine ist. Mit ihrer Hilfe wird geprüft, ob die von Ihnen verwendete Software Schadsoftware erkennen und bekämpfen kann. Schwerer wird dieser Test, wenn die entsprechende Datei komprimiert oder archiviert wurde, da manche Antivirenprogramme derart „verpackte" Testdateien nicht als Schadsoftware erkennen.

Auf der Internetseite von Virus Bulletin gibt es eine Übersicht mit Links zu unabhängigen Testorganisationen, die einen Vergleich der Leistungsfähigkeit der unterschiedlichen Sicherheitslösungen ermöglichen: https://www.virusbtn.com/resources/links/index?test.

8.12 Überprüfen einer verdächtigen Datei

Was können Sie tun, wenn Sie befürchten, bei einer bestimmten Datei auf Ihrem PC handelt es sich um Schadsoftware? Wie ich doch hoffe, haben Sie meine letzten Tipps schon in die Tat umgesetzt und verfügen über ein gutes und vor allem aktuelles Antivirenprogramm. Trotzdem ist es möglich, dass ein Schädling nicht von Ihrem Antivirenprogramm erkannt wird. Wie können Sie das herausfinden?

Eine Möglichkeit ist, VirusTotal (www.virustotal.com) oder eine andere Webseite wie Jotti (virusscan.jotti.org) oder Metascan (www.metascan-online.com) aufzurufen. Folgendes Beispiel ist auf VirusTotal zugeschnitten, sollte aber auch auf anderen Sites funktionieren. Laden Sie die vermeintliche Schadware auf diese Site hoch und lassen Sie sie von den dort angebotenen „*scan engines*" scannen (auf dieser Site finden Sie die wohl bekanntesten und zuverlässigsten Hersteller, die es gibt) und warten auf das Ergebnis der Überprüfung. Stellt sich heraus, dass es sich tatsächlich um Schadsoftware handelt wird dies sogleich an alle an der Initiative teilnehmenden Hersteller von Antimalware weitergegeben, die dann ihre Datenbank entsprechend erweitern können.

Aufgepasst: Onlinescanner sind lediglich dazu da, bestimmte Dateien auf Viren & Co. zu prüfen, aber ganz sicher nicht dazu, verschiedene, in den Antivirenprogrammen enthaltene Tools der Schadwareerkennung zu beurteilen.

8.13   Her mit dem Medientraining für alle!

Die jüngste Aufregung über PRISM (siehe auch Kap. 4) und der öffentliche Aufschrei darüber, was die eigene Regierung, aber auch andere Staaten über uns Bürger wissen, erstaunt mich ein wenig. Jedem vernünftigen Menschen sollte doch klar sein, dass der Staat (oder wer auch immer) nicht mehr über uns wissen kann als wir öffentlich preisgegeben haben. Wer nicht möchte, dass allgemein bekannt wird, dass er ein Cabrio fährt, sollte auch keine Fotos von sich in diesem Wagen in soziale Netzwerke wie beispielsweise Facebook einstellen.

Aus diesem Grund plädiere ich dafür, ein Medientraining für alle vorzuschreiben. Am besten wäre es, ein solches Schulfach einzuführen. Wer in jungen Jahren lernt, dass seine flapsigen Bemerkungen, Fotos und Filmchen ihn ein Leben lang verfolgen können, wird vielleicht etwas sorgsamer mit diesen sensiblen Daten umgehen und sie nicht bedenkenlos in soziale Netze einstellen. Ein schöner Nebeneffekt wäre, wenn sich die Qualität der sozialen Netzwerke dadurch ebenfalls steigern ließe.

8.14   Ihre Privatsphäre muss Ihnen am Herzen liegen

Ihnen ist wichtig, dass klar zwischen öffentlichen und privaten Informationen, die Sie nur Ihren (guten) Freunden überlassen möchten, unterschieden wird? Dann sollten Sie folgende Punkte beachten:

- Lesen Sie die Angaben zum Schutz der Privatsphäre der Nutzer in jedem sozialen Netzwerk (oder anderen Medien), das Ihre persönlichen Informationen sammelt. An wen werden solche Daten weitergegeben und wie? Nur so können Sie beurteilen, welche Daten quasi öffentlich werden und welche nicht und sich dann entscheiden, ob Sie Teil eines solchen Netzwerks sein wollen oder nicht.
- Lassen Sie in Ihrem Browser Cookies nur auf Rückfrage zu. Auf diese Weise können Sie alle Cookies nachverfolgen und gegebenenfalls blockieren.

- Und zu guter Letzt: Auch im Umgang mit Ihren „Freunden" ist Vorsicht geboten. Nehmen Sie nur Personen, die Sie kennen und denen Sie vertrauen, in Ihren virtuellen Freundeskreis auf.

8.15   Deinstallieren Sie ungenutzte Software

Diesen Tipp bekommen Sie von meinem geschätzten Kollegen Ralf Benzmüller.

Das Ausnutzen von Schwachstellen und Lücken in der Software hat sich bedauerlicherweise zu einem echten Geschäftszweig der Cybercrime-Wirtschaft entwickelt. Cyberkriminelle verfügen über ein enormes Angebot an *„exploit kits"* mit einer gigantischen Auswahl an unterschiedlichen Exploits. Für einige dieser Lücken wurden schon vor Jahren Patches als Gegenmaßnahme entwickelt, doch es ist leider so, dass die Toolkits ständig mit den neuesten Exploits aktualisiert werden – wie gesagt oftmals nur wenige Tagen nach Bekanntwerden der entsprechenden Lücken.

Da Software an sich sehr komplex ist und prinzipiell immer Schwachstellen enthalten kann, empfiehlt es sich für jeden Anwender, so wenig Software wie möglich zu installieren. Viele User installieren ohne groß nachzudenken alle möglichen Tools, Spiele und Applikationen, sobald diese im Handel erhältlich sind. Anscheinend ist ihnen nicht klar, dass sich dadurch die Gefahr vergrößert, Opfer von Cyberkriminellen zu werden, da mit jedem Programm auch die (theoretische) Möglichkeit verbunden ist, darüber unbefugt in das entsprechende System einzudringen.

Wird nur die Software installiert, die Sie tatsächlich benötigen, ist Ihr System weniger anfällig für sämtliche Risiken. Als Entscheidungshilfe, ob Sie ein Programm installieren oder nicht, eignet sich die einfache Überlegung, ob Sie bereit sind, wöchentliche Updates für diese Software zu installieren. Bleiben Sie jetzt bei Ihrer Meinung oder haben Sie sie geändert?

Aber es gibt noch einen Grund, ungenutzte Software zu löschen: Die meisten Softwareentwickler stellen den Support für ältere Versionen ihrer Produkte ein (das trifft sowohl auf kostenlose als auch auf zahlungspflichtige Software zu und gleichermaßen für Privatpersonen und Unternehmen). Nutzen Sie grundsätzlich keine Software, die nicht mehr vom Hersteller unterstützt wird, denn wenn neue Lücken entdeckt werden, werden keine Patchs mehr dafür entwickelt. Tools wie Secunia Personal Software Inspector können derartige Software in jedem Computersystem erkennen. Ersetzen Sie die alte Software gegen die aktuelle Version oder die eines anderen Herstellers, denn Support ist das A und O der Software.

▶ **Was ist ein Exploit?** Der Begriff „Exploit" bedeutet wörtlich übersetzt „ausnutzen" – treffender hätte man es nicht sagen können. Diese systematische Möglichkeit nutzt Schwachstellen in der Software oder im Betriebssystem wie Windows 8 und schleust durch diese Lücken Schadsoftware ein, meist bereits Tage oder gar Stunden nach Entdeckung des Exploits.

8.16   Achten Sie auf Hoaxes

Auch wenn Sie nicht wissen, was *„Hoax"* bedeutet, sind Sie ihnen garantiert schon hundertfach begegnet. Hoax sind Warnungen vor gefährlichen Viren und anderer Malware. Schon in der Betreffzeile der entsprechenden E-Mail wird nicht an Großbuchstaben und Ausrufezeichen gespart, denn es handelt sich ja schließlich um extrem wichtige Nachrichten. Dann folgt in der Regel ein Hinweis wie „Wichtig!!! Dies ist kein Fake!!!" und dann wird vor dem einen oder anderen nicht existierenden Virus gewarnt.

Ich möchte es noch einmal in aller Deutlichkeit sagen: Die Öffentlichkeit wird keineswegs per E-Mail vor gefährliche Viren gewarnt! Sie wissen ja, dass Sie E-Mails Ihnen unbekannter Absender – und vor allem die Anlagen dieser – nicht öffnen sollten. Wenn Sie Ihrem gesunden Menschenverstand vertrauen und Ihren Virenschutz regelmäßig aktualisieren, sind Sie schon recht gut geschützt. Noch eines: Leiten Sie solche Nachrichten niemals weiter, sondern sparen Sie sich die Mühe und setzen Sie Ihren Freundes- und Bekanntenkreis nicht unnötigen Risiken aus.

8.17   Kleben Sie Ihre Webcam ab

Es mag sicherlich ein wenig paranoid klingen, aber manchmal ist es sinnvoll, die Webcam abzukleben. Nur so können Sie nämlich verhindern, dass ungebetene Gäste Einblick in Ihr Büro oder gar Schlafzimmer bekommen. Oder möchten Sie, dass private Fotos von Ihnen und sonstige private Daten im Netz herumschwirren, wo man sie vielleicht sogar über Suchmaschinen finden könnte. Oder dass man auf diese Weise zusätzliche Informationen über Sie einholt, um diese für das sogenannte Social Engineering einzusetzen (siehe auch Tipps für Unternehmen). Es sind sogar Fälle bekannt geworden, in denen es Hackern mithilfe der Gesichtserkennung über die Webcam gelungen ist, sich am PC ihres Opfers anzumelden.

Heutzutage gibt es an manchen Webcams schon kleine Klappen zum Abdecken der Linse, was es zum Kinderspiel macht, sich vor ungebetenen Gästen, um nicht zu sagen Spannern, zu schützen. Verfügt Ihre Webcam nicht über diese Funktion, bleibe ich dabei: Kleben Sie Ihre Webcam ab! Unternehmen sollten alternativ auf Device-Management-Lösungen setzen, die es beispielsweise ermöglichen USB-Webcams zu deaktivieren.

8.18   Erstellen Sie auch von Ihrem Smartphone regelmäßige Backups

Ebenso wie für Desktop-Rechner und Laptops stehen Ihnen auch für Smartphones und andere mobile Endgeräte mehrere Möglichkeiten zur Verfügung, ein Backup zu erstellen: entweder mithilfe einer externen Festplatte oder über die Cloud. Wer mit seinem Smartphone nicht nur telefoniert, surft, chattet und SMS schreibt, sollte auch diesen Rat beherzigen, schließlich können sämtliche Daten auf Ihrem Endgerät, die zusätzlich nicht auch noch woanders archiviert wurden, bei Verlust, Diebstahl des Geräts oder einem Absturz des Systems verloren gehen. Gewöhnen Sie es sich an, Ihr Smartphone regelmäßig mit Ihrem PC zu synchronisieren – keine Bange, das geht ganz einfach – und für unterwegs bietet sich eine Cloud-Lösung wie Dropbox an. Auf diese Weise sparen Sie sich jede Menge Ärger.

8.19   Für Fortgeschrittene und (mutige) Anfänger: Verschlüsseln Sie Ihre Festplatte

Wer es sich zutraut, etwas tiefer in die Materie einzusteigen, für den habe ich jetzt noch ein paar Tipps, die zugegebenermaßen etwas aufwändiger sind als die anderen und Ihre volle Aufmerksamkeit bei der Konfiguration verlangen, aber sie sind in jedem Fall die Mühe wert!

Vermutlich denken Sie, dass nur hochsensible Unternehmensdaten verschlüsselt und mit einem Passwort vor dem Zugriff von Unbefugten geschützt werden müssen. Doch da liegen Sie falsch! Auch auf Ihrem PC befinden sich jede Menge Daten, die besser nicht in fremde Hände gelangen sollten. Denken Sie nur mal an Ihre Zugangsdaten für das Onlinebanking. Ich möchte insbesondere allen Anwendern, die ihr Laptop überwiegend unterwegs nutzen, dringend raten, ihre Daten zu verschlüsseln.

Für Nutzer von Geräten, auf denen das Betriebssystem Windows Vista oder höher installiert ist, ist das ein Kinderspiel, denn für sie bietet Microsoft eine eigene Festplattenverschlüsselung namens BitLocker an. Voraussetzung dafür ist TPM (Trusted Platform Module). Verfügt Ihr PC nicht über TPM, ist das auch kein Problem. Passen Sie die „Policy" (Gruppenrichtlinien) Ihres PC wie folgt an: Führen Sie „gpedit.msc" aus, navigieren Sie zu Computerkonfiguration>Administrative Vorlagen>Windows Komponenten>BitLocker Laufwerkverschlüsselung>Betriebssystemlaufwerke. Öffnen Sie „Zusätzliche Authentifizierung beim Start anfordern". Wenn Sie hier „BitLocker ohne kompatibles TPM zulassen" anklicken und diese Auswahl mit „OK" oder „Übernehmen" bestätigen, haben Sie Ihre Policy angepasst. Nun ist es möglich, den *Assistenten der BitLocker Laufwerkverschlüsselung* zu starten und die Festplatte zu verschlüsseln.

Sollten Sie damit überfordert sein, ist das kein Grund, sich graue Haar wachsen zu lassen. Im Computerfachhandel finden Sie auf jeden Fall Experten, die Ihnen bei der Verschlüsselung der Daten auf Ihrer Festplatte gerne weiterhelfen. Wenn Sie nur einzelne Ordner verschlüsseln möchten, bieten viele Virenschutzhersteller Sicherheitslösungen an, die bereits ein entsprechendes Verschlüsselungs-Tool integriert haben.

8.20   Tipp für Fortgeschrittene: Verwenden Sie ein VPN

Wer regelmäßig vertrauliche Informationen per Internet versendet, sollte ein VPN (virtuelles privates Netzwerk) einrichten. Bei einem VPN werden alle Daten über eine verschlüsselte Verbindung und über schwer nachvollziehbare Knotenpunkte zum Empfänger und wieder zurück gesendet. Wer bei Internetprovidern oder anderen Anbietern VPN-Dienste in Anspruch nehmen möchte, sollte prüfen, ob die Datenübertragung anonym erfolgt, und ob die Daten nicht doch gespeichert werden. Wenn Sie außerdem auch noch Ihre Mails verschlüsseln, können Sie so gut wie sicher sein, dass Ihre Daten optimal vor Diebstahl und Missbrauch geschützt sind.

8.21   Tipp für Fortgeschrittene: Setzen Sie auf Microsoft EMET

Wer einen Windows-PC sein Eigen nennt und größtmöglichen Schutz will, sollte das Enhanced Mitigation Experience Toolkit (EMET) von Microsoft downloaden. Dieses Toolkit wird überwiegend von (kleinen und großen) Unternehmen eingesetzt und hat sich bereits als hervorragende Lösung zum gezielten Schutz von Computern erwiesen. Die gute Nachricht lautet: Das Toolkit ist kostenlos.

Aufgepasst: Mitunter kommt es bei diesem Toolkit zu Kompatibilitätsproblemen, vor allem, wenn ältere und/oder selbst geschriebene Software auf dem entsprechenden PC vorhanden ist. Wer aber mit Standardsoftware arbeitet, kann sich über einen soliden, kostenlosen und relativ einfach zu installierenden zusätzlichen Schutz freuen. Achten Sie darauf, die größtmögliche Sicherheitsstufe einzustellen, denn potenzielle Angreifer attackieren zwar zunächst einfache Ziele, aber wenn diese abgegrast sind, wird auch weniger weit verbreitete Software ihr Ziel. Deshalb kann ich Ihnen nur ans Herz legen: nach oben mit der Sicherheitsstufe!

8.22   Tipp für Fortgeschrittene: Deaktivieren Sie Java

Java ist unter den Malware-Schreibern sehr beliebt, denn dessen Sicherheitslücken machen es ihnen oft sehr leicht, die Firewall zu umgehen. Sie müssen es nur irgendwie schaffen, ihr Opfer soweit zu bringen, dass es auf die „richtigen" Links und Dateien klickt. Sobald diese Hürde erfolgreich genommen wurde, wird quasi ein Tunnel vom Inneren des PCs nach außen gegraben, was die Firewall anders als bei eingehendem E-Mail-Verkehr nur selten als verdächtig einstuft.

Wer Java nicht ständig nutzt und bereit ist, Java jeweils vor und nach der Nutzung Java-betriebener Software ein- und auszuschalten, trägt erheblich zur eigenen Sicherheit bei. Wie Sie hierzu vorgehen sollten, wird im G DATA Security Blog ausführlich beschrieben: https://blog.gdata.de/artikel/cve-2012-4681-der-neue-java-0-day-wird-heftig-einschlagen.

8.23   Aktivieren Sie die Sperrfunktionen Ihres Handys

Allein der Gedanke, sie könnten ihr geliebtes Smartphone verlieren oder es könnte gestohlen werden, lässt die meisten Handybesitzer blass um die Nasenspitze werden. Ich kann Ihnen nur raten, begrenzen Sie den Schaden auf ein Minimum, indem Sie die automatischen Sperrfunktionen Ihres Smartphones nutzen. Dann sind zumindest die dort gespeicherten Daten vor dem Zugriff durch Unbefugte geschützt. Diese Funktionen sorgen nämlich unter anderem dafür, dass das Gerät nach einigen Minuten gesperrt ist und erst nach Eingabe eines Passworts wieder entsperrt wird.

Auch Tablets oder Notebooks besitzen diese Funktion. Wurde deren Sperrfunktion aktiviert, können Diebe oder unehrliche Finder mit dem Gerät eigentlich nichts anfangen, selbst wenn Ihre Daten nicht über die Remote-Löschung vernichtet werden. Stellen Sie Ihr Smartphone oder mobiles Endgerät so ein, dass es automatisch nach zwei bis drei Minuten Inaktivität gesperrt wird, um das Risiko eines potenziellen Datenverlusts auf ein Minimum zu begrenzen.

Die Konfiguration erfolgt bei einem iPhone über Einstellungen > Allgemein > Automatische Sperre, bei einem Android-Handy über Einstellungen > Sicherheit Bildschirmsperre oder Automatisch sperren.

Auch bei einem PC oder Laptop ist diese Funktion wählbar. Sie müssen hier einstellen, dass Sie den PC mit einem Passwort reaktivieren, nachdem der Bildschirmschoner aktiv war.

Sicher werden Sie hin und wieder fluchen, wenn Sie Ihren PC nur einen kurzen Moment nicht nutzen und nicht darauf achten, dass der Bildschirmschoner aktiviert wird und Sie erst wieder Ihr Passwort eingeben müssen, um weiterarbeiten zu können. Doch glauben Sie mir, an dem Tag, an dem Sie Ihr Notebook irgendwo liegenlassen oder es gestohlen wird, werden Sie für diese Funktion sehr dankbar sein und den minimalen Aufwand nicht bereuen.

Alle Tipps aus den letzten Kapiteln gelten im Grunde für Privatleute und Unternehmen, beide müssen die allgemeinen Grundsätze der Sicherheit im Netz beachten, wie zum Beispiel das regelmäßige Aktualisieren der verwendeten Software, einschließlich der Antivirenprogramme, aber auch des Betriebssystems. Doch vor allem Unternehmen sollten diese Anforderungen konsequent umsetzen, zum einen, weil dort im Schadenfall mehr Computer betroffen sind und zum anderen, weil Schadsoftware und/oder ein eventueller Datenverlust noch wesentlich weitreichendere Konsequenzen nach sich ziehen. Für Unternehmen gelten des Weiteren spezifische gesetzliche Vorschriften, die für private Nutzer nicht gelten. Aus diesem Grund möchte ich im Folgenden eine klare Trennung zwischen Unternehmen und Privatpersonen vornehmen.

9.1   Das A und O ist eine solide Sicherheitspolitik im Unternehmen

Datenschutz beginnt mit der Sicherung der grundlegenden Infrastruktur der Informations- und Kommunikationstechnologie (IKT), sprich der Netzwerke und Computersysteme. Das ist aber nur ein erster Schritt. Bei Sicherheit und Datenschutz gilt es auch, zahlreiche technische, organisatorische, physische und verfahrenstechnische Aspekte zu berücksichtigen. Allein aus diesem Grund muss jedes Unternehmen eine solide Sicherheitspolitik festlegen, ohne sie ist ein Überleben im Netz kaum möglich.

Apropos Sicherheitspolitik: Sicher sind auch Sie schon des Öfteren über diesen Begriff gestolpert. Doch was bedeutet er konkret? Bevor wir uns mit dieser Frage befassen, möchte ich Ihnen ein paar grundlegende Überlegungen und Fakten dazu an die Hand geben:

© Springer Fachmedien Wiesbaden 2015   127
E. Willems, *Cybergefahr*, DOI 10.1007/978-3-658-04761-0_9

- Anwenderfreundlichkeit und Datenschutz schließen sich in den meisten Fällen leider aus. Eine gute Sicherheitspolitik stellt deshalb meistens einen Kompromiss zwischen beiden dar.
- Datenschutz bildet bei Kostenschätzungen meist das Schlusslicht. Auch bei zahlreichen Projekten spielt er keine oder kaum eine Rolle. Datenschutz wird von den wenigsten Mitarbeitern als solcher erkannt und gewürdigt, ist extrem komplex und hat obendrein auch noch seinen Preis.
- Für Effizienz und Effektivität von Sicherheit im Netz gilt der bekannte Grundsatz: Eine Kette ist nur so stark wie ihr schwächstes Glied.
- Informationsschutz wird nicht ausreichend geschätzt.
- Vertrauen ist die denkbar schlechteste Grundlage, wenn es um Schutz und Sicherheit von Daten geht.
- Sicherheit ist untrennbar mit der operativen Ausrichtung eines Unternehmens verbunden, ihre kontinuierliche Überwachung und Pflege sind ein Muss. Schließlich ist das Internet für Hacker eine schier unerschöpfliche Quelle, um aktuelle Daten zu stehlen und organisierte Angriffe auszuarbeiten und durchzuführen.
- Innerhalb eines Unternehmens führt ein Angriff häufig zum Erfolg, da dieser Option kaum Beachtung geschenkt und sie weit weniger ernst genommen wird als externe Angriffe.
- Dazu kommt, dass Datensicherheit noch immer das vernachlässigte Stiefkind der Unternehmen ist. Zahlreichen Betrieben ist ihre Bedeutung tatsächlich (noch immer) nicht klar.

Noch ein Tipp am Rande: Eine gute Sicherheitspolitik muss sämtliche Aspekte der Informationsarchitektur erfassen. Damit ich Ihnen die Anforderungen an eine gute und umfassende Sicherheitspolitik vor Augen führen kann, muss ich nun etwas technischer werden – aber das schreckt Sie sicherlich nicht ab.

Server security bezeichnet einen für jeden Server geltenden Standard, der erfüllt sein muss, bevor er in Betrieb genommen wird. Dazu zählen die *local security policy*, die umfassende und richtige Konfiguration, aber auch das lokale „*hardening*" der Systeme, wobei Teile davon separiert werden können. Das manuelle Testen eines Systems ist grundsätzlich möglich, doch die Erfahrung hat gezeigt, dass dieser wichtige Punkt häufig vergessen oder einfach unterlassen wird. Es gibt aber gute *remote audit tools*, die bei dieser Aufgabe unterstützen können. Wichtig ist, dass in diesem Rahmen regelmäßig Protokolle erstellt werden. Der Umgang mit Updates und/oder Patches sollte unverzichtbarer Teil der Sicherheitspolitik eines jeden Unternehmens sein.

Mit *Netzwerk security* werden zahlreiche Komponenten bezeichnet. Bei diesem Begriff denkt man meist nur an eine Firewall, doch dahinter steckt weit mehr als nur das. Mehrere Hersteller von Sicherheitssoftware bieten auch interne IDS- und IPS-Systeme (*intrusion detection bzw. intrusion prevention)* an, die an strategischen Punkten eingesetzt werden und entsprechend konfiguriert werden. Eine lückenlose Dokumentation dieser Konfiguration und Positionierung im Netzwerk gehört zu jeder guten Sicherheitspolitik. Neben der Firewall, den Switches und IPS/IDS-Systemen müssen auch Komponenten wie Scanner, Drucker und Proxyserverkonfigurationen dokumentiert werden.

Aus der sogenannten *Client security* geht hervor, welche Voraussetzungen ein PC erfüllen muss, bevor er in Betrieb genommen werden kann. Hier geht es zum Beispiel um die Frage, ob der *Client* (das Endgerät des Nutzers) an das unternehmensinterne Netzwerk angeschlossen werden kann. Viele Unternehmen nutzen die oftmals standardmäßig mit Virenschutzprogrammen mitgelieferten Kompatibilitätstests nicht einmal. Ich weiß aus erster Hand, dass es sogar Workstations oder Tablets gibt, auf denen nicht einmal ein Antivirenschutz installiert ist.

Bei der *Endpoint Security* (Schutz von Endnutzergeräten) dreht sich alles um USB-Sticks und ähnliche mobile Speichergeräte. Nicht ohne Grund kursiert Conficker noch immer in verschiedenen Netzwerken, denn man hat wohl vergessen, auch Hintertüren wie einen USB-Anschluss, durch die sich dieser Virus verbreiten kann, zu sichern. Wir haben die leidige Erfahrung machen müssen, dass zahllose Netzwerke hier ein (ungewollt?) großes Risiko eingehen.

Beim *Fine Tuning* der Antivirenprogramme in Unternehmen, also bei der Anpassung der Standardsoftwareeinstellungen an die Sicherheitspolitik des Unternehmens, geht so manches schief. Ein externer Sicherheitsspezialist, der das Unternehmen und die Betriebsabläufe nicht kennt, müsste allein aus den Einstellungen der Antivirensoftware und dem mitgelieferten Bereinigungstool ableiten können, welche *client security policy* das Unternehmen verfolgt. Im Prinzip ist dieses Überwachungstool der Dreh- und Angelpunkt der gesamten Sicherheitspolitik. Daher ist es die heilige Pflicht der Unternehmen, das Tool akkurat und möglichst perfekt einzustellen. Unzählige Unternehmen versagen in diesem Bereich und schaffen es nicht einmal, die oben genannten Einstellungen und das Tool selbst ausreichend zu dokumentieren.

Nicht zu vergessen sind *Updates* oder *Patches*. Jedes Unternehmen muss in seiner Sicherheitspolitik konkret beschreiben, wie damit umgegangen werden soll. Ich spreche hier nicht nur davon, dass das Betriebssystem regelmäßig aktualisiert werden muss. Auch andere Programme wie Adobe Acrobat Reader, Flash-Player und Java sollten nur in der jeweils aktuellen Version auf den Computern des Unternehmens laufen, schließlich sind sie Ziel unzähliger Angriffe. Ohne Patches und ausreichenden Schutz, zum Beispiel der Gateways, werden solche Unternehmen im Handumdrehen Opfer von Virenangriffen oder Datendiebstahl. In diesem Zusammenhang lege ich Ihnen insbesondere Tipp 5 unten ans Herz.

Mit dem *Gateway-Schutz* (Schutz und Sicherung der Zugänge zum Internet) wird in vielen Unternehmen erstaunlich gut umgegangen, seine Umsetzung lässt nur selten zu wünschen übrig. Trotzdem gibt es noch immer zahllose Betriebe, die Stein und Bein schwören würden, ihre Gateways seien zu hundert Prozent abgesichert, dabei allerdings vollkommen vergessen, dass die Endnutzergeräte (vorrangig Notebooks) außen vor gelassen werden. Das wissen natürlich auch Hacker und nehmen deshalb mit ihrer Schadsoftware den Weg durch den Hintereingang, um auf diesem Weg die unternehmenskritischen Daten abzufischen.

Die Strafe folgt auf dem Fuß, wenn Unternehmen vergessen, das *Surf-* und *E-Mail-Verhalten* ihrer Mitarbeiter genauestens zu reglementieren. Darf die Belegschaft ohne jegliche Einschränkung im Netz surfen und/oder alle E-Mails öffnen? Wenn nein, sind Proxy- und/oder Mailserver entsprechend konfiguriert? Wenn nicht, laufen diese Betriebe den Fakten hinterher. Ihre Mitarbeiter können nämlich nicht jeden Tag aufs Neue beurteilen, was gefährlich ist und was nicht. Mit einer soliden Sicherheitspolitik können Unternehmen allen PC-Nutzern konkret vor Augen führen, welches Verhalten welche Gefahren birgt.

Leider kommt es viel zu oft vor, dass Probleme mit der Sicherheit eines Unternehmens auf die Nutzer zurückzuführen sind. Das ist auch der Grund, weshalb Unternehmen gefragt sind, genauer auf diesen Punkt einzugehen und das Thema *Sicherheitsbewusstsein (Security awareness)* keinesfalls zu unterschätzen. Keine Frage, es gibt auch in diesem Bereich löbliche Ausnahmen, doch die Erfahrung hat gezeigt, dass viele Unternehmen das Thema zu lax handhaben. Es müsste schon längst Standard sein, dass sie ihre Mitarbeiter regelmäßig über Sicherheit im (internen und weltweiten) Netz schulen. Das trifft bislang aber nur auf einige Banken und Versicherungsgesellschaften zu und hin und wieder auf ein paar multinationale Konzerne, aber das war's dann leider auch schon.

Keine Frage, es ist kein Kinderspiel, eine gute Sicherheitspolitik zu entwerfen und umzusetzen. Welche wichtigen Punkte sind dabei zu beachten?

1. Das gesamte Management muss dahinter stehen. Eine Sicherheitspolitik kann man sich sparen, wenn auf Verstöße gegen die entsprechenden Security-Vorschriften nicht entsprechend reagiert wird. In den meisten Unternehmen finden regelmäßig Leistungsbewertungen statt. Das Thema Sicherheit sollte bei diesen Gesprächen unbedingt behandelt werden.

2. Mitarbeiter müssen grundsätzlich über die aktuelle Unternehmenspolitik – vor allem über Datenschutz und Schutz im Netz – informiert werden, zum Beispiel über das Intranet. Außerdem sollten ihnen die entsprechenden Informationen auch schriftlich überlassen werden – vielleicht möchte sich der eine oder andere lieber zu Hause in aller Ruhe damit befassen.

3. Das Aufstellen einer IT-Security-Policy sollte Experten überlassen werden. Die Gefahr ist zu groß, dass ein Laie wesentliche Elemente übersieht und somit weitaus schlimmere Konsequenzen drohen können, als wenn es keine entsprechenden Richtlinien gäbe. Außerdem wiegt sich ein solcher Betrieb fälschlicherweise in Sicherheit – mit

potenziell höchst dramatischen Folgen. Jedes Unternehmen sollte einen IT-Spezialisten damit beauftragen, seine IT-Security-Policy zu gestalten oder zumindest daran mitzuwirken.

4. Das Unternehmen sollte Verantwortlichkeiten festlegen, entsprechende Prozesse definieren und Mitarbeiter benennen, die die Einhaltung der IT-Security-Policy im Unternehmen zu verantworten haben.

5. *Auditing tools* (Software, um die Funktionstüchtigkeit des Datenschutzes und der Antivirensoftware zu analysieren) müssen entweder neu erworben werden oder die Sicherheits- oder Antivirensoftware beinhaltet bereits eine aktuelle Monitoring- und Auditing-Funktion, die als Grundlage für den unternehmensspezifischen Datenschutz genutzt werden kann.

6. Letztendlich muss die IT-Security-Policy natürlich auch inhaltlich eindeutig sein. Vage Beschreibungen allgemeiner Ziele und ihrer anvisierten Umsetzung bringen da nicht viel. Auch eine kurze, zusammenhanglose Beschreibung der Ziele und der dafür eingeplanten Mittel liest garantiert kein Mitarbeiter durch, geschweige denn, dass er nach ihr handelt, nicht einmal dann, wenn diese Unterlagen auf Büttenpapier gedruckt und in Leder gebunden wären.

Zu meinem großen Bedauern und meiner großen Verwunderung ist die Mehrheit der Topmanager nicht für das Thema IT-Security-Policy zu begeistern. Mit strikten Vorschriften (wie zum Beispiel den von der Standardisierungsgruppe ISO festgelegten) und einem nur in geringem Maße nachweisbaren Mehrwert gelangt man eben nicht zu Ruhm und Ehre. Vermutlich ist dies der traurige Grund dafür, dass die IT-Security-Policy nicht an der gesamten Unternehmenspolitik ausgerichtet wird. Doch wehe, es kommt zu einem Zwischenfall. Dann ist das Erstaunen groß und jeder fragt sich, wie das denn bitte hat passieren können. „Aber wir haben doch eine IT-Sicherheitsrichtlinie und außerdem auch noch Unsummen dafür ausgegeben." Es sollte den Entscheidungsträgern klar sein, dass sie ihr Unternehmen nur dann erfolgreich schützen können, wenn das Thema IT-Security ganzheitlich angegangen und Teil der Unternehmenskultur wird. Eine gute Sicherheitspolitik ist keine Insellösung.

Werfen wir doch mal einen Blick hinter die Kulissen und fragen uns, wie eine IT-Security-Policy in den meisten Fällen gestaltet wird. Zunächst wird klassifiziert, was alles darunter fällt: Daten, Systeme, Applikationen. Dann wird überlegt, was damit alles schief laufen kann. Anschließend pickt man das wahrscheinlichste Szenario heraus und stimmt alle Maßnahmen für den Fall der Fälle darauf ab. Sie denken, das sei ein guter Ausgangspunkt? Ist es aber nicht – zumindest nicht immer! Denn woher will der Verfasser eines Sicherheitsdokuments oder der Systemadministrator wissen, was ein Hacker denkt und welche Daten für ihn interessant sind? Viele Administratoren halten ein System für sicher, weil es durch eine Firewall geschützt ist und weil sie glauben, in ihrem

Unternehmen gebe es nichts Interessantes für all die Hacker da draußen. Man erliegt also dem (Irr-)Glauben, sich nur vor Spyware und Viren schützen zu müssen. Doch auch Daten, die Otto Normalnutzer für belanglos hält, sind für einen Cyberkriminellen wertvolle Informationen. Manche Sicherheitsbeauftragte tun sich schwer zu erahnen, worauf ein Angreifer es abgesehen haben könnte, denn wer denkt schon wie ein Hacker, Spion oder Spammer!

Allein aus diesem Grund müssen alle für die IT-Sicherheit eines Unternehmens Verantwortlichen so tun, als ob sie keine Ahnung von der Materie hätten! Bei der Entwicklung einer soliden und zielorientierten IT-Security-Policy ist es für ein Unternehmen unerlässlich, sich kontinuierlich auf den neuesten Stand bringen zu lassen, auch was die möglichen Folgen erfolgreicher Angriffe anbelangt. Diese Aufgabe ist IT-Sicherheitsexperten zu überlassen, denn nur sie kennen sämtliche Gefahren im Netz. Nur so lässt sich vermeiden, dass Tausende von Euro für eine verfehlte IT-Policy zum Fenster hinausgeworfen werden, weil man sich erst selbst darin versucht und dann doch letztendlich einen Fachmann damit beauftragen muss.

9.2 BYOD oder nicht, Schutz muss allgegenwärtig und ausreichend sein

Berufs- und Privatleben sind in dieser Hinsicht kaum noch voneinander zu unterscheiden, denn fast jeder besitzt heutzutage ein Handy, das sowohl beruflich als auch privat genutzt wird – schon lange werden mehr Smartphones als „normale" Telefone gekauft. Keine Frage, wir speichern jede Menge an Daten in diesen Telefonen und Tablets: alle möglichen persönlichen Informationen, Arbeitsdokumente, E-Mails, SMS, Kontaktdaten und Termine.

Deshalb wundert es nicht weiter, dass solche mobilen Endgeräte von höchstem Interesse für Cyberkriminelle sind, was auch den exponentiellen Anstieg an Malware für Handys und Co. seit 2010 erklärt. Am häufigsten wurde bei Geräten zugeschlagen, auf denen Android läuft. Dieses beliebte Betriebssystem ist weit weniger gut geschützt als zum Beispiel das Betriebssystem von Apple. Im Vergleich zu dem iOS-Betriebssystem, das auf iPhones und iPads läuft, gibt es kaum Kontrollen der Apps, die für die Plattform entwickelt werden. Außerdem werden erforderliche Updates in der Regel weder zügig noch systematisch unters Volk gebracht. Erschwerend kommt hinzu, dass bei älteren Modellen oft überhaupt keine Updates vorgenommen werden, was der Sicherheit von Android-Geräten wahrlich nicht zugutekommt.

Außer den Sicherheitslücken bei Android gibt es noch ein anderes großes Problem. Da müssen wir uns an die eigene Nase fassen: Kaum zu glauben, wie viele Leute ohne großes Federlesen sämtliche Rechte, die für die Installation von Apps erforderlich sind, vergeben. Vermutlich haben sie sich noch keine Gedanken darüber gemacht, dass dadurch der Weg auch für andere Anwendungen frei ist, um alle möglichen Informationen zu sammeln, teure, zahlungspflichtige Nummern anzurufen, die Standortdaten des Nutzers an den Server oder sonst wohin zu schicken und noch vieles mehr.

Ungeachtet dessen, ob ein Unternehmen eine *„Bring Your Own Device"*-Politik (BYOD) vertritt oder die Nutzung eigener Geräte zu beruflichen Zwecken verbietet, ist es mehr als illusorisch zu denken, dass Arbeitnehmer sauber zwischen der privaten und der geschäftlichen Nutzung ihrer Mobilgeräte trennen. Die Gefahr, dass das Handy oder Tablet eines Arbeitnehmers mit Malware infiziert wird, nimmt von Monat zu Monat zu. Mobile Endgeräte stehen nicht nur bei ihren Eigentümern, sondern auch bei Kriminellen jeglicher Couleur hoch im Kurs. Aus diesem Grunde bin ich sicher, dass die Entwicklung neuer Mobile-Malware weiter an Fahrt aufnehmen wird.

Erschwerend kommt hinzu, dass die Nutzungsmöglichkeiten für Smartphones noch lange nicht ausgeschöpft sind. Keine Frage, es werden immer neue Technologien entwickelt – und mit ihnen auch jede Menge Schwachstellen. Deshalb sollte es jedem einleuchten, dass auch Android-Geräte, nicht anders als unsere PCs, vor Viren und Co. geschützt werden müssen. Ganz gleich, ob man nun auf BYOD pocht oder nicht: Immer wenn die dafür eingesetzten Geräte Unternehmensdaten enthalten, müssen sie vor dem Zugriff durch Dritte und vor anderen Gefahren geschützt werden. Die Frage nach dem Eigentümer eines solchen Geräts, der in letzter Konsequenz dann auch für die Kosten dieses Schutzes verantwortlich ist, ist dabei nebensächlich.

9.3   Vorsicht in der Cloud

Der Begriff „Cloud" ist unlängst zu einem Sammelbegriff geworden, der unter anderem das Speichern von Daten in weit entfernten Rechenzentren umfasst, aber gleichzeitig eine Vielzahl von Services und selbst die Auslagerung großer Teile der eigenen IKT-Struktur beinhaltet. Die bekannteste Form ist *Software as a Service*, bei der die Software nicht länger auf dem eigenen Unternehmensserver oder PC vorgehalten wird, sondern von Servern des Herstellers per Internet zum Nutzer gelangt. Hierbei kann es sich um Unternehmenssoftware wie z. B. Salesforce.com handeln, aber auch um täglich verwendete, kostenlose oder zahlungspflichtige Software wie z. B. Gmail. Kennzeichnend für Cloud-Software ist, dass pro Nutzung oder Nutzungszeitraum gezahlt wird und nicht mehr für den Erwerb der Software. Ein Vorteil davon ist, dass man die Anzahl der Nutzer je nach Bedarf vergrößern oder auch verkleinern kann.

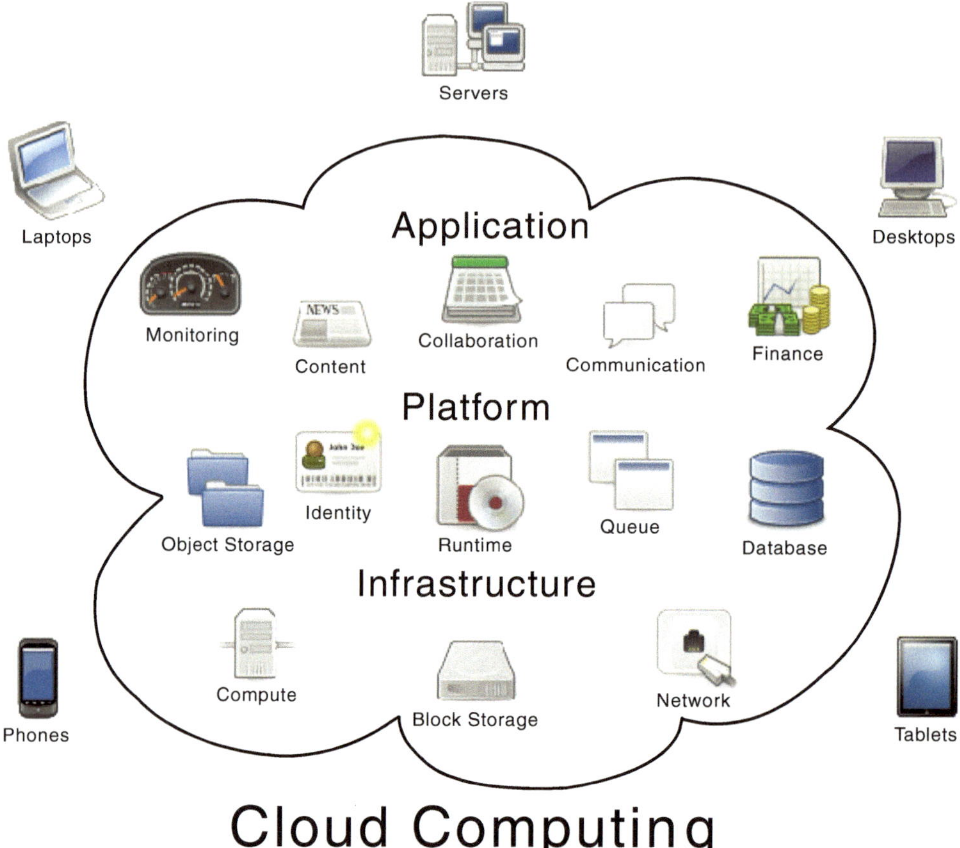

Die Cloud wird von vielen als *das* Computing-Modell der Zukunft betrachtet. Und auch ich bin davon überzeugt, dass es für viele Anwendungen eine sehr gute Lösung darstellt. Aber als Sicherheitsexperte kann und will ich keineswegs die Gefahren dieses Modells schönreden. Aus diesem Grund habe ich vor einiger Zeit zusammen mit Richard Zwienenberg (siehe auch Kap. 5) ein Whitepaper (Attacks from the inside, Virus Bulletin 2010) verfasst und darin alle Gefahren aufgelistet, die auf der Sicherheitsebene von Cloud eine Gefahr darstellen. Die größten Risiken sind verbunden mit:

1. *Identity management*: Sie können nicht mit letztendlicher Sicherheit sagen, mit wem Sie es gerade zu tun haben, wenn Sie mit Ihrem Smartphone oder Tablet im Netz unterwegs sind. Potenzielle Angreifer können Ihnen Ihre Identität wegschnappen und für eigene (kriminelle) Zwecke missbrauchen. Auch die Cloud kann nicht mit Sicherheit sagen, wer Sie sind. Ist ein Angreifer in der Lage, sich irgendwie Zutritt zu verschaffen

und eine Kommunikation mit der Cloud beginnen, geht die Cloud noch immer von einer zuverlässigen Quelle innerhalb des Unternehmens aus. Schon ist der Weg frei und der ungebetene Gast kann jede Menge Informationen abschöpfen oder die Cloud ebenso mit falschen Informationen füttern. Auch das „man-in-the-middle"-Szenario ist nicht auszuschließen, wobei sich der Angreifer in diesem Fall zwischen Unternehmen und Cloud positioniert.

2. *Missbrauch von Dienstleistungen*: Der Abwurf der Atombombe auf Hiroshima und Nagasaki war wohl der beste Beweis dafür, dass Technologie auch zum Schaden der Menschheit eingesetzt werden kann. Cloud-Computing übrigens auch! Mit der Cloud ist es auch für Unternehmen ein Kinderspiel, im Handumdrehen ein Programm oder einen Dienst zu starten. Das Gute daran ist, dass man sich viel administrative Arbeit spart. Doch das sind natürlich auch für Cyberkriminelle gute Nachrichten. So wurden so manche Cloud-Dienste für die unterschiedlichsten Botnets zweckentfremdet – wie mit Zeus (Kap. 10) – oder Malware heruntergeladen. Da die simpel gestrickte Registrierung es zulässt, sich völlig anonym anzumelden, ist die Cloud auch bei Cyberkriminellen sehr beliebt. Vor allem deshalb, weil die Cloud-Anbieter sich schwer damit tun, einen potenziellen Betrug zu erkennen.

3. *Das Kapern von Accounts und Diensten.* Wird Ihr Account in der Cloud gekapert – was übrigens regelmäßig bei Twitter vorkommt – ist das sowohl für die Cloud-Dienste als auch für den Nutzer ausgesprochen ärgerlich. Es ist nicht immer klar, wer für die zugrundeliegende Sicherheitslücke verantwortlich ist. Ganz gleich, wer es nun zu verantworten hat: Es steht zu befürchten, dass der Nutzer als Sündenbock herhalten muss, denn der besagte Missbrauch findet unter seinem Namen statt. Und so werden Opfer flugs zu Tätern oder zumindest Mitverantwortlichen gemacht!

4. *Financial Distributed Denial of Service*: Damit ist der weit verbreitete Missbrauch der Cloud-Dienste einer Person gemeint, für die das schlimme finanzielle Folgen haben kann. Das am ehesten denkbare Szenario ist, dass ein Cyberkrimineller an die Account-Daten seines ahnungslosen Opfers gelangt und massenhaft finanzielle Transaktionen durchführt, um sich auf dessen Kosten zu bereichern oder ihm anderweitig zu schaden. Das kann letzten Endes sogar bis zum Konkurs eines ganzen Unternehmens führen. Sie haben noch nicht genug? Dann kommt hier das nächste Beispiel: Ein von Ihnen gemieteter Server wird für kriminelle Aktivitäten eingesetzt. Der größte Übel aber ist, dass Sie selbst als Täter beschuldigt werden und Ihnen alle möglichen rechtlichen und sonstigen Konsequenzen drohen. Und letztendlich ist es auch noch möglich, dass ein Cyberkrimineller Ihre Cloud-Dienste von außen angreift, zum Beispiel durch einen gezielten DDoS-Angriff, durch den sämtliche Ressourcen, auf die Sie laut Ihrem Nutzungsvertrag Anspruch haben, aufgebraucht werden.

5. *Datenmissbrauch und -verlust.* Nehmen wir an, Sie nützten den Antivirusdienst der Cloud und schicken nun zu Testzwecken ein vertrauliches Dokument in die Cloud, das auf der Liste der zugelassenen Dokumente (der sogenannten *white list*) steht. Gesagt,

getan. Doch was passiert nun mit Ihrem Dokument so hoch in den Wolken? Was aus Ihrem Unternehmen nach außen dringt, das wissen Sie, aber wissen Sie auch, was passiert, wenn Ihre Dateien in der Cloud gescannt werden? Gerät Ihre Datei aus unerfindlichen Gründen in den falschen Verdacht, es handle sich dabei um Schadsoftware, kann sie für alle Ewigkeit in der Cloud in Quarantäne feststecken. Und das, obwohl es sich vielleicht lediglich um eine harmlose Statistik handelt. Wollen Sie dieses Risiko eingehen?

6. *Unbekannte Risiken.* Sind Ihnen alle Risiken, die mit der Nutzung der Cloud oder bestimmter Cloud-Dienste einhergehen bekannt? Die grundlegenden Anforderungen an die Sicherheit dürften wohl vertraglich festgelegt sein, aber steht in Ihrem Vertrag auch, welche Mitarbeiter des Cloud-Anbieters im Ausnahmefall Zugriff auf Ihre Daten haben? Wissen Sie, was passiert, wenn eine Sicherheitslücke entdeckt wurde? Oder wissen Sie, welche Pflichten der Cloud-Anbieter gegenüber staatlichen Organen hat (eine Frage, die man sich angesichts der aktuellen Ereignisse rund um die NSA und Spionage wirklich stellen sollte)? Können Sie diese Risiken nicht exakt benennen und abwägen, sollte Sie lieber zweimal überlegen, ob Sie die Cloud und ihre Dienste wirklich nutzen wollen. Eine solche Entscheidung kann unter Umständen jede Menge Probleme mit Geschäftspartnern oder sogar mit staatlichen Behörden nach sich ziehen, da diese aus gutem Grund von Ihnen erwarten, dass Sie die volle Kontrolle über alle Ihre Anwendungen und Daten haben.

7. *Verborgene Logs/Einbruchversuche.* Einen gezielten Angriff auf Ihr Netzwerk können Sie anhand Ihrer eigenen Logdateien erkennen. Hat ein Angreifer hingegen Ihre Daten und Anwendungen in der Cloud im Visier, kann er alle Berichte rund um den Angriff an sich selbst senden lassen und Sie haben dann das Nachsehen – da Sie keine Administrator-Rechte bei der Cloud besitzen, können Sie nichts dagegen tun.

8. *Missbrauch durch Insider.* Die größten Bedrohungen für jede IKT-Architektur finden sich immer öfter hinter den eigenen Betriebsmauern (darauf komme ich später noch einmal zurück). Es kommt gar nicht so selten vor, dass Datenverlust und -diebstahl auf die eigenen Mitarbeiter des betroffenen Unternehmens zurückgeht. „Ja, aber spricht das denn dann nicht für die Cloud?", könnten Sie nun denken. Denn damit hätten Sie die Gefahr mit Ihren eigenen Arbeitnehmern gekonnt umgangen. Leider haben Sie einen wichtigen Faktor bei Ihren Überlegungen vergessen: Auch der Cloud-Anbieter hat Mitarbeiter und die sind für Cyberkriminelle umso interessanter. Denn sie sind es, die über Insiderinformationen von dutzenden, hunderten oder sogar tausenden Unternehmen verfügen. Ein kleiner Trost: Die Sicherheitsregeln bei Cloud-Anbietern werden in der Regel zeitnah aktualisiert und das ist auch bitter nötig, denn jeden Tag erhöht sich die Anzahl der Versuche von Cyberkriminellen, Cloud-Mitarbeiter für ihr eigenes schändliches Tun zu missbrauchen.

9. *Zentralisierte Authentifizierung, Autorisierung und Accounting (AAA).* Im Mittelpunkt des Interesses der Cloud-Anbieter dürfte alles stehen, was mit dem Zugang zu den

Cloud-Ressourcen, den Sicherheitsvorkehrungen, der Autorisierung, der Nutzung und der Fakturierung ihrer Dienste zusammenhängt. Kann die Integrität dieser zentralisierten AAA nicht gewährleistet werden, schlägt sich das sicherlich auch auf die Sicherheit dieser Systeme nieder. Machen Sie sich klar: Die Folgen eines Missbrauchs Ihres Accounts müssen grundsätzlich Sie selbst ausbaden und zwar ungeachtet dessen, was in Ihrem Vertrag stehen mag.

Da Cloud-Dienste sich zunehmender Beliebtheit erfreuen, sitzen viele Privatleute, aber auch Unternehmen in den Startlöchern und wollen sich diesem Trend anschließen, meist ohne jedoch über die damit verbundenen Risiken und Probleme nachgedacht zu haben. Ich hoffe, mit obiger Aufzählung erreicht zu haben, dass jeder Manager, aber auch jeder Privatnutzer Cloud-Dienste etwas kritischer sieht und sich diesen Schritt gründlich überlegt.

9.4   Seien Sie auf der Hut vor Social Engineering

Vor Social Engineering schützt weder eine Firewall noch andere moderne Sicherheitssoftware. Bei dieser Form des Hackens geht es nämlich darum, dass der Angreifer mithilfe eines Nutzers in das Computersystem eines Unternehmens eindringt und somit die vorhandenen IT-Sicherheitsmechanismen aushebelt. Durch das Internet und seine weltweite Nutzung liegen immer mehr persönliche Daten quasi auf dem Silbertablett bereit und *Social Engineers* können mit deren Hilfe so tun, als würden sie ihr Opfer kennen und nehmen in aller Regel Unternehmen ins Visier. Die Kontaktaufnahme erfolgt meist telefonisch oder per E-Mail, sie schrecken aber auch nicht vor persönlichen Kontakten zurück. Nachfolgend finden Sie einige Tipps, um zu verhindern, dass ein Unternehmen oder eine Organisation Opfer eines solchen Angriffs wird.

Grundsätzlich gilt: Verraten Sie niemals ein Passwort – ganz gleich, wofür es benötigt wird. Und zwar weder per E-Mail, noch im persönlichen Gespräch oder am Telefon: Behalten Sie Ihre Passwörter ausnahmslos für sich. Sie teilen ja auch keine sensiblen Unternehmensdaten mit einem Dritten, außer, Sie kennen die Person am anderen Ende der Leitung persönlich. Vorsicht ist auch geboten, wenn Sie ein vermeintlicher Vorgesetzter oder jemand aus der Führungsetage anruft, von dem Sie noch nie gehört haben und Ihnen sensible Informationen entlocken möchte. Wenden Sie sich in diesem Fall an Ihren unmittelbaren Vorgesetzten oder klären Sie das anderweitig ab.

Auch vor den Gefahren, die im Internet auf Sie lauern, können Sie sich ganz einfach schützen: Sollen Sie auf einen Link klicken, prüfen Sie als erstes, ob die URL, die im Pop-up-Menü erscheint, dieselbe ist wie die, auf die Sie dann klicken wollen. Alternativ können Sie die URL selbst in Ihren Browser eingeben. Bei E-Mails unbekannter Absender ist Vorsicht geboten: Bevor Sie darauf antworten, überlegen Sie sich, welche Informationen Sie bedenkenlos herausgeben dürfen und welche nicht.

Auch für Mitarbeiter und Besucher sollten bestimmte Sicherheitsmaßnahmen greifen. Es empfiehlt sich zum Beispiel ein Betriebsausweis für alle Mitarbeiter, während alle Besucher eines Unternehmens sich vor dem Betreten des Betriebsgeländes identifizieren müssen und Besucherausweise erhalten. Des Weiteren sollten alle Mitarbeiter regelmäßig über IT-Sicherheitsfragen geschult werden, um das Bewusstsein für diese Problematik zu schärfen. Das gilt vor allem für Außendienstmitarbeiter, da sie in den meisten Fällen das Ziel solcher Spähaktionen sind. Und – last but not least – müssen Unternehmen dafür sorgen, dass sensible Unternehmensdaten nicht ganz einfach nach draußen dringen können, zum Beispiel weil Dokumente in Papiercontainern oder Festplatten in Altmetallcontainern entsorgt werden, die frei zugänglich sind.

Die gesamte Belegschaft sollte grundsätzlich niemals Unternehmensdaten an Unbekannte herausgeben, weder an der eigenen Haustür noch in der Kneipe, vor dem PC oder im Konferenzraum. Auch wenn Sie mich für paranoid halten, ich kann Ihnen nur raten: Eine gehörige Portion Misstrauen kann in diesem Fall nicht schaden, zu großes Vertrauen aber schon!

9.5 Patch Management: Kleben Sie ein Pflaster auf Ihre Wunden!

Wir haben bereits darüber gesprochen, wie wichtig Patches und Updates für jeden Nutzer sind. Dennoch möchte ich die Tipps meines Kollegen Jan Van Haver (siehe auch blogit.nl) zu diesem Thema an Sie weitergeben.

Wer sich auf den einschlägigen Seiten regelmäßig über Neues aus der IT-Welt informiert, weiß, dass fast wöchentlich über aktuelle und bis dato unentdeckte Software-Sicherheitslücken berichtet wird. Jeder Experte, aber auch Laie, fürchtet die sogenannten *„zero days"*. Mit diesem Begriff bezeichnet man die Zeitspanne, die zwischen dem Aufdecken einer Lücke und der Bereitstellung des Patches, um sie zu schließen, verstreicht. Bei Cyberkriminellen sind Informationen über Sicherheitslücken in Computerprogrammen äußerst begehrt. Gelingt es ihnen einen Computerschädling zu verbreiten, der diese spezifische Lücke ausnutzt, bevor die jeweiligen Software-Hersteller mit einem Update dagegenhalten können, sind die Chancen für einen erfolgreichen Angriff oder eine PC-Malware-Pandemie deutlich größer.

Vielleicht beruhigt es Sie, dass zero days ganz sicher nicht das größte Problem sind.

Studien haben gezeigt, dass in 90 % aller erfolgreicher Angriffe Sicherheitslücken genutzt wurden, für die zum Zeitpunkt des Angriffs bereits Patches vorhanden waren. Das größte Sicherheitsproblem liegt daher nicht darin, dass es keine Lösungen gibt, sondern dass die Lösung, sprich Patches, viel zu spät installiert werden. Die Ironie an dieser Geschichte ist, dass gerade die Cyberkriminellen von diesen Patches profitieren können. Sie nehmen sich einfach die Analysen der Patches vor, die von den Softwareherstellern zur Verfügung gestellt werden, und ziehen sich daraus das erforderliche Wissen, um Schadsoftware zu schreiben, die die beschriebenen Sicherheitslücken ausnutzt. Dann brauchen sie ihre Malware nur noch in Umlauf zu bringen und darauf zu hoffen, dass zahlreiche Anwender die Sicherheitslücken noch nicht geschlossen haben. Das eigentlich Schlimme ist, dass sie sich dessen so gut wie sicher sein können.

Dass es mit den Patches in Firmennetzwerken mitunter hapert, ist durchaus verständlich. Die IT-Administratoren wissen häufig noch nicht einmal, welche Software in welcher Version von unterschiedlichen Mitarbeitern eingesetzt wird. Außerdem kann es durchaus auch einmal vorkommen, dass Patches nicht mit bestimmten (weniger gängigen) Programmen kompatibel sind oder bestimmte – für den Nutzer wichtige – Funktionen nach der Installation eines Patchs oder Updates nicht mehr zur Verfügung stehen, weshalb sich so mancher Mitarbeiter für die einfachste Lösung entscheidet: „Da lasse ich am besten die Finger davon, denn noch funktioniert ja alles bestens, und wie heißt es doch so schön in IT-Kreisen: Never change a running system."

Spaß beiseite: Jedes Unternehmen muss sich darüber im Klaren sein, wie wichtig das unverzügliche Installieren der Patches ist. Ein entsprechendes Updatekonzept ist Grundvoraussetzung für die Sicherheit der IT-Architektur. Daher lege ich Ihnen ans Herz, ein umfassendes Verfahren – ein so genanntes UPMS *(Update/Patch Management System* – festzulegen, das folgende Punkte umfasst:

1. *Aktualisierung des Inventars (Soft- und Hardware).* Im Unternehmen muss jederzeit bekannt sein, welche Komponenten innerhalb des Netzwerks benötigt werden und vorhanden sind.
2. *Sammeln von Informationen.* Vor jedem Ausrollen von Soft- oder Hardware muss ein IT-Administrator über die zu installierende Software-Version und mögliche Probleme damit informiert werden.
3. *Planung und Umsetzung einer Strategie.* Nicht alle Patches müssen über das gesamte Netzwerk ausgerollt werden. Bei der Beurteilung der konkreten Vorgehensweise spielen folgende Faktoren eine wichtige Rolle: Schweregrad des Sicherheitsvorfalls, Bekanntheitsgrad der Sicherheitslücke und die Fragen, wie einfach kann diese Lücke von Cyberkriminellen missbraucht werden, welche Folgen drohen und baut der Patch eventuell auf vorherigen (möglicherweise noch nicht installierten) Patches auf?
4. *Testen von Patches* – ein enorm wichtiger Punkt, durch den sich zahlreiche Probleme vermeiden lassen. Wichtig ist, dass die Testsysteme hinsichtlich ihrer Konfiguration die Systeme innerhalb des Netzwerks simulieren. Oft ist es nicht möglich, dafür zu sorgen, dass die Testumgebung diese Bedingungen erfüllt. Dann sollte auf virtuelle Testumgebungen zurückgegriffen werden, auch wenn dies unter Umständen kein realistisches Bild der vor Ort vorhandenen Probleme bietet.
5. *Gezielte Planung des Ausrollens.* Viele Patches können nicht in laufende Systeme installiert werden. Manche Patches erfordern einen Neustart des Systems, was im laufenden Betrieb nicht immer möglich ist. In diesen Fällen empfiehlt es sich, Patches außerhalb der Geschäftszeiten auszurollen. Bei schweren Sicherheitslücken sollten Ausnahmen von dieser Regel grundsätzlich möglich sein. In jedem Fall müssen die

Nutzer vorher informiert werden, dass ein Patch installiert wird, weil sich dies (trotz aller Vorkehrungen) auf die Funktonalität des Programms auswirken oder eine (ungewollte) Störung der Betriebsabläufe verursachen kann. Des Weiteren empfiehlt es sich, vor dem Ausrollen von Patches ein Backup der Ist-Situation zu erstellen, sodass das Ausrollen rückgängig gemacht werden und der vorherige Zustand wieder hergestellt werden kann, falls es doch zu Kompatibilitätsproblemen kommt.

6. *Ausrollen der Patches.* Dieser Vorgang beschränkt sich nicht allein auf das Versenden der Patches an die entsprechenden Endgeräte. Ich empfehle Ihnen, vor dem Ausrollen einen kompletten Virus-Scan durchzuführen, um eventuell dadurch entstehende Probleme bereits im Vorfeld zu verhindern. Außerdem muss die Authentizität der Patches nachgeprüft werden. Stammen sie aus einer sicheren Quelle? Sind garantiert keine Fehler beim Download des Patches aufgetreten?

7. *Verifizierung und Protokollierung.* Vertrauen Sie keinesfalls blindlings darauf, dass die Installation eines Patches in allen Systemen ohne Probleme verlaufen ist. Prüfen Sie besser nach, ob sich die Versionsnummer der gepatchten Software tatsächlich verändert hat, dass Sicherheitslücken tatsächlich geschlossen wurden und natürlich auch, ob sich beim Ausrollen der Software Probleme ergeben haben. Wichtig ist auch, die Nutzer in die Evaluierung des Ausrollprozederes mit einzubeziehen. Können sie nach dem Patch wie gewohnt weiterarbeiten?

Nach Punkt 7 sollten Sie gleich wieder mit Punkt 1 anfangen. Patches auszurollen stellt nämlich mehr als einen Prozess dar, es ist vielmehr ein Zyklus, der sich allerdings ohne großen Aufwand mit der richtigen Software automatisieren lässt.

9.6 Die größte Gefahr lauert oftmals innerhalb der eigenen Wände

Es gibt Unternehmen, die Millionen in den Schutz ihrer Netzwerke investieren, und trotzdem noch lange nicht vor den großen Cybergefahren geschützt sind. Viele Risiken für die IT-Infrastruktur und für Unternehmensdaten gehen leider immer noch von den eigenen und von externen Mitarbeitern aus. Keine Frage, jedem IT- und Sicherheitsbeauftragten wird allein beim Gedanken an „Attackers from Inside" ganz schummerig – und sie stellen sich die Frage: Wie kann man sein Unternehmen schützen?

Um wirkungsvolle Maßnahmen zum Schutz Ihres Unternehmensnetzwerkes zu ergreifen, müssen Sie zuerst die potentiellen Risiken kennen. Generell lassen sich diese grob in zwei Kategorien aufteilen: Zum einen gibt es leider auch unter den eigenen Angestellten skrupellose Datendiebe, die bewusst die unternehmensinterne Infrastruktur missbrauchen und sabotieren, und zum anderen gibt es ahnungslose Mithelfer. Es gibt nur eine Möglichkeit, wie sich ein Betrieb vor Angreifern der ersten Kategorie schützen kann: mittels Monitoring-Tools und strengen Sicherheitsvorschriften. Leider führt die Unwissenheit und

Ahnungslosigkeit der Mitarbeiter aus der zweiten Kategorie dazu, dass die damit verbundene Gefahr nicht minder groß ist, denn von dieser „Sorte" dürfte es weitaus mehr geben.

Niemand ist davor gefeit, früher oder später Ziel eines böswilligen Angriffs zu werden. Vielleicht weil man in einem unbedarften Moment eine E-Mail öffnet, die einem ganz normal vorkommt, weil man den Link zu einer infizierten Seite nutzt oder vertrauliche Daten an jemand vermeintlich Bekannten weiterleitet, der sich im Nachhinein als völlig Fremder entpuppt. Möglich ist all das aber auch durch Social Engineering, bei dem der Angreifer mühsam jede noch so winzige Informationen über einen Mitarbeiter und dessen Arbeitsumfeld sammelt. Manchmal kann das Wochen oder gar Monate dauern, doch im Laufe der Zeit können die sogenannten Social Engineers auf der Grundlage ihrer eigenen Recherchen, aber auch durch die ungewollte Mithilfe von Familienmitgliedern oder Kollegen des Betroffenen, ganze Akten über ihr nächstes Opfer zusammenstellen. In diesem Fall passt das Sprichwort „Geduld zahlt sich aus". Eines steht fest, es ist wirklich nur eine Frage der Zeit, wann diese Kriminellen zuschlagen und die Informationen für ihr schändliches Tun nutzen.

Ein Unternehmen kann sich hiervor nur schützen, wenn eine solide und möglichst umfassende Sicherheitspolitik (siehe Tipp 1) umgesetzt wird, die gesamte Belegschaft über alle sicherheitsrelevanten Bereiche bestens informiert ist und nachvollziehen kann, weshalb bestimmte Beschränkungen zum Beispiel im Datenverkehr oder Internetzugang gelten (siehe Tipp 1, 3 und 5). Diese Aufklärung muss übrigens regelmäßig wiederholt werden, denn nichts wird so schnell vergessen wie eine Botschaft, die man eigentlich gar nicht hören möchte.

9.7   Besuchen Sie Sicherheitskonferenzen

Was ist besser geeignet, um sich über alle Aspekte des Cyber-Schutzes zu informieren und auch informiert zu bleiben, als eine Sicherheitskonferenz? Für jemanden, der sich nicht ständig mit Sicherheitsfragen befasst, mag dieser Rat ein bisschen übertrieben wirken, aber die Mühe lohnt sich wirklich glauben Sie mir. In nur wenigen Stunden erhält man einen Einblick in alle relevanten Themenbereiche des Sicherheitssektors, erfährt von allen ernst zu nehmenden Bedrohungen und auch allen verfügbaren Technologien und Methoden, diese zu bekämpfen. Außerdem bietet sich während dieser Veranstaltungen die wunderbare Gelegenheit, Ihr persönliches Netzwerk aus Experten, an die Sie sich im Zweifelsfall wenden können, auszubauen.

Welche Konferenzen eignen sich auch für Laien? Die wohl wichtigste und interessanteste Konferenz wird von Virus Bulletin (www.virusbtn.com) veranstaltet. Dem Veranstalter gelingt es wie keinem anderen, eine Brücke zwischen Technologie und Managementbelangen zu schlagen, weshalb er ein sehr breites Publikum anspricht.

Die RSA Conference (www.rsaconference.com) ist ebenfalls für jeden geeignet und steht jedem offen, informiert die Besucher sehr umfassend. Der einzige Nachteil ist: Viele

Veranstaltungen finden gleichzeitig statt, sodass die Qual der Wahl ziemlich groß ist. Die EICAR-Konferenz (www.eicar.org) mutet dagegen an wie eine Konferenz unter Gleichgesinnten, da sie Raum für Gespräche und Diskussionen unter Fachleuten bietet. Kein Wunder, dass sich überwiegend Akademiker dafür interessieren. Wer Lust verspürt, den Besuch einer solchen Konferenz mit einer privaten oder geschäftlichen Reise in den (Fernen) Osten zu verbinden, dem möchte ich die AVAR-Konferenz ans Herz legen (www.aavar. org), die von der AVAR organisiert wird, dem „Bruder" der EICAR, der in Asien sitzt. Und auch die Black Hat verdient es, als Konferenz der Malware-Jäger und *„ethical hackers"*, die sich gerne hier treffen, erwähnt zu werden. Sehr zu empfehlen ist auch die Fachmesse und -konferenz itsa in Nürnberg, die sich komplett um das Thema IT-Sicherheit dreht. Nicht zu vergessen die Infosecurity, die viele Hersteller und Experten für Sicherheitssoftware an einen Tisch bringt. Diese ursprünglich nur in Großbritannien veranstaltete Messe findet mittlerweile auch in vielen anderen Ländern statt.

10.1 Spionage

Im Kampf gegen Terroristen, Cyber-Kriminalität und Verbrechen im Allgemeinen, setzen Regierungen und Staaten nicht selten auf geheimdienstliche Mittel. Betrachten wir die Arbeit der jeweiligen Akteure genau, so beobachten wir, dass sich deren Aktivitäten längst auf das Internet verlagert haben. E-Spionage verkörpert beide Seiten einer Medaille: Sie kann mit einem Cyberangriff einhergehen, aber auch mit den Abwehrmaßnahmen des selbigen. Allein aus diesem Grund werden Spionage und Abwehrdienste immer Anlass zu heißen Debatten geben.

Die sogenannte NSA-Affäre (auch PRISM-Affäre genannt), hat uns sprachlos gemacht. Die damaligen Enthüllungen von Edward Snowden, einem ehemaligen Mitarbeiter des CIA und der NSA, machten publik, dass NSA und FBI Kooperationsverträge mit Unternehmen wie Google, Apple und Microsoft unterhielten und deren Datenbanken durchsuchen durften, um eventuelle Pläne für Terroranschläge zu vereiteln. Nach dieser spektakulären Meldung, dass die US-amerikanische Regierung auf ihrer Suche nach Staatsfeinden Informationen von Medien- und Informationsgiganten erhielt, geriet die ganze Welt in Aufruhr. Dem „Whistleblower" Edward Snowden wurden sofort die Bürgerrechte aberkannt, seine Flucht in einen sicheren Unterschlupf wurde weltweit mit großem Interesse verfolgt.

Dieses Spektakel war aus meiner Sicht vollkommen überzogen! Für mich stand schon immer fest, dass sich die US-amerikanische Regierung – wie alle anderen Staaten auch – dieser Quellen bediente. Es würde mich im Übrigen höchst verwundern, wenn sich die Kooperation zwischen der US-amerikanischen Regierung und den Konzernen tatsächlich auf die neun renommiertesten (neben den bereits genannten Facebook, Yahoo, Dropbox, AOL, Paltalk und Skype) beschränken würde. Dass da noch andere Unternehmen mitmischen, liegt doch auf der Hand und wurde in anderen Enthüllungen Snowdens bestätigt. Machen Sie sich doch einmal den Spaß und starten Sie eine ganz gewöhnliche Google-

Abb. 10.1 Scherz über die NSA und Spionage, der in sozialen Netzwerken beliebt war (Copyright Friedemann Weise)

Suchanfrage über eine bestimmte Person samt *Datamining*-Programm. Sie werden sich wundern, was Sie alles in Erfahrung bringen. Datamining-Software ist eine Technologie, mit der man einen ganzen Berg an Informationen nach ganz spezifischen Daten oder nach Trends durchsuchen kann. Mit einer einfachen und allgemein zugänglichen Software ist man in der Lage, große Mengen an Daten über Promis und Otto Normalverbraucher zu erhalten. Keine Frage, dass der Staat noch über ganz andere und weitaus modernere Mittel verfügt, um seine Bürger zu durchleuchten. Die Erkenntnisse, die dadurch gewonnen werden können, lassen den Betreffenden dann mit einem Mal in einem ganz anderen Licht dastehen.

Sie finden das bedrückend und beängstigend und fragen sich, was mit dem Datenschutz und dem Anspruch, die Privatsphäre seiner Bürger zu wahren, passiert ist? Nun, Spionage steht seit vielen Jahrhunderten in dem Ruf, ein moderates Medium zu sein, um an bestimmte Informationen zu gelangen. Und wir wissen doch alle, dass der Schutz der Privatsphäre bei keiner Regierung vorrangiges Projekt ist. Es gibt sogar Stimmen, die behaupten, dass Spionage ohne jegliche Rücksicht auf die Privatsphäre erfolgen darf, denn anderenfalls könne der Staat das Volk nicht effizient vor möglichen Angriffen jedweder Art schützen. Die US-amerikanische Sicherheitsbehörde NSA erklärte in einer öffentlichen Stellungnahme sogar, dass ohne die Arbeit der Geheimdienste zahllose Anschläge nie hätten verhindert werden können. „Wofür entscheidet man sich?", so die NSA, „für den Schutz der Privatsphäre einiger Verdächtiger oder den Schutz des Lebens unschuldiger Bürger?" Darüber hinaus unterscheiden sich die Datenschutzgesetze von Land zu Land. Es dürfte kein Land auf dieser Welt geben, das keine Geheimdienste unterhält. Privatsphäre und (staatliche) Spionage werden wohl nie die besten Freunde werden (Abb. 10.1).

Mal ganz unabhängig von den ethischen Aspekten dieses Falles sollten wir uns noch eine ganz andere Frage stellen: Was können wir dagegen tun? Die Antwort steht in Kap. 8 unter „Tipps für Einzelplatznutzer – nur so können auch Sie sicher im Netz unterwegs sein". Dort heißt es sinngemäß: Stelle nur ins Netz, was du auch dem Staat und unbekannten Mitmenschen preisgeben würdest. In diesem Kapitel plädiere ich ebenfalls für ein

„Medientraining für alle". Sicherlich geben Sie mir recht, wenn ich behaupte, dass Aufklärung darüber, was mit einmal ins Netz gestellten Daten alles passieren kann und wie diese Daten uns vielleicht sogar unser Leben lang verfolgen, und – in Ausnahmefällen – auch staatlichen Behörden einen Grund liefern, unsere Aktivitäten weiterhin zu verfolgen, keinem von uns schadet.

Zugegeben, die Versuchung ist groß, seine Meinung im Internet kundzutun – in Blogs, in Foren oder in den sozialen Netzwerken. Dabei spielt es keine Rolle, ob man sich auf die aktuellen Schlagzeilen bezieht und eine entsprechende Stellungnahme einstellt oder sein Leben mit tausenden Fotos und Filmchen bei Instagram, YouTube oder Pinterest öffentlich macht.

Jeder kann auf diese Weise leicht zu einem „Medienstar" werden. Doch sind wir dafür wirklich bereit? Nach meiner Meinung können 99,9999 % der Bevölkerung mit der Rolle einer öffentlichen Person nicht umgehen. Und es ist ihnen sehr häufig nicht klar, inwieweit ihre Meinungsäußerungen oder ihre Fotos sich auch auf das Leben anderer auswirken können – ganz abgesehen davon, wie es ihr eigenes Leben beeinflussen kann. Selbst Personen, die im Sicherheitsbereich tätig sind, haben hin und wieder Probleme damit, ihr Handeln im Internet richtig einzuschätzen. Erst neulich bekam ich mit, dass der Mitarbeiter eines Sicherheitsunternehmens ein Foto seines Autos auf Facebook einstellte, auf dem das Kennzeichen deutlich lesbar war. Schutz der Privatsphäre sieht anders aus. Für mich ist das eine Einladung zum Missbrauch dieser Information. Wenn selbst sogenannte Sicherheitsexperten so gravierende Fehler begehen, kann man sich leicht ausmalen, wie es bei weiten Teilen der Internet-Bevölkerung aussieht.

Ich kann zusammenfassend sagen: Die Privatsphäre ist ein kostbares und höchst schützenswertes Gut. Teilen Sie meine Meinung, so sollten Sie damit beginnen dieses wertvolle Gut effektiv zu schützen. Diese Aufgabe kann Ihnen niemand abnehmen. Halten Sie sich zum Beispiel online mit Ihrer Meinung zurück und setzen Sie verfügbare Technologien zu Ihrem Schutz ein. Google bietet beispielsweise die Möglichkeit, Aufnahmen Ihres Hauses, die über Google Streetview zu sehen sind, zu löschen. Liegt Ihnen Ihre Privatsphäre am Herzen, sollten Sie dieses Angebot nutzen. So mancher mag das ganz anders sehen, vielleicht legt er großen Wert darauf, dass potenzielle Einbrecher über dieses Medium sehen können, dass sein Haus bestens vor Einbrechern geschützt ist, weil es über eine moderne Alarmanlage verfügt. Kriminelle überlegen es sich dann bestimmt zweimal, ob sie dort einen Einbruch riskieren wollen. Werter Leser, Sie haben die Wahl, doch ich finde, Sie sollten diese Entscheidung bewusst treffen und das Für und Wider abwägen.

10.2   Spionage mittels Malware

Es ist natürlich etwas ganz anderes, wenn Malware unter dem Deckmäntelchen der Kriminalitätsbekämpfung zum Ausspionieren (harmloser?) Bürger eingesetzt wird. In den vergangenen Jahren sind immer wieder Berichte über verdeckte Online-Durchsuchungen an die Öffentlichkeit gelangt, von denen klar war, dass Regierungsbehörden ihre Hand im

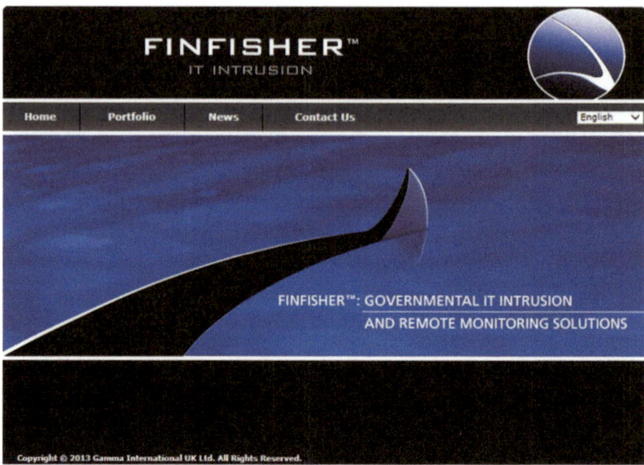

Abb. 10.2 Webseite der Gamma Group mit Werbung für FinFisher

Spiel hatten. 2011 wurde zum Beispiel bekannt, dass die deutsche Polizei mit Rückendeckung der Justiz sogenannte *Bundestrojaner* (Trojaner im Auftrag des deutschen Staates) dazu einsetzte, mutmaßlich Kriminelle auszuspionieren. Im Zuge dessen entdeckte man, dass die deutschen Polizeibehörden auch Spionagetrojaner beim britischen Softwarehersteller Gamma Group bestellten und dass die technischen, aber auch juristischen Möglichkeiten auf diversen Konferenzen besprochen wurden, an denen unter anderem Delegationen der belgischen und niederländischen Polizei teilgenommen haben.

Software dieser Art nennt sich FinSpy oder FinFisher und ist in Form von C&C-Servern in mehr als 35 Ländern im Einsatz (gewesen), wie Anfang 2013 aus Untersuchungen hervorging. Was mir ins Auge sticht ist die Tatsache, dass sich der Hersteller, die Gamma Group, ganz offen zu ihren Diensten und Produkten bekennt: FinFisher wird auf der Webseite als Teil des Produktportfolios (siehe Abb. 10.2) angeboten.

Machen wir uns nichts vor: Staat und Industrie setzen auf Spionagesoftware (und setzen sie auch ein), denn in ihren Augen handelt es sich um ein gemäßigtes und notwendiges Mittel im Kampf gegen ihre Feinde. Für sie fällt sie in dieselbe Kategorie wie militärisches Gerät. Und so kam es, wie es kommen musste: Mittlerweile werden FinSpy/FinFisher auch von weniger demokratischen Staaten genutzt, um Dissidenten auszuspionieren, wie Untersuchungen von Sicherheitsexperten ergaben und wie es zum Beispiel in Bahrein passierte.

Bei allen Fällen, in denen der Einsatz von FinFisher bekannt wurde, gibt es zwei Gemeinsamkeiten: Erstens macht die jeweilige Regierung kein Geheimnis daraus, dass sie die Software nutzen, da sie sich mit dem Einsatz innerhalb des gesetzlichen Rahmens bewegen. Zweitens: Gängige Antimalware erkennt und vernichtet FinFisher & Co. In der Antivirusindustrie tätige Mitarbeiter wollen nämlich keinen Unterschied zwischen Malware machen, die von Cyberkriminellen eingesetzt wird und Schadprogrammen, die ganz legal im staatlichen Auftrag entwickelt werden. Schneller als wir bis drei zählen können, wird diese „legale" Software dann für Cyber-Straftaten genutzt und gelangt über eventuelle Sicherheitslücken oder aufgrund der Naivität mancher Anwender in unsere Systeme. Wir halten es daher für unsere Pflicht, alles dafür zu tun, dass auch diese Malware entdeckt und unschädlich gemacht werden kann.

Zum Glück stellt sich die Frage nicht, ob nicht der eine oder andere US-amerikanische Antimalware-Hersteller von der eigenen Regierung darum gebeten wird, bei Malware, die für die CIA entwickelt wurde, ein Auge zuzudrücken. Und zwar aus einem einfachen Grund: Diese Malware wird prinzipiell weltweit eingesetzt und alle nicht-US-amerikanischen Antiviren-Unternehmen würden nichts lieber tun, als stolz zu verkünden, dass sie diese Art von Malware entdeckt haben. Das könnte erhebliche Auswirkungen auf das Image der US-amerikanischen Hersteller haben, was diese natürlich vermeiden möchten. Zumindest habe ich das in all den Jahren, in denen ich in der Antimalware-Industrie tätig bin, noch nie erlebt. Aber ausschließen kann man das seit der Einführung des sogenannten US-Patriot Acts leider nicht. Denn durch dieses Gesetz wären US-amerikanische Antiviren-Hersteller im Zweifelsfall zu einer Kooperation mit ihren Geheimdiensten verpflichtet.

Die entsprechenden Behörden verfügen allerdings über ganz andere Möglichkeiten. So könnten sie zum Beispiel die Schadsoftwaredatenbanken der Antivirusindustrie gezielt manipulieren, sodass nur noch bestimmte Malware erkannt wird. Doch ich kann Sie, werter Leser, auch in der Hinsicht beruhigen: Die gesamte Antimalware-Industrie ist darauf bedacht, genau dies zu verhindern. Abgesehen davon steht fest, dass die Regierungen einiger Industriestaaten ohnehin Schadsoftware einsetzen, die zum Teil bereits seit langer Zeit erkannt wird. Es steht aber auch fest, dass andere Malware (noch) nicht erkannt wird, weil diese extrem sparsam und zielgerichtet eingesetzt wird, sodass wir damit nicht in Berührung kommen oder weil sie schon so veraltet ist, dass sie nicht mehr verwendet wird. Wir müssen aber zugeben, dass wir letztlich nicht mit Sicherheit sagen können, wer hinter der Entwicklung dieser Art von Malware steckt. Manchmal gelingt es uns, den Übeltäter zu entlarven, weil wir ihn anhand seiner Programmiertechnik erkennen oder seine Identität aus den Angriffszielen ableiten können.

10.3 Wider besseres Wissen

Es kommt manchmal vor, dass gewollt oder ungewollt auf die gleichen Muster zurückgegriffen wird, die auch Malware nutzt. Davon zeugt die folgende Geschichte, die sich bereits vor einigen Jahren ereignet hat. Damals erbat die niederländische High-Tech Crime Unit (ein staatliches Ministerium für den Kampf gegen Cyberkriminalität) meine Hilfe, um den sogenannten Shadowbot, ein damals gerade erst entdecktes Botnet, zu analysieren. Daraus entstand eine höchst interessante Zusammenarbeit zwischen Staat und Industrie, bis man uns mitteilte, dass das Botnet jetzt aktiv bekämpft werden solle. Geplant war, dass an allen infizierten Computern der Hinweis angezeigt wird, dass dieser PC Teil eines

Botnets wäre. Außerdem sollte darin ein Link zu einer Webseite genannt werden, auf der man sich registrieren und zugleich ein Programm herunterladen konnte, mit dessen Hilfe der befallene PC „geheilt" werden könnte. Diese Lösung wurde mit Sicherheit in der besten Absicht entwickelt, aber uns missfiel, dass die gleichen Mittel eingesetzt werden sollten, die auch von Malware-Schreibern genutzt werden: Plötzlich werden am Bildschirm Nachrichten angezeigt und das System wird solange blockiert, bis eine bestimmte Handlung ausgeführt wird.

Für mich war es damals das erste Mal, dass ich so etwas miterleben durfte – nur leider nicht das letzte Mal. Erst vor kurzem bediente sich das FBI der Dienste von Microsoft, um das Citadel-Botnet auf ähnliche Weise zu bekämpfen. In diesem Fall wurden sogar IP-Adressen verändert, sodass der Nutzer zu einer Webseite von Microsoft umgeleitet wurde, obwohl er doch eigentlich auf die Webseite von Facebook wollte.

Mir jagt diese Vorgehensweise Schauer über den Rücken, denn ich frage mich, welche Folgen diese Vorgehensweise haben kann. Ist es wirklich gerechtfertigt, die Waffen des Feindes zu nutzen, um ihn zu bekämpfen? Darf man bei jemandem einbrechen, um ihn zu retten? Überspitzt formuliert: Wie kann man dann noch zwischen Gut und Böse unterscheiden?

Sie denken, ich gehe zu weit? Dann möchte ich Sie an die eCops-Ransomware erinnern (siehe Kap. 5). Sie bediente sich nämlich genau derselben Vorgehensweise, um nichtsahnenden Opfern ihr Geld zu entlocken: Der betroffene Computer wurde mit einer Meldung am Bildschirm blockiert, die urplötzlich vor den Augen des ahnungslosen Nutzers auftauchte, und es wurde darauf hingewiesen, wie diese Blockierung wieder aufgehoben werden kann. Der einzige Unterschied zwischen diesen beiden Vorfällen ist, dass bei der Ransomware Geld floss, bei Shadowbot lediglich eine Webseite besucht werden sollte. Wie kann ein Laie erkennen, dass er im ersten Fall Opfer ist und im zweiten von Väterchen Staat beschützt wird? Ich bin der Überzeugung, dass es nicht richtig ist, sich Methoden zu bedienen, die von Cyberkriminellen verwendet werden. Im besten Fall stiftet das unnötige Verwirrung.

In einen PC einzudringen ist in meinen Augen nicht nur aus moralischen Gesichtspunkten kaum zu vertreten, sondern stellt in vielen Ländern sogar eine Straftat dar.

10.4   Gesetzgebung und mögliche Strafen

Manchmal zeigen Regierungen sich von Ihrer besten Seite und ergreifen sehr gute Maßnahmen gegen Cyberbedrohungen. Ein Beispiel hierfür ist die EU-Direktive zur härteren Bestrafung von Hackern. Ab sofort müssen sie mit mindestens 2 Jahren Gefängnis rechnen. Dabei können auch Unternehmen bestraft werden, die Hacker beauftragen, was sogar zur Firmenschließung führen kann. Betreiber von Botnetzen kommen nicht unter 3 Jahren Gefängnis davon. Wer kritische Infrastrukturen eines Landes oder Unternehmenssysteme beschädigt, kann mit bis zu 5 Jahren Gefängnis bestraft werden. Bisher sind das jedoch nur Richtlinien, die in vielen Fällen erst noch in die nationale Rechtsprechung aufgenommen werden müssen. Sie zeigen, dass wir auf dem richtigen Weg sind. Dennoch: Solange die Gesetze noch nicht EU-weit (oder sogar weltweit) umgesetzt sind, werden Cyberkriminelle weiter ungehindert aktiv sein.

Die Richtlinie geht sogar noch einen Schritt weiter: Jeder EU-Staat sollte in der Lage sein, binnen 8 h auf Hilfsgesuche anderer Staaten bei landesweiten Cyberattacken zu reagieren. Es zeigt, dass die EU sich durch ihre internationalen Kooperationen für alle Eventualitäten rüstet. Allerdings wird es noch mehrere Jahre dauern, bis sich diese guten Absichten in nationalen Gesetzen wiederfinden. Auf der Webseite des Europarats (*conventions.coe.int/Treaty/Commun/ChercheSig.asp?NT = 185&CL = ENG*) können Sie sich ein Bild davon machen, in welchen Ländern das bereits erfolgt ist. Leider wird auch deutlich, dass es sich dabei um einen recht zähen und mühsamen Prozess handelt.

In den Niederlanden wurde ein Gesetzesentwurf über die sofortige Meldung von Hackerangriffen in Unternehmen verabschiedet. Verstößt ein Unternehmen dagegen, droht eine Geldstrafe von bis zu 450.000 €. Eine ähnliche Initiative gibt es auch auf europäischer Ebene. Telekommunikationsunternehmen sind verpflichtet, Daten-Einbrüche innerhalb von 24 h zu melden, die Details zu diesen Einbrüchen müssen dann innerhalb von drei Tagen nachgeliefert werden. Leider hat man bei diesen lobenswerten Vorstößen zwei wesentliche Kleinigkeiten vergessen: Ein Unternehmen kann sehr wohl gehackt sein, ohne dass es davon etwas merkt. Jemanden dafür mit einer hohen Geldstrafe zu belegen, ist daher vielleicht etwas übertrieben.

Anders sieht das bei Cyberkriminellen aus. Aber auch hier gilt: Bevor Geldstrafen oder gar Freiheitsstrafen verhängt werden können, muss jeder einzelne Fall gründlich untersucht werden. In der Vergangenheit berichteten Medien bereits über Ermittlungserfolge gegen einzelne Täter oder E-Crime-Gruppen. So beispielsweise über die Verhaftung eines Hackers, der den Account der kanadischen Sängerin Carly Rae Jepsen in der Hoffnung knackte, Nacktfotos von ihr zu finden und an Boulevardzeitschriften verkaufen zu können. Oder über den Schlag gegen den Betreiber des Zeus-Botnets, der durch seine Machenschaften rund US$ 20 Mio. ergaunerte. Ein weiterer spektakulärer Fall war die Ergreifung und Verurteilung des niederländischen Cyberkriminellen David Benjamin Schrooten, besser bekannt als Fortezza. Er wanderte wegen Identitätsdiebstahls und Kreditkartenbetrugs in knapp 100.000 Fällen für zwölf Jahre hinter Gitter. Schrooten wurde in Rumänien festgenommen und an die Vereinigten Staaten ausgeliefert.

Die Forderung nach einer gerechten Bestrafung und das letztendlich verhängte Strafmaß klaffen in einzelnen Rechtssystemen zuweilen weit auseinander. So forderte der Staatsanwalt eines US-amerikanischen Gerichts in einem Verfahren gegen einen Cyber-Sexualstraftäter eine Haftstrafe von 105 Jahren. Gary Kazaryan, wie er sich selbst nannte, hatte es nicht auf Geld abgesehen. Er blockierte die Accounts seiner Opfer, ging dann auf die Suche nach Nacktfotos oder anderem belastenden Material, erpresste seine Opfer anschließend damit und verlangte von ihnen einen Striptease vor einer Webcam. Nachdem er sich schuldig bekannt hatte, wurde er zu einer fünfjährigen Haftstrafe verurteilt.

Es lässt sich also sagen, dass die Zeit, in der der Hacktivisten mangels harter Gesetze eine Schonfrist genossen, vorbei ist. Damit ist das Ende der Fahnenstange noch nicht erreicht. Zwei britische Hacktivisten, die an Anonymous beteiligt waren, wurden zu Haftstrafen von sieben und achtzehn Monaten für ihre DDoS-Angriffe auf PayPal, MasterCard, Visa und andere verurteilt. Eine relativ harte Strafe, wenn man bedenkt, dass ihr Motiv recht harmlos war: Sie waren einfach nur unzufrieden damit, dass ihnen der Online-Bezahldienst PayPal und die Kreditkartengesellschaften MasterCard und Visa beim Geldeintreiben für WikiLeaks Steine in den Weg legten. Die Macher der spanischen Version der eCops-Ransomware konnten festgenommen werden, nachdem sie mit ihrer Schadsoftware rund eine Millionen Euro erbeutet hatten, was in etwa 100 € pro Opfer entspricht.

Auch der Hacker, der der Schauspielerin Scarlett Johansson Nacktfotos vom Computer stahl und veröffentlichte, wurde mit zehn Jahren Gefängnis bestraft, obwohl der Staatsanwalt sogar nur sechs Jahre gefordert hatte. Interessant an diesem Fall ist die Tatsache, dass es ihm bei fast fünfzig Stars und Promis mühelos gelang, sich deren Account-Daten anzueignen. Er klickte einfach nur auf „Passwort vergessen" und bekam ein neues Passwort zugeschickt, da er einfache Fragen richtig beantwortete – bestimmt mit Hilfe von Google.

Aus dem Tagebuch
Konferenz mit dem belgischen Staatsschutz
   2. Mai 2008
   Während meiner Tätigkeit für einen Hersteller von Antivirensoftware hatte ich regelmäßig informellen Kontakt zum belgischen Staatsschutz. Kurze Zeit später wechselte ich zu Kaspersky Labs, woraufhin der Kontakt einzuschlafen drohte. Da man nie wissen kann, wozu man solche Verbindungen einmal nutzen kann, beschloss ich, ein zwangloses Treffen zu vereinbaren. Bei einer Pizza ließ ich mich über den Stand der Dinge in der Sicherheitswelt informieren und bot meinem Gegenüber die Möglichkeit, einige wichtige Dinge mit mir zu erörtern. Unter anderem wurde ich gefragt, ob ich wisse, wer für die Angriffe auf Ämter und Behörden in Belgien verantwortlich sei. Ich räumte ein, dass es durchaus China sein könnte, obwohl dafür keine handfesten Beweise vorlagen.
   Nur zwei Wochen später, am 2. Mai 2008, hörte ich morgens in den Nachrichten, dass der Staatsschutz publik machte, dass China mit absoluter Sicherheit für diese Angriffe verantwortlich sei. Anscheinend reichte ihnen meine Meinung dazu aus, ihre vage Vermutung bestätigt zu sehen. Ich hielt das jedoch für eine ausgesprochen bedenkliche Arbeitsweise und ließ daraufhin über die Medien verlauten, dass ich keinen Beweis für diese Anschuldigung hätte und der Staatsschutz wohl über das Ziel hinausgeschossen wäre. Seitdem bin ich für diese Behörde uninteressant.

Mit den Worten von…

Nikolaus Forgó, Professor für IT-Recht und Rechtsinformatik und Leiter des IRI

Was uns James Bond über IT-Sicherheitsrecht lehrt

James Bond-Filme sind ein gutes Beispiel für ein bestimmtes Filmgenre: Der Held befindet sich im – bestenfalls gleichgültigen, nicht selten feindlichen – Ausland und muss sich dort gegen eine Vielzahl von Störungen behaupten, um den skrupellosen Verbrecher zu Strecke zu bringen, der die Welt auslöschen oder sonstige Gemeinheiten begehen will. Da ist es nur recht und billig, dass James in der Wahl seiner Waffen nicht zimperlich sein und sich nicht zu lange mit der Frage aufhalten kann, ob der Einsatz eines Mittels am Ort des Geschehens denn überhaupt zulässig ist. Wo käme man denn da hin, wenn der Agent jedes Mal, wenn ihm danach ist, einen Flammenwerfer oder eine Q'sche Wunderwaffe einzusetzen, erst diskutieren müsste, ob er diese denn überhaupt besitzen darf: Schon das nächste Rendezvous wäre gefährdet, weil der Held im Bürokratiewahnsinn gefangen (wer mag schon Sean Connery Formulare ausfüllen sehen?) oder tot wäre. Es macht ja auch nichts, dass sich James um diese unangenehmen Details nicht weiter kümmert, denn er verfügt über ein umfassendes Berechtigungskonzept seines Heimatstaates – incl. ‚licence to kill'. Dieses Berechtigungskonzept erklärt wesentlich die Funktionsweise der Filme: Sie erlaubt nämlich dem Agenten eigene Werte gegen Widerstand auch im feindlichen oder gleichgültigen oder unfähigen Ausland durchzusetzen und damit ganz im Sinne des survival of the fittest dem technologisch überlegenen Guten gegen das Böse in der Welt zum Durchbruch zu verhelfen. Am Ende ist dann alles gut und der Herkunftsstaat ist zufrieden.

Edward Snowden haben wir die Verbreitung der im Nachhinein betrachtet eigentlich sehr schlichten Einsicht zu verdanken, dass James Bond auch in der Realität und überall existiert – (vermutlich) weniger glamourös, weniger sexuell aktiv und überhaupt deutlich unaufregender mag sich der Alltag eines Agenten anfühlen, aber gemeinsam mit James Bond ist dem realen Schlapphut der Umstand, dass er sich – hoffentlich – verpflichtet sieht, sich an das Normsystem seines Herkunftslandes zu halten, nicht aber zwingend an das des Staates, in dem er seine Aktivitäten entfaltet. Geheimdienste heißen Geheimdienste, weil ihre Tätigkeit geheim sein und von Rechtskonflikten unbehelligt sein soll. Verfahren gegen ausländische Geheimagenten sind in westlichen Demokratien zu seltenen Ausnahmen geworden.

James Bond zeigt damit ein intrinsisches Problem des Rechtssystems: Normen können nur Gebote formulieren, sie können Sollensanforderungen schaffen und Sanktionen für den Fall ihrer Nichtbeachtung androhen. Sie können (in der Ethik) an das Gute appellieren, (in der Religion) mit ewiger Verdammnis drohen oder (im Recht) Schadensersatzzahlungen oder Strafen vorsehen – wer sich davon nicht betroffen fühlt, hält sich nicht daran und hofft darauf – häufig genug zu Recht – nicht erwischt zu werden.

Recht kann daher per se niemals allein die Antwort auf den desaströsen Befund der IT-Sicherheitslandschaft, den uns Snowden (nochmals) offensichtlich gemacht hat, sein. Der reflexartige Ruf nach mehr und strengeren Normen wird wirkungslos verhallen, wenn nicht Mechanismen geschaffen werden, die diesen Normen zur Durchsetzung verhelfen. Die Erhöhung eines Strafausmaßes, die Schaffung eines neuen Tatbestandes, ein neu geschriebenes IT-Security-Gesetz und ähnliche (symbolische) rechtspolitische Maßnahmen werden nicht genügen, weil alle diese Instrumente allein keinen Schutz vor jenen bieten, die sie bewusst missachten.

Die Antwort muss in einer Kombination von Bewusstseinsbildung, Aufklärung, technischen, organisatorischen, politischen und ethischen Maßnahmen liegen, die Non-Compliance als Risiko versteht, bewertet und beantwortet. Voraussetzung dafür ist eine realistische Analyse der Lage anstelle eines reflexartigen Rufs nach dem symbolischen Gesetzgeber.

Prof. Dr. Nikolaus Forgó, geboren 1968 in Wien/Österreich, studierte Jura in Wien und Paris. Zwischen 1990 und 2000 arbeitete er als Assistent am Institut für Römisches Recht sowie als IT-Beauftragter der rechtswissenschaftlichen Fakultät an der Universität Wien. Seit 2000 ist er Professor für IT-Recht und Rechtsinformatik an der Universität Hannover, seit 2007 Leiter des Institute for Legal Informatics (www.iri.uni-hannover.de) und seit 2011 außerdem Mitglied des Forschungszentrum L3S (www.l3s.de). Nikolaus forscht, lehrt und berät in allen IT-bezogenen rechtlichen Belangen mit Fokus auf Datenschutz und Datensicherheit. Er berät regelmäßig öffentliche Einrichtungen wie die Europäische Kommission, das Österreichische Parlament, den Deutschen Ethikrat sowie verschiedene österreichische und deutsche Ministerien in IT-Fragen.

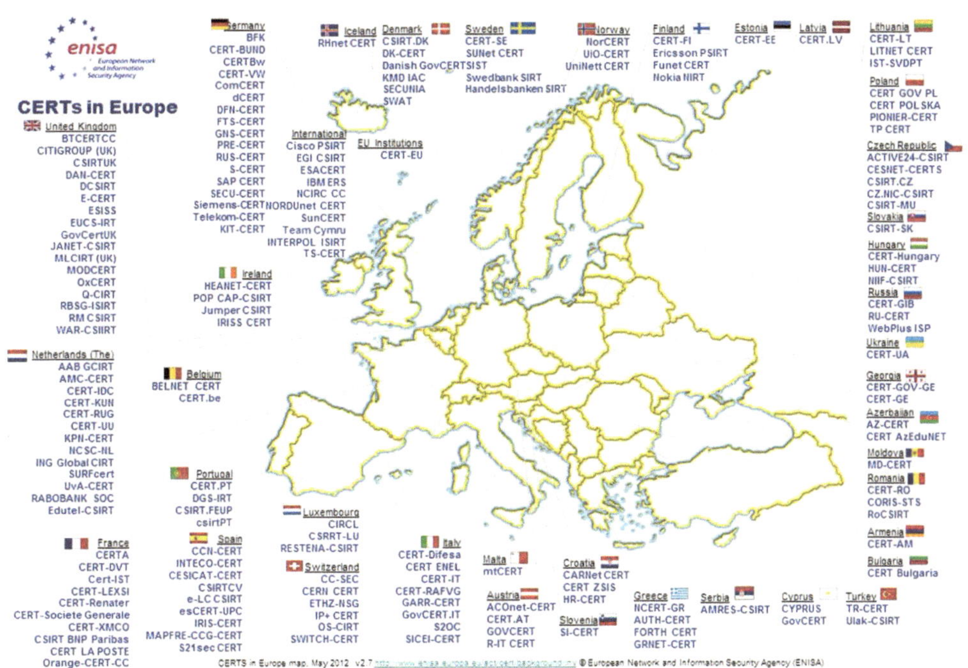

Abb. 10.3 CERTs in Europa

10.5   CERTs und CCUs

Am Ende dieses Kapitels möchte ich noch ein Wort über die professionellen Cybercrime-Jäger wie CERT *(Computer Emergency Response Team)* verlieren. CERTs sind notwendig, nützlich und leisten gute Arbeit. Sie überblicken die alltäglichen Cybergefahren und versuchen, bei Verstößen gegen die Sicherheit von Computern und Netzwerken schnell zu handeln. Ihr Ziel ist es, Straftaten zu verhindern und den möglichen Schaden auf ein Minimum zu begrenzen. CERT handelt aber nicht erst dann, wenn sich Cyberverbrechen bereits ereignet haben, sondern ist auch im Bereich der Prävention tätig. Seinen Namen verdankt **CERT** dem Software Engineering Institute der Carnegie Mellon University in Pittsburgh. Manchmal spricht man auch von Incident Response Teams, die als CSIRT bezeichnet werden. Abbildung 10.3 zeigt eine aktuelle Übersicht über die CERTs in Europa, die aber auch in der restlichen Welt vertreten sind, wie zum Beispiel die USCert in Amerika oder AusCert in Australien.

Erwähnenswert sind in diesem Zusammenhang auch die Initiative der **Europäischen Vertretung für Netzwerk- und Informationssicherheit (ENISA)**. Die Aufgabe dieser Vertretung ist es, dafür zu sorgen, dass Informationsnetzwerke und darüber versendete Daten vor dem Zugriff Dritter geschützt werden. Dies ist für alle Bürger, Unternehmen und staatliche Institutionen europaweit von enormer Bedeutung. Faktisch kann man sie als länderübergreifendes Organ der europäischen CERTs verstehen.

Und damit wären wir auch schon bei der Cyberpolizei oder auch den „high-tech-crime-units" oder kurz CCUs (cyber crime units) angelangt. Inzwischen gibt es in fast allen Ländern CCUs, die aber nicht alle gleich effizient arbeiten, da es ihnen oft an qualifizierten (und spezialisierten) Mitarbeitern fehlt. Beispiele für sehr professionelle und gut funktionierende Einheiten im Kampf gegen die Cyberkriminalität sind das FBI, die niederländische KLPD, die britische NCCU und das deutsche Bundeskriminalamt (BKA, SO51), die bereits so manchen Cyberkriminellen verhaften konnten.

Mittlerweile sind viele Länder zu einer nationalen Cyber-Strategie übergegangen, die vor allem die eigene Infrastruktur vor eventuellen Cyberangriffen schützen soll. Manche Länder setzen die entsprechenden Maßnahmen vorbildlich um, doch leider hapert es in anderen Ländern noch sehr damit. Anfang 2013 rief die Europäische Kommission (EC) die Europäische Cyber-Strategie ins Leben. Gerade im Kampf gegen Cyberkriminalität kommt es stark auf eine reibungslos funktionierende Zusammenarbeit der Mitgliedsstaaten an. Denn wird ein Land über das Internet angegriffen, ist die Rettung oftmals nur über solide Bündnisse und durch die Unterstützung von Nachbarländern möglich. Es wird allerdings noch Jahre dauern, bis diese Strategie vereinheitlicht ist und für alle Mitgliedsstaaten der europäischen Union greift.

Cyberkriminelle zu bekämpfen ist nur eine – nicht unwichtige – Aufgabe einer umfassenden Strategie zum Schutz des Cyberspace. Der Schutz des Cyberraums selbst ist die andere Aufgabe, die untrennbar mit Cyber-Sicherheit und -Schutz verbunden ist. Sie parken Ihr Auto ja auch nicht mit offenen Türen, weil Sie davon ausgehen, dass eventuelle Diebe von der Polizei geschnappt werden, oder? Doch es ist Ihr gutes Recht zu erwarten, dass die Polizei versucht, den oder die Straftäter zu fassen und vor Gericht zu bringen. Und genau so ist es auch mit dem Cyberspace: Es führt kein Weg daran vorbei, wir müssen ihn nach besten Kräften schützen. Das soll natürlich nicht bedeuten, dass Väterchen Staat damit von seiner Pflicht befreit ist, Straftäter zu fassen und zu bestrafen.

11.1 Medien als Verbündeter

Im vorherigen Kapitel ging es um eine der wichtigsten Aufgaben des Staates, nämlich die Bevölkerung über sämtliche Gefahren im Cyberspace umfassend aufzuklären und zu informieren. Dafür ist es unerlässlich, die Medien mit ins Boot zu holen. Bei der Bekämpfung von Cyber-Kriminalität kommt Journalisten somit eine äußerst wichtige Rolle zu. Schließlich sind sie es, die Informationen sammeln, für uns aufbereiten und verständlich vor den allgegenwärtigen Gefahren im Internet warnen.

Ich selbst blicke auf eine intensive Zusammenarbeit mit den Medien zurück – in jedweder Form. Schließlich spielt es für mich keine Rolle, ob ich Menschen direkt oder über Printmedien, audiovisuelle Medien oder online über Cybergefahren aufklären kann. Im Vordergrund steht für mich immer, Menschen zu informieren und im Inland wie im Ausland zu ihnen durchzudringen, ganz gleich über welchen Kanal und welchen Herausgeber. Trotzdem erfüllt es mich ein klein wenig mit Stolz, mit so namhaften Zeitungsverlagen wie der *Gazet van Antwerpen, Axel Springer* und dem *De Telegraaf* sowie renommierten Radio- und Fernsehsendern wie BBC World, CNN und Al-Jazeera zusammengearbeitet zu haben.

Für die IT-Sicherheitsbranche sind die Medien ein unverzichtbarer Partner. Es ist durchaus schon vorgekommen, dass sie selbst die Initiative ergreifen und durchstarten. Beispielsweise hat in Belgien im Radio 2 Inspektor Decaluwé – der wochentags im Vormittagsprogramm alle möglichen Tipps für alle Lebenslagen gibt – im Frühjahr 2013 eine ganze Themenwoche „sicher online" veranstaltet. In dieser Woche standen jeden Tag Sicherheits- und Datenschutzexperten – darunter auch meine Wenigkeit – Rede und Antwort zu Themen wie Kaufen und Verkaufen im Internet, Problemen mit dem Datenschutz in sozialen Netzwerken und vieles mehr. Ich halte es für eine sinnvolle Initiative, die so oft wie möglich wiederholt werden sollte.

© Springer Fachmedien Wiesbaden 2015
E. Willems, *Cybergefahr,* DOI 10.1007/978-3-658-04761-0_11

Einen nicht zu unterschätzenden Informationskanal stellen Online-Medien dar. Dank ihrer Schnelligkeit und dem hohen Aktualitätsgrad, werden über diesen Kanal Internetnutzer sehr zeitnah vor Cybergefahren gewarnt. Eine besondere Rolle nehmen vor allem die unzähligen Blogs ein, die wie Pilze aus dem Boden geschossen sind, sowie die sozialen Netzwerke und die traditionellen Medien, die auf den Online-Zug aufgesprungen sind. Blogs sind ein effizientes Mittel, um Botschaften zu verbreiten. In den vergangenen Jahren habe auch ich sowohl über unseren Unternehmensblog (blog.gdatasoftware.com) als auch über meine eigene Antimalware-Seite (www.anti-malware.info) meine Meinung zu Security-Themen geäußert und Empfehlungen ausgesprochen. Viele meiner in diesem Buch festgehaltenen Ansichten und praktischen Tipps stammen aus diesen Blogs. Was soll ich sagen? Ich befinde mich damit in bester Gesellschaft: Unter www.virusbtn.com/resources/links/index?blog hat Virus Bulletin die interessantesten Nachrichten- und Blogsites zum Thema Cyber-Sicherheit gesammelt.

11.2   Medien und ihr Einfluss

Was die Rolle der Medien betrifft, bin ich gelegentlich zwiegespalten: Einerseits müssen wir den Medien dankbar dafür sein, dass sie uns auf dem Laufenden halten und uns vor potenziellen Gefahren im Internet warnen. Andererseits können sie uns auch manipulieren, was uns eher schadet als nutzt. Lassen sich Medien von unserem Sensationsdrang leiten oder geht es ihnen nur um die Auflagenstärke und nicht den Informationsgehalt, ist das eine bittere Pille. So wundert es nicht, dass schon des Öfteren aufgedeckt wurde, dass uns bestimmte Informationen schlichtweg vorenthalten wurden oder dass Tatsachen verdreht wurden.

Insbesondere bei den Medien gilt der Grundsatz: Je aktueller die Berichterstattung, umso wertvoller ist sie. Dramen, die sich direkt vor unserer Nase ereignen, sind immer interessanter als alles, was in fernen Orten wie Los Angeles oder Singapur geschieht. Auch für Berichterstatter gilt: Je näher sie am Geschehen dran sind, umso eher kann es vorkommen, dass die falschen Schlussfolgerungen gezogen werden oder die Berichterstattung nicht ganz so objektiv verläuft, wie sie eigentlich sein sollte. Die folgende Geschichte illustriert anschaulich, was ich meine.

Am 27. März 2013 berichtete BBC Online von einer „weltweiten Verlangsamung des Internets, was unter Sicherheitsexperten als größter bislang beobachteter Cyberangriff gilt". Diese Attacke reduzierte die Übertragungsrate von Onlinediensten wie Netflix aber auch die von BBC. Eigentliches Ziel dieser Attacke aber war Spamhaus, eine Nonprofit-Organisation, die E-Mail-Providern dabei hilft, Mailboxen von Spams frei zu halten und unerwünschte Mails abzuwehren. Dafür benutzt das Unternehmen so genannte *blocklists*: Datenbanken von Servern, von denen bekannt ist, dass sie für schädliche Zwecke eingesetzt werden.

Bereits zu Monatsbeginn war Cyberbunker auf dieser Liste gelandet, ein Webhoster, der eigenen Angaben zufolge alles bis auf Kinderpornografie und terroristisches Material hosten wollte. Dessen Sprecher Sven Olaf Kamphuis betonte damals, dass Spamhaus „nicht das Recht habe zu entscheiden, wer Zugang zum Internet hat und wer nicht". Vielleicht hat Cyberbunker seiner Botschaft Nachdruck verleihen wollen, indem man auch

Spamhaus komplett lahm legte mit einem bis dato höchst seltenen DDoS-Angriff, der mehr als eine Woche andauerte und Geschwindigkeiten aufwies, die sechs Mal so groß waren wie die eines durchschnittlichen DDoS-Angriffs. Und da Spamhaus eine doch beträchtliche Anzahl Domains verwaltete, wurden auch diese Sites Opfer der Attacke.

Die BBC-Site war offensichtlich „auf derselben Strecke der Internet-Autobahn unterwegs" wie Spamhaus, weshalb sie auch unmittelbar von den Folgen des Angriffs betroffen war. Es kam zu Verzögerungen im Internetverkehr und insbesondere zu einer unglaublich niedrigen Reaktionszeit. Da viele Unternehmen (wohl auch in London), mit denen die BBC in Kontakt stand, ebenfalls unter der Verzögerung litten, folgerte die BBC, dass wohl das gesamte Internet von dem DDoS-Angriff betroffen sei. Doch das entsprach keineswegs der Wahrheit! Dumm nur, dass die renommierte BBC bereits veröffentlicht hatte, es habe sich um eine weltweite Verlangsamung des Internets gehandelt.

Man sollte daher immer äußerst skeptisch sein, wenn in den Medien von dem „größten, je da gewesenen Cyberangriff" die Rede ist. Nicht nur die eigenen Erfahrungen können hier dazu führen, dass die Sachlage falsch bewertet wird, sondern auch, die Tatsache, dass es den Medien oft einfach an Zeit und Ressourcen fehlt, um eine Situation richtig einschätzen zu können, was sich natürlich auf die Berichterstattung auswirkt.

Mit den Worten von...
Guy Kindermans, Journalist, spezialisiert auf ICT-Sicherheit
Das Internet – auch Journalisten lieben und hassen es
Für uns Journalisten stellt das Internet eine wunderbare Quelle für alle möglichen Recherchen über Personen, Unternehmen, Produkte und jegliche Geschehnisse dar. Dies gilt vor allem dann, wenn es keinerlei Einschränkung gibt, was veröffentlicht werden darf und was nicht. Natürlich greifen wir auch auf Informationen aus den sozialen Netzwerken wie LinkedIn oder Diensten wie Twitter zurück. Das Tüpfelchen auf dem i ist für uns, dass uns all diese Daten mit nur wenigen Klicks zur Verfügung stehen.

Trotzdem ist das Internet gerade für uns Journalisten auch eine Gefahrenquelle. Das trifft insbesondere auf Länder oder Gebiete zu, in denen Nachrichten und Informationen weder frei verfügbar sind noch unzensiert verbreitet werden dürfen. Suchanfragen, Berichte, Kommunikation.... alles wird rasend schnell registriert und überwacht. Vielleicht haben Sie schon von dem Debakel mit DigiNotar gehört? Diese niederländische Zertifizierungsstelle hatte sich auf Dienstleistungen für Notare spezialisiert. Anfang September 2011 wurde bekannt, dass ein Angreifer sich unbefugt Zertifikate für diverse Domains (unter anderem für google.com) ausgestellt hatte. Diese wurden nachweislich für Abhörangriffe auf iranische Bürger benutzt. Die betroffenen Zertifikate wurden daraufhin von einigen Browser- und Betriebssystemherstellern aus deren Systemen gestrichen. Dadurch wurden auch legitime Zertifikate von DigiNotar nicht mehr als gültig anerkannt, was ernste Folgen für die IT-Infrastruktur hatte, da Zertifikate von DigiNotar in den Niederlanden auch für die staatliche Public-Key-Infrastruktur benutzt wurden. Am 20. September

2011 wurde DigiNotar für insolvent erklärt. Deren Nachlässigkeit in Puncto Sicherheit ermöglichte es, gefälschte Sicherheitszertifikate zu generieren, was Journalisten und Aktivisten in Gefahr brachte, weil sie sich fälschlicherweise auf einen Schutz verließen, der nicht bestand.

Es gibt Dienste, die anonyme Suchanfragen im Internet ermöglichen. Zusätzlich kann man die gespeicherten Daten und Nachrichten verschlüsseln. Im Prinzip schützt auch das nicht zu 100 %. Sicherheitsdienste mit den entsprechenden Speicherressourcen wie beispielsweise die NSA speichern einfach alles. Dahinter steckt ein simpler Grundsatz: „Wenn wir die Daten heute nicht knacken können, gelingt es uns vielleicht morgen." Auf den Punkt gebracht: Für uns Journalisten sind Internet und digitale Informationen ein Himmelsgeschenk, aber für unsere Kollegen in weniger freiheitlichen und demokratischen Ländern können sie sehr gefährlich werden und teuflische Nebenwirkungen haben…

Mehr über Guy Kindermans steht in Kap. 4. Man hat nichts zu verbergen, aber alles zu schützen.

11.3 Medien als Opfer

In den vergangen Jahren sind die Medien selbst häufiges Ziel von Cyberangriffen gewesen. Vor allem Twitter-Accounts von Sendern, Zeitschriften und bekannten Journalisten wurden regelmäßig gehackt, um unter deren Namen falsche Nachrichten in die Welt zu schicken. Den Tätern geht es hierbei meistens um den Kick kurzzeitiger Berühmtheit: Jeder halbwegs Interessierte dürfte sich fragen, wer wohl hinter den Hackerangriffen oder falschen Tweets stecken mag und wie sie das geschafft haben. Letzteres ist meistens ein Kinderspiel: Die meisten Accounts werden gehackt, weil irgendjemand auf eine einfache

Phishing-Mail reingefallen ist, denn es ist und bleibt die treffsicherste Methode, sich die menschliche Schwäche „Neugier" zunutze zu machen.

11.4   Nachrichtenseiten und Malware

Zu guter Letzt möchte ich noch darauf hinweisen, dass es auch infizierte Medien-Webseiten gibt, die dann selbst für Drive-by-Downloads verantwortlich sind. So geschehen im Fall von flair.be und nu.nl. Die Medien-Webseiten verbreiteten nach erfolgreichem Angriff ungewollt selbst Schadsoftware. Aufgrund ihrer Beliebtheit wurden diese Webseiten zu einem häufigen Ziel von Cyberangriffen, sowohl durch Hacker, denen es nur um den Ruhm ging, als auch durch Kriminelle, die nur eines im Sinn hatten: möglichst viel Geld herauszuschlagen. Deshalb ist es für Medien umso wichtiger, sich rundherum vor Cyberangriffen und Social Engineering-Angriffen in all ihren Varianten zu schützen. So viel zur Theorie, leider sieht die Praxis ganz anders aus. Sogar infizierte Werbung findet ihren Weg oft genug auf Webseiten von News-Portalen oder Tageszeitungen, da die entsprechende Kontrolle zu wünschen übrig lässt. Kürzlich fand sich sogar auf den *Google News* Malware, wo man doch bei Google eigentlich von einem sorgsamen Umgang mit Sicherheit ausgehen sollte.

Das bemerkenswerteste Beispiel für eine solche ungewollte Verbreitung von Malware war – zumindest in Belgien – die Geschichte von Radio Brüssel, Michael Jackson und der organisierte Angriff auf Südkorea. Lassen Sie uns kurz im „Moonwalk" in diese Zeit zurückkehren.

Im Juli 2009 wurde der Internetverkehr in Südkorea schwer beeinträchtigt. Sowohl die staatlichen Webseiten als auch die Finanzsites, aber auch viele andere Portale und populäre Suchmaschinen waren nur noch schwer oder gar nicht mehr erreichbar. Die Schlussfolgerung des koreanischen Nachrichtendienstes nach einigen Tagen lautete: Das muss das (Teufels-)Werk einer großen Organisation oder eines anderen Landes sein. Und natürlich zeigte man damals mit dem erhobenen Finger in Richtung Norden auf den Erzfeind Nordkorea. Dies konnte aber nie bewiesen werden, denn die DDoS-Angriffe stammten aus allen möglichen anderen Ländern, Nordkorea war nicht darunter. Ein paar der daran beteiligten Computer standen sogar in Südkorea, andere in Japan, den Vereinigten Staaten, Großbritannien und sogar Belgien. Niemand weiß genau, wie viele belgische PCs Teil des Zombie-Netzwerks waren, das Südkorea attackierte. Wohl aber wissen wir, wie diese PCs über ein gigantisches Netzwerk miteinander verbunden waren.

Zwei Wochen zuvor war Michael Jackson, einer der größten Stars der Popgeschichte, verstorben. Im Gedenken an seine Kunst hatte ihm der belgischen Rocksender Studio Brüssel eine eigene Site gewidmet – eternalmoonwalk.com. Ziel war eigentlich, dass jeder seine eigene Interpretation des „Moonwalk" – des legendären Tanzes von Michael Jackson, bei dem die Beinbewegungen Vorwärtslaufen vortäuschen, während sich der Tänzer tatsächlich rückwärts bewegt – auf die Site stellen konnte. Man wollte all diese Versionen später zu einem endlosen Moonwalk zusammenfügen. Zunächst waren es hauptsächlich

Videoclips aus Belgien, die hochgeladen wurden, doch die Jackson-Fans aus der restlichen Welt ließen nicht lange auf sich warten und so wurde am Ende ein stundenlanges Video zusammengestellt. Was für ein Riesenerfolg für Studio Brüssel.

Damit ist die Geschichte aber leider nicht zu Ende. Wie sich später herausstellte, war die Site nämlich infiziert. Über eine Lücke in der Adobe Flash-Videosoftware wurden zig Tausende von Computern infiziert und über diesen Weg eine Art Zombie-Armee rekrutiert, die dann die südkoreanischen Webseiten zum Ziel von DDoS-Angriffen machte. Es ist durchaus möglich, dass dieser Virus aus Nordkorea stammte oder auch von durch Nordkorea angeheuerten Cyberkriminellen gesteuert wurde, doch im Endeffekt spielt das keine Rolle. Die wichtigste Lektion, die wir daraus lernen können und sollten, ist, dass jede mehr oder weniger bekannte Webseite beliebtes Ziel von Cyberkriminellen und Saboteuren ist. Da die Webseiten renommierter Medien sich großer Beliebtheit erfreuen, ist die Gefahr groß, dass Online-Medien auch in Zukunft ungewollt Schadsoftware verbreiten.

Schlussfolgerung

Medien sind ein nicht zu unterschätzender Partner im Kampf gegen Cybergefahren, aber sie können auch ungewollt Teil des Problems werden: Zum einen sind Webseiten von Tageszeiten, Fachpublikationen oder Nachrichtensendern beliebte Opfer von Hackern und anderen Cyberkriminellen und werden für die Verbreitung von Viren & Co. missbraucht.

Hinzu kommt, dass beispielsweise Agenturmeldungen oder Kurznachrichten nicht unbedingt geeignet sind, komplexe technische Zusammenhänge einer breiten Leserschaft zu vermitteln. Es ist verständlich, dass nicht jeder Journalist eine IT-Sicherheitsexperte sein kann und im Zeitalter der schnellen Informationsvermittlung nicht genug Zeit für lange Recherchen zur Verfügung steht. So kommt es leider auch hier vor, dass wichtige Aspekte den Leser nicht erreichen.

Es ist und bleibt eine Herausforderung, die Kluft zwischen Sicherheitsexperten und der breiten Öffentlichkeit zu überbrücken. Ich persönlich werde mich mit all meinem Wissen dafür einsetzen, Medien und Journalisten dabei zu unterstützen, diese Herausforderung zu meistern.

Auf die Frage, was uns in der Zukunft alles an Malware und Cybergefahren erwarten wird, kann ich mit zwei Worten antworten: „immer mehr". Wir werden mehr denn jemals zuvor mit Viren und anderer Schadware konfrontiert sein, manchmal ändert sich die Form, manchmal die Plattform. Auch die Menge an Malware wird zunehmen und die Cybergefahren im Allgemeinen werden größer: So naiv kann niemand sein, dass er ernsthaft davon überzeugt ist, die Cyberkriminalität oder Spionage könne mit einem Mal gestoppt werden, weil einzelne Kriminelle zur Strecke gebracht wurden. Ganz im Gegenteil: Die Zahl derer, die ihre Chance beim Schopf ergreifen, wird kontinuierlich steigen. Deshalb bin ich davon überzeugt, dass potenzielle Opfer und Malware-Jäger sich immer größeren Herausforderungen stellen müssen. Und doch bin ich sicher, dass wir immer eine Lösung finden werden, auch für die Cybergefahren der Zukunft.

Mit den Worten von…
Ralf Benzmüller, Leiter der G DATA SecurityLabs

Eddy hat Recht. Cyber-Kriminelle werden sich neue Technologien zu Nutze machen. Im Bereich der Malware für Smartphones und Tablets hat sich bereits eine kriminelle Untergrundökonomie entwickelt. Insbesondere mit infizierten Android-Geräten ist ein profitabler und lukrativer Schattenmarkt entstanden, in dem bewährte Geschäftsmodelle aus dem PC-Bereich übernommen wurden. Es ist nicht mehr nur der Versand von teuren SMS oder die Umleitung von mTANs, auch das Ausspähen von Daten, das Einblenden von Werbung und das Blockieren der Geräte mit Lösegeld-Trojanern lehnt sich an bestehende, kriminelle Geschäftsmodelle an. Auch mit jeder neuen Technologie, die sich im Markt durchsetzt, werden Kriminelle das Missbrauchspotenzial ausloten und ggf. ausschöpfen. Im Fokus stehen insbesondere Technologien, mit denen Bezahldienste möglich sind: NFC, Strom-

© Springer Fachmedien Wiesbaden 2015

E. Willems, *Cybergefahr*, DOI 10.1007/978-3-658-04761-0_12

tankstellen, Micro-Payment. Aber auch neue Bereiche wie SmartTV, SmartWatch, SmartHome, SmartCar, Smart… bieten Möglichkeiten für Kriminelle. Aber Eddy hat auch Recht, dass wir uns als Hersteller von Sicherheitslösungen schon frühzeitig darum kümmern, dass smarte, neue Technologien auch effektiv geschützt werden. Smarte Technologien brauchen und bekommen Smarte Security.

Seit 2004 ist Ralf Benzmüller Leiter der G DATA SecurityLabs in Bochum. In dieser Position ist er für die Koordination aller Forschungsaktivitäten verantwortlich. In Wirtschaft und Industrie gilt er als einer der führenden Experten im Bereich Malware und Online-Kriminalität. Ralf Benzmüller hat seinen Ruf durch Vorträge auf vielen nationalen und internationalen Konferenzen und Wirtschaftsmessen gefestigt. Neben seiner Tätigkeit als Leiter der G DATA SecurityLabs hat er unzählige Artikel über die aktuellen Internet-Gefahren veröffentlicht und an verschiedenen Universitäten Seminare zum Thema Malware-Forschung abgehalten.

Ralf Benzmüller ist unter anderem Mitglied der EICAR und AMTSO.

Ich sehe in den kommenden Jahren folgende Entwicklung auf uns zukommen:

Es wird immer mehr (und neuartige) mobile Malware geben Die Anzahl der Viren und Trojaner für mobile Geräte (Smartphone, Tablets, iPad und was es sonst noch an mobilen Plattformen geben wird) wird systematisch zunehmen. Vorläufig konzentriert sich die Mehrzahl mobiler Malware auf Android-Geräte. Erinnern Sie sich an mein Erstes Gesetz (Kap. 6)? So kann es durchaus passieren, dass in den kommenden Jahren immer mehr Malware-Autoren Windows Phone oder iOS ins Visier nehmen. Das ist maßgeblich abhängig vom Erfolg und der Marktdurchdringung dieser Betriebssysteme.

Momentan kämpfen die Entwickler mobiler Schadsoftware noch mit praktischen Problemen: Apps verlangen eine Genehmigung, bevor sie auf ein Smartphone oder Tablet heruntergeladen werden können, die im Fall von Malware besser verweigert werden sollte. Doch die Lösung für dieses Problem der Malware-Schreiber ist in Sicht: Malware lässt sich als Update für ein beliebtes Software-Paket verpacken und wer liest schon genau durch, was ein Update alles verlangt? Bei Software ist den Nutzern nur eines wichtig: Sie soll laufen und je schneller die Genehmigung erteilt wird, umso schneller kann die App genutzt werden.

Eine weitere beunruhigende Entwicklung haben meine Kollegen von G DATA bereits 2014 ausgemacht: Smartphones, die bereits ab Werk mit Malware verseucht ist. Mit weiteren Entdeckungen ist zu rechnen, da Spionageprogramme innerhalb der Firmware nur schwer zu enttarnen sind.

Ich bin mir ziemlich sicher, dass es eine künftige Malware-Generation geben wird, für die keine ausdrückliche Genehmigung vom Nutzer erforderlich ist. Ich denke an eine Art Drive-by-Malware für Mobilgeräte, das heißt, es genügt, wenn Smartphone- oder Tablet-Besitzer eine bestimmte Webseite besuchen und sich dort infizieren. Wie das genau laufen soll, wissen wir noch nicht, doch dass es so kommen wird, darüber besteht wohl kein Zweifel.

Globalisierung von Malware Ich bin auch davon überzeugt, dass die Schadsoftware, die derzeit hauptsächlich auf den PC-Plattformen zu finden ist, künftig auch andere Plattformen wie Android, iOS und MacOS infizieren kann. Als Beispiel dafür möchte ich Android Fakedefender, die erste Ransomware für Mobilgeräte, heranziehen. Diese Schadware sperrt Smartphones, weil angeblich Nacktbilder betrachtet wurden, und hebt die Sperre erst wieder auf, nachdem eine bestimmte Summe „für das Installieren eines Antivirus-Updates" gezahlt wurde. Auch diese Form der Cyberkriminalität ist bis in die mobile Welt vorgedrungen. Ich bin davon überzeugt, dass die Anzahl der mobilen Zombies für Botnets rasend schnell zunehmen wird. Zurzeit hält sie sich noch in Grenzen, weil noch immer für jede Funktion eine Genehmigung erteilt werden muss, was den Aktionsradius eines Zombies stark einschränkt. Doch auch das wird sich ändern. In diese Kategorie fällt auch die 64-bit- und die Windows 8-Malware. Derzeit sind sie eine ernste Bedrohung für alle Windows-Plattformen und die Entwicklung wird weitergehen. Nicht mehr lange, dann können auch die Möglichkeiten der 64-bit Windows-Plattform oder die auf Apps ausgerichtete Windows 8-Plattform für Zombie-Botnets genutzt werden.

Mehr „Man-in-the-middle"-Angriffe In Kap. 6 (unter „Onlinebanking: Vorsicht vor dem Mann im Browser") haben Sie erfahren, was bei einem Man-in-the-browser-Angriff passiert. Ein Man-in-the-middle-Angriff ist im Prinzip genau das Gleiche und dient auch dem gleichen Ziel: Daten abzuschöpfen, bevor diese verschlüsselt und/oder in die Cloud geschickt werden (siehe Abb. 12.1).

Mehr Social Engineering Aufgrund erheblich verbesserter Verteidigungsmechanismen gegen Schadsoftware werden zukünftig natürlich auch die Angriffsmethoden immer raffinierter ausfallen, was unweigerlich dazu führt, dass nach Schwachstellen in der Abwehr gesucht wird. Und damit wären wir wieder bei der größten Schwachstelle angelangt: dem schlecht informierten Anwender. Anders ausgedrückt: Es ist zu befürchten, dass Cyberkri-

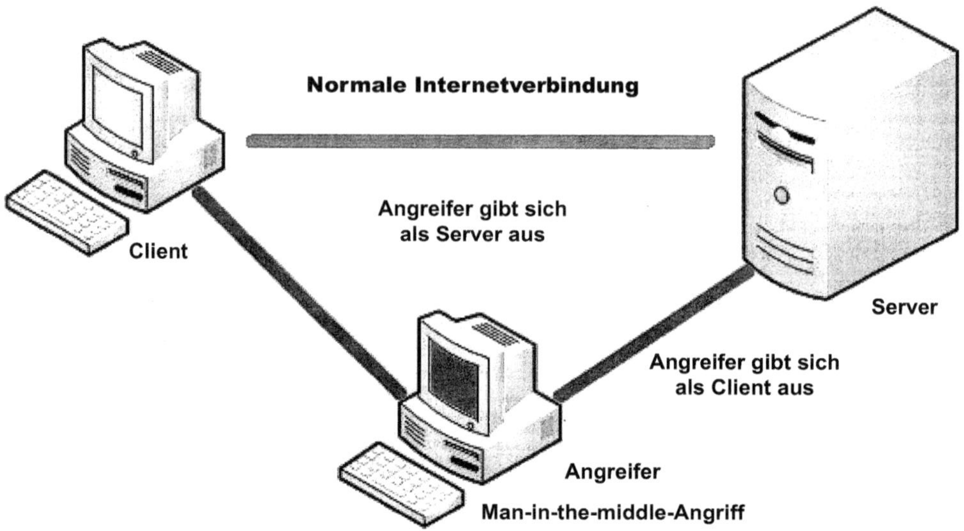

Abb. 12.1 Man-in-the-middle

minelle immer mehr auf Social Engineering setzen und auf die Suche nach persönlichen Daten gehen werde, mit denen sie in einen Computer und/oder ein (Firmen-) Netzwerk eindringen können oder sich Zugangsdaten zu sozialen Netzwerken verschaffen werden. Und diese Liste ließe sich beliebig fortsetzen.

Mehr cross infectors Ein *cross infector* ist eine Schadsoftware, die es in sich hat, weil sie plattformübergreifend funktioniert. Vor allem Malware, die scheinbar mühelos von Windows auf Android und zurück springen kann, wird sich wohl durchsetzen.

Mehr Botnetze Keine Frage, die Sicherheitsexperten schlafen nicht und werden auch in Zukunft Botnetze entdecken. Unstrittig ist, dass es immer häufiger gelingen wird, die Schuldigen zu entdecken und zu bestrafen, wie dies beim Citadel-Botnetz geschehen ist. Doch hinter jedem entdeckten Botnetz lauert bereits das nächste. Die bestehenden Botnetze werden darüber hinaus nicht immer isoliert, das heißt, die gekaperten Rechner sind weiterhin mit Malware infiziert und können im Handumdrehen in ein neues Botnet eingebunden werden.

Hochentwickelte Malware
Die hochentwickelten Schadprogramme stammen zweifellos aus geheimdienstlichen Quellen. Die bisherigen Enthüllungen stellen sicherlich nur die Spitze des Eisberges dar und haben zu Recht weltweit für Empörung gesorgt. Doch welche Auswirkungen haben diese High-End-Cyber-Waffen auf unsere tägliche Sicherheit im Internet? So wie viele andere Experten auch, beobachte ich eine besorgniserregende Tendenz: Malware-Autoren beginnen ihrerseits damit, die Spionageprogramme zu analysieren und deren ausgefeilte Techniken zur Verbesserung und Entwicklung neuer Computerschädliche zu verwenden, um Unternehmen und Privatanwender anzugreifen.

Mehr Cyberspionage und -sabotage Die Anzahl gezielter Angriffe auf Unternehmen, um Zugriff auf ihre Datenbank zu bekommen oder ihre Infrastruktur lahmzulegen, wird zu meinem Bedauern weiter ansteigen. Und das nicht nur durch Geheim- oder Nachrichtendienste unterschiedlicher Länder. Die Mehrheit der Angriffe wird wahrscheinlich eher von direkten Konkurrenten der betroffenen Unternehmen ausgehen.

Mehr gehackte KMU-Webseiten KMUs (also kleine und mittelständische Unternehmen) werden vermutlich auch in den kommenden Jahren dem Irrglauben erliegen, dass ihre Netzwerke und Webseiten nicht die Mühe des Hackens wert sind. Doch da täuschen sie sich, denn Hacker werden künftig begreifen, dass sich auch damit schnelles Geld machen lässt und sich folglich darauf konzentrieren. Ich befürchte, dass die Anzahl gehackter Webseiten von KMUs sprunghaft ansteigen und sie dann als Plattform zur Verbreitung von Schadsoftware dienen werden. Dieser Trend wird sich solange fortsetzen, bis sich alle kleinen und mittelständischen Betriebe darüber im Klaren sind, dass sie für Cyberkriminelle ebenso interessant sind wie ihre großen Brüder, die Konzerne und entsprechende Sicherungsmaßnahmen ergreifen. Allein schon deshalb, weil sie oftmals über Informationen von bzw. über große Unternehmen verfügen.

Mit den Worten von…
Natalya Kaspersky, CEO der InfoWatch Group of Companies, Mitbegründerin der Kaspersky Lab

Eine der größten Bedrohungen stellen heutzutage wohl die „targeted attacks" dar, also die gezielten Angriffe auf Unternehmen und andere Opfer. Für die Anti-viren-Hersteller sind sie eine enorme Herausforderung und das aus zwei Gründen. Erstens kommen immer mehr neuartige Viren „auf den Markt" (derzeit sind es rund 10.000 Viren pro Tag). Zweitens richtet sich der Kampf gegen Schadsoftware (beispielsweise für die Cloud) vor allem auf Massenmalware und nicht so sehr auf gezielte Angriffe, was leider dazu führt, dass es kaum Schutz vor diesen gibt. Potenzielle Opfer sind Behörden, Unternehmen, Privatleute oder auch ganze Staaten – im Grunde also jeder, was erklärt, dass die Anzahl gezielter Angriffe ständig steigt.

Die Hersteller von Anti-Viren-Lösungen bestätigen diese Einschätzung: „Im vergangenen Jahr sahen wir einen Anstieg von 42 % bei den gezielten Angriffen, was bedeutet, dass im Durchschnitt jetzt 116 Angriffe pro Tag erfolgen." (Symantec Threats Report 2013).

„Es ist zu erwarten, dass Cyberspionage weiter zunimmt. Wer sich von den Überschriften in den Zeitungen leiten lässt, wird verleitet zu glauben, dass gezielte Angriffe nur ein Problem großer Unternehmen seien, was vor allem für Betriebe gilt, die zur „kritischen Infrastruktur" eines Landes zählen. Doch im Grunde kann jedes Unternehmen zum Opfer werden. Schließlich verfügt jedes Unternehmen über

Daten, die für Cyberkriminelle interessant sind und zu Geld gemacht werden können oder als „Einstieg" genutzt werden, um an andere Unternehmen heranzukommen." (Kaspersky Security Bulletin 2012. Malware Evolution)

„Wir erwarten, dass es immer mehr Angriffe auf Unternehmen und Institutionen, ungeachtet ihrer Größe oder ihres Sektors, geben wird. Duquaus dem Jahr 2011 hat deutlich gemacht, dass nicht mehr nur wichtige industrielle Anlagen zum Ziel werden wie seinerzeit durch StuxNet." (G DATA Malware Report 'Trends 2012')

Erschwerend kommt hinzu, dass die überwiegende Mehrheit solcher Angriffe über viele Jahre dem betroffenen Unternehmen verborgen bleiben. Allein deshalb müssen wir damit rechnen, dass uns in den kommenden Jahren immer mehr dieser Angriffe bevorstehen.

Diese Lawine neuer Malware aufzuhalten, ist kein Kinderspiel für die Industrie. Wie ich ja bereits ausgeführt habe, bereitet uns nicht nur die Anzahl der Angriffe Kopfzerbrechen, sondern auch deren „Qualität". Die Angriffe werden immer raffinierter und die Hacker entwickeln immer neue Methoden, um den Antiviren-Schutz zu durchbrechen oder zu umgehen – ein immenses Problem für die Antiviren-Hersteller. Ihnen bleibt nichts anderes übrig, als selbst andauernd neue Technologien zu entwickeln und kontinuierlich Analysen durchzuführen, um der Flutwelle an Bedrohungen etwas entgegensetzen zu können. Die neuen Gefahren können nur mithilfe innovativer Technologien erfolgreich bekämpft werden.

Im Idealfall vollzieht sich der Schutz von Computer- und anderen Systemen auf mehreren Ebenen. Wichtig ist vor allem eine schnelle Reaktionszeit. Außerdem müssen Hersteller von Antivirenprogrammen die vorhandenen Technologien ständig verbessern, was ebenfalls keine leichte Aufgabe ist. Die Unternehmen stehen in der Pflicht, prinzipiell immer nach noch besser integrierten Sicherheitslösungen zu suchen und sollten auch unabhängige Experten zu Rate ziehen, um den bestmöglichen Schutz für Unternehmen gewährleisten zu können. Der User am heimischen Bildschirm muss Antivirensoftware einsetzen und sich an die elementaren Grundregeln für das Internet halten, um sich vor einer Infektion durch Viren und Co. optimal zu schützen. Mit der wohl schwierigsten Aufgabe sind jedoch die Regierungen konfrontiert. Sie müssen ihre Bürger und Unternehmen vor potenziellen Angriffen schützen und zugleich auch für den Schutz der kritischen Infrastruktur sorgen. Die ideale Lösung wäre hier eine eigene lokal begrenzte IT-Infrastruktur, was sich aber eher nicht umsetzen lässt, da sie mit hohen Kosten verbunden wäre. Und selbst damit könnte niemand hundertprozentige Sicherheit garantieren.

Natalya Kaspersky wurde am 5. Februar 1966 geboren. Sie machte ihren Master in angewandter Mathematik an der Moskauer Staatsuniversität für Elektrotechnik, dann noch ihren Bachelor in Betriebswissenschaften an der Freien Universität in Großbritannien. Natalya beherrscht neben der russischen sowohl die englische als auch die deutsche Sprache. Sie ist Mitbegründerin von Kaspersky Labs, dem weltweit größten Antiviren-Hersteller, und CEO der InfoWatch Group of Companies, die im Bereich des internen Datenschutzes aktiv sind. Natalya Kaspersky ist auch auf internationaler Wirtschaftsebene aktiv. Sie ist Mitglied verschiedener IT-Kommissionen russischer Staatsdienste und ist Teil des Beraterteams der russisch-britischen Industrie- und Handelskammer.

Natalya wurde von renommierten russischen und internationalen IT- und Wirtschaftsunternehmen ausgezeichnet.

Jedes technische Gerät kann früher oder später Ziel eines Angriffs sein Die Rede ist von Kühlschränken, Fernsehgeräten, Uhren oder Brillen… alles, was sich mit dem Internet verbinden lässt, kann Opfer von Cyberkriminellen werden. Dies gilt umso mehr für Geräte mit einer IP-Adresse, die mit einem Firmennetzwerk und/oder dem weltweiten Internet verbunden sind, da diese dafür missbraucht werden können, den Rest des Netzwerks zu infizieren. Doch sogar Geräte, die nur über Bluetooth oder RFID (Radio Frequency Identification) mit ihrer näheren Umgebung kommunizieren, können Opfer eines Cyberangriffs werden. Selbst so ein gezielter Angriff ist denkbar und somit nicht auszuschließen.

Mehr Angriffe auf die weltweite Infrastruktur Unter Infrastruktur verstehe ich unverzichtbare Organisationseinheiten, wie beispielsweise die Gas- und Stromversorgungsunternehmen, den öffentlichen Nahverkehr oder die Wasserversorger. So werden Konflikte und Kriege meiner Einschätzung nach zukünftig parallel zu den realen Schlachtfeldern im Cyberraum geführt. Daher wird der Schlachtruf fortan lauten: „… zu Land, zur See, in der Luft und im Internet".

Mehr Angriffe auf die Infrastruktur von Unternehmen Wie gesagt gehe ich von mehr Angriffen auf die Infrastruktur eines Landes aus, doch noch häufiger wird die Infrastruktur großer Unternehmen Ziel von Cyberangriffen werden. Schließlich ist es aus mehreren Gründen interessant, ganze IT-Systeme von Unternehmen zu verlangsamen oder funktionsunfähig zu machen.

„Reale" und Cybergefahr gehen Hand in Hand Bislang war es ganz einfach: Es gab Gefahren in der realen und Gefahren in der digitalen Welt. Sämtliche Verstöße gegen geltende Gesetze wurden geahndet, wie zum Beispiel Banküberfälle mit Waffengewalt. Und es gab Online-Banküberfälle mit einem man-in-the-browser, Social Engineering oder anderen Methoden, um Bankdaten von Privatkunden oder Unternehmen zu stehlen.

Doch seit 2013 sollte jedem klar sein, dass diese beiden Welten immer enger zusammenrücken und fast schon miteinander verschmelzen: Online-Straftaten und Old School-Straftaten gehen Hand in Hand. Im Frühjahr 2013 gab es eine groß angelegte Razzia im Antwerpener Hafen, bei der Zoll und Polizei die größte im Hafen von Antwerpen jemals gefundene Mengen Heroin beschlagnahmen konnten. Auf den ersten Blick handelte es sich um ein klassisches Verbrechen. Doch nur bis die Ermittler einen Zusammenhang zwischen einem vorher erfolgten Einbruch und dem Drogenschmuggel aufdeckten. Die Einbrecher platzierten unter anderem Keylogger und präparierten Mehrfachsteckdosen mit Minicomputern. So konnten sie Screenshots von Monitoren abrufen, hatten Zugriff auf Tastatureingaben und Zugang zum internen System. Dadurch wussten sie zu jeder Zeit, wo sich welche Container mit welcher Ware befanden und besaßen die Zugangsdaten für die Abholung der Container. Nichtsahnende Fahrer, die davon ausgingen, harmlose Güter wie Bananen zu transportieren, wurden als Drogenkuriere missbraucht.

Mittlerweile ist bekannt, dass zwei hochbegabte belgische Programmierer, die im Begriff waren, eine rasante Karriere im IT-Sektor hinzulegen, hinter den digitalen Einbrüchen steckten. Die beiden waren zuvor als *„ethical hacker"* bekannt – wie sich dann zeigte ein großer Irrtum.

Das Jahr 2013 hielt ein weiteres Beispiel für die Verschmelzung von traditioneller Kriminalität und Cyberkriminalität bereit: ein internationaler „Überfall", in dessen Verlauf innerhalb weniger Stunden an Geldautomaten auf der ganzen Welt rund vierzig Millionen Dollar abgehoben wurden. Dieser unglaublichen Aktion war ein langwieriger digitaler Datendiebstahl vorausgegangen, bei dem Kreditkartendaten und gestohlene Pin-Nummern auf gefälschte Kreditkarten geladen wurden. Außerdem wurden diese Karten so manipuliert, dass mit ihnen unbegrenzt Bargeld abgehoben werden konnte. Die einzige Einschränkung war also, wie viel Geld auf den Konten vorhanden war. Auch in Deutschland wurden auf diese Weise große Beträge abgehoben.

Intelligente Geräte dürften zugleich anfällige Geräte sein Eines meiner Hobbies ist, dass ich mich leidenschaftlich gerne mit intelligenten Geräten befasse wie internetfähige Fernsehgeräte, Kühlschränke, die ausgegangene Lebensmittel über das Internet nachbestellen, aber auch Spielekonsolen und die aktuellen Verbrauchermagneten: Google Glass (die

Brille, auf der Informationen zu allem angezeigt werden, was Sie gerade sehen) und natürlich die schlauen Uhren von Sony, Apple oder Samsung. Sie alle sind mit einer gewissen künstlichen Intelligenz ausgestattet und verfügen über ein Betriebssystem, einen Prozessor und Arbeitsspeicher. Sie alle besitzen einen Internetzugang, die Gefahr, dass auch für sie in großem Maßstab Schadsoftware entwickelt wird, ist groß. Welches Gerät hierbei am stärksten in den Fokus der „Entwickler" rücken wird, hängt einzig und allein von dessen Marktanteil ab. Derzeit sind zum Beispiel Netzwerkdrucker die anfälligste Komponente der überwiegenden Mehrheit der Firmennetzwerke. Sie sind kaum geschützt, da man sich nicht klar macht, dass es früher oder später auch dafür Schadsoftware geben wird. Und doch erscheint es mir äußerst reizvoll für Betriebsspione, aus sicherer Entfernung beobachten zu können, was alles über ein Netzwerk gedruckt und gescannt wird.

Der Vormarsch der „digitalen Grippe" In einer noch fernen Zukunft stelle ich mir vor, dass auch der menschliche Körper häufiger von digitalen Viren als von biologischen attackiert wird. Die Infizierung erfolgt ebenso durch Familie und Freunde. Die Entwicklung von Chips, Linsen und anderen Implantaten für unterschiedlichste Einsatzbereiche schreitet voran. So lassen sich schon heute der Blutdruck überwachen und kontrollieren oder Medikamente verabreichen. Doch nicht nur der medizinische Fortschritt ist beeindruckend, es geht auch um ganz profane Funktionen. In Barcelona nutzt die angesagte Diskothek Baja Beach Club RFID-Chips, die unter die Haut gespritzt werden für die Eingangskontrolle ihres VIP-Bereichs und sogar für die Abwicklung der Bestellungen. Es dürfte nicht sonderlich lange dauern, bis man ein System erfunden hat, bei dem für den Zutritt zu einer Veranstaltung eine Pille geschluckt werden muss. Vergessen Sie dann das bislang übliche Armbändchen oder den Stempel auf dem Handrücken. Bei der Eingangskontrolle werden Sie einfach abgescannt und der Türsteher kann mit einem Blick auf den Monitor erkennen, dass Sie bezahlt haben. Neben den praktischen und ethischen Überlegungen sollte man bei all diesen neuen Technologien auch Sicherheitsbedenken haben. Denn wie schon gesagt: Alles, was einen Prozessor besitzt, kann auch Opfer von Malware werden.

Mehr unentdeckte Schadsoftware So spektakulär die genannten Beispiele auch sein mögen, ich bin davon überzeugt, dass sich Cyberkriminelle, -spione und -saboteure immer intensiver der Aufgabe widmen werden, ihre Malware vor uns zu schützen. Langfristig gesehen ist es für Hacker und andere Cyberkriminelle besser, wenn ihre Malware lange Zeit unentdeckt bleibt, als einen offensichtlichen Schaden zu verursachen, bei dem die Schadware sofort entdeckt wird. Die gute Nachricht lautet also, dass Sie Ihre digitale Grippe vielleicht nie spüren werden. Die schlechte lautet, dass allein der digitale Infekt eine gepfefferte Rechnung für Sie bedeuten kann.

Mehr Abwehrarbeit Falls Ihnen die oben geschilderten Cybercrime-Szenarien den Schlaf rauben, kann ich Sie beruhigen. Die Antiviren-Hersteller, die Regierungen und andere Institutionen verfügen über ein immer größeres Arsenal an Verteidigungswaffen, mit denen die Cyberkriminellen und andere Bösewichte bislang gut in Schach gehalten werden. Und das wird auch in Zukunft so bleiben.

Wie wird der Kampf zwischen Schadsoftwareschreibern und Cyberkriminellen auf der einen Seite und den Kämpfern gegen Schadsoftware und Cyberkriminalität auf der anderen Seite in den kommenden 20 Jahren aussehen? Das kann niemand wissen. Dennoch habe ich mir unsere Zukunft ausgemalt und eine Geschichte verfasst, in die meine Erfahrungen, mein Wissen und meine Meinung eingeflossen sind. Es ist eine fiktive Geschichte, auch wenn ich der Ehrlichkeit halber sagen muss: Nicht jede Übereinstimmung mit wahren Ereignissen, Personen und Technologien ist rein zufällig…

Viel Spaß beim Lesen!

Wer noch weitere Informationen zum Thema Cybergefahr sucht und über die aktuellen Bedrohungen und Gegenmaßnahmen informiert werden möchte, dem empfehle ich die Webseite, die wir extra für dieses Buch entworfen haben. Scannen Sie einfach den QR-Code ein, und schon stehen Ihnen jede Menge weiterer Informationen zur Verfügung.

Haftungsausschluss Die folgende Geschichte ist frei erfunden, auch wenn es durchaus Ähnlichkeiten mit lebenden Personen gibt. Doch alle darin beschriebenen Ereignisse, Aussagen und Handlungen besagter Personen sind das Produkt meiner Fantasie. Die Geschichte zeigt meine Vision, wie die digitale Welt mit ihren Cybergefahren im Jahr 2033 aussehen könnte. Mir hat es viel Spaß bereitet, diese Geschichte zu schreiben. Um Missverständnisse auszuschließen: Es gibt keine Lien Sander, keine Meredith Weston, keine Helen Dench, keinen Anthony Dice und natürlich auch keinen Larry Lane.

1

Lien Sanders versteht die Welt nicht mehr. Gerade erst hat sie den Konferenzraum bei ihrem Kunden Bio Dynamics betreten, da spürt sie plötzlich starke Schmerzen in den Augen, die von ihren Smartlinsen verursacht werden. Ihre Augen sind so trocken wie eine Wüste und die Kontaktlinsen reiben wie Sandpapier an der Hornhaut. Sie hat keine andere Wahl, sie muss die Linsen herausnehmen und ihren Augen eine Pause gönnen.

Frank Willems, Geschäftsführer der Agentur für Kommunikation *Frank Talking*, sieht seine Kollegin lachend an: „Sicher hast du wieder mal einen Virus im Auge", vermutet er. Lien findet das nicht witzig. Sie nennt ihren Chef oft „Mac Malware", da er sofort auf Schadware tippt, wenn mal etwas schief läuft. Anscheinend hat er diese Angewohnheit von seinem Vater übernommen, einem mittlerweile pensionierten Virenexperten. Glücklicherweise kann man sich mit Frank aber auch über andere Themen unterhalten. Und das ist gut so, denn er ist mittlerweile für die gesamte Kommunikation von mehr als hundert Unternehmen verantwortlich. Morgen werden sie sogar zum ersten Mal bei der NATO erwartet. Bei der NATO, ist das zu fassen! Offensichtlich hält man die Zeit für gekommen, nach diversen „kommunikativen Patzern" des Generalsekretärs, der sich wortreich aber ungewandt über die Schlagkraft der neuen Großmächte Philippinen und Simbabwe ausließ, etwas positiver in den Medien aufzutreten.

© Springer Fachmedien Wiesbaden 2015
E. Willems, *Cybergefahr*, DOI 10.1007/978-3-658-04761-0_13

Lien ist das Lachen gründlich vergangen: Sie hat diese Smartlinsen erst vor Kurzem für viel Geld erstanden. Es wäre mehr als ärgerlich, wenn sie sie morgen schon wieder zum Händler zurücktragen müsste. Schließlich sind die neuen Lenovo Linsen ungemein praktisch: Sie bilden die sogenannte *„enhanced reality"* mit allen relevanten Informationen kontrastreich ab. Am Rande des Gesichtsfelds stehen gut lesbar alle Daten. Da kann sich Apple noch eine Scheibe abschneiden! Eine Entzündung am Auge wäre fatal, denn sie hasst es, eine Smartbrille, wie Frank sie hat, tragen zu müssen.

Lien legt die Linsen auf den kleinen Tisch neben sich. Der Tisch im Konferenzraum, der auch als virtueller Konferenztisch genutzt wird, ist tabu, denn alle Smartphones, Tablets und anderen Geräte, die die Teilnehmer der Konferenz nutzen, werden dorthin gelegt. Dort haben ihre neuen Linsen nichts zu suchen. Bis jetzt hat sie auf diesen Linsen nur private Dateien gespeichert, wie die Fotos von der wilden Party gestern Nacht. Diese Fotos gehen Frank und die anderen männlichen Teilnehmer definitiv nichts an.

„Ah, das tut gut", ruft Lien erleichtert, nachdem sie sich die Linsen herausgenommen hat. „Schön zu hören", antwortet Frank, „wir müssen uns nämlich auf unsere Arbeit konzentrieren. Wir wissen noch zu wenig vom Kunden, kennen seine Erwartungen nicht und haben keine Ahnung, wie er sich kommunikationsmäßig positionieren will. Erst dann können wir einen Aktionsplan entwerfen." Was ihm sonst noch im Kopf herumgeht, verschweigt er ihr aus gutem Grund. Er vermutet nämlich, dass dieser Kunde, Bio Dynamics, vor allem an *Frank Talking* interessiert ist, weil bekannt wurde, dass die Agentur die gesamte Kommunikation mit der Außenwelt für die NATO übernehmen soll. Bio Dynamics hat ein breites Portfolio, das sie, so hoffen sie jedenfalls, eines Tages an die NATO verkaufen könnten. Jeder Kontakt, der sie den großen Tieren in Brüssel ein Stück näher bringt, ist daher in ihren Augen Gold wert. Da Frank sicher ist, dass Lien bei *Frank Talking* eine großartige Karriere erwartet – schließlich ist sie eine ausgesprochen intelligente Frau, die ein unglaubliches Talent besitzt, positive wie negative Nachrichten zu vermitteln –, will er herausfinden, ob auch sie letzten Endes versteht, warum Bio Dynamics an ihnen interessiert ist. Lien scheint noch nichts zu ahnen, spült ihre Augen nochmals aus und setzt die Linsen wieder ein. Bevor die Mitarbeiter von Bio Dynamics den Konferenzraum betreten, öffnet sich unbemerkt das Fotoalbum von gestern Abend....

***

„Tja, was für eine Zeitverschwendung", bemerkt Lien nach der Besprechung. „Die müssten doch eigentlich selbst wissen, wie komplex ihr Dienstleistungsangebot ist und sich dann besser nach jemandem mit Erfahrung in ihrer Branche umsehen. Ich frage mich, weshalb sie ausgerechnet auf uns zugekommen sind. Sie haben uns ja nicht einmal genug Zeit gegeben, uns und unsere Arbeitsweise zu präsentieren. Ich habe das Gefühl, das war eine Scheinveranstaltung. Jede Wette, dass sie uns hinhalten und uns zu ihrer Betriebsfeier einladen. Und dann heißt es bestimmt, dass wir ruhig unsere Kollegen und Kunden mitbringen können! Aber da haben sie sich geschnitten, ich würde niemals jemanden von der NATO mitnehmen. Was glauben die denn, wer sie sind? Das käme nicht mal dann infrage, wenn Justin Timberlake ein Privatkonzert gäbe! Ich nehme einfach unsere Marketingassistentin mit!" Frank wirft ihr einen zufriedenen Blick zu. Ja, so kennt er seine Kollegin – er hat sich nicht getäuscht, was ihre Intuition und ihre Intelligenz anbelangt.

2

Am nächsten Tag erleben Frank und Lien eine ungewohnte Geschäftigkeit bei der NATO, deren Ursache sie nicht verstehen. Es beginnt schon mit der unglaublich strengen Sicherheitskontrolle beim Betreten des Gebäudes. Zuerst müssen sie durch den Durchgangs-Metalldetektor, dann werden ihre Aktentaschen gründlich durchsucht. Auch alle ihre technischen Geräte werden eingeschaltet und intensiv auf Malware gecheckt. Ein lästiges Prozedere, das eine gefühlte Ewigkeit dauert, da Frank an die 20 Geräte bei sich trägt, die mit dem Internet verbunden werden können. Lien hat nur 15 dabei, allerdings zählt jede Linse einzeln.

Endlich ist es geschafft und sie können sich höchst konzentriert der Kommunikationsstrategie widmen, die sie gemeinsam mit den Spitzenvertretern der NATO ausarbeiten wollen. Jedem Teilnehmer der Besprechung ist klar, dass es zunächst nur darum geht, die positiven Meldungen über die NATO aus den letzten paar Jahren wieder aufleben zu lassen. Den Pressevertretern muss Honig ums Maul geschmiert werden, sodass die Kommunikationsprobleme der Vergangenheit in Vergessenheit geraten. Frank und Lien sind davon überzeugt, dass diese Strategie von Erfolg gekrönt sein wird. Schließlich gilt es, jede Menge positive Meldungen zu kommunizieren. Da wäre zum Beispiel die Nachricht, dass zum ersten Mal in der Geschichte der NATO eine Frau zum Generalsekretär ernannt wurde. Frank macht sich noch darüber lustig, dass man sie mit „Generalsekretärin" ansprechen sollte, zum Glück aber erst, als er wieder allein mit Lien ist, die ihn sogleich wütend anblickt. In einem nächsten Schritt soll herausgestellt werden, dass die NATO in der jüngsten Zeit ihr Möglichstes getan hat, um die Welt sicherer zu machen. Das wurde nur durch schärfere Kontrollen erreicht, aber wie wir inzwischen allzu gut wissen, hat Sicherheit ihren Preis.

In der kurzen Pause, in der jeder seine Videomails checkt, bietet sich Frank und Lien die Gelegenheit, den Konferenzraum in seiner ganzen Pracht zu bestaunen. An der Wand gegenüber den deckenhohen Fenstern hängt eine Vielzahl von Bildschirmen, die live übertragen, was an den wichtigsten Orten der Welt geschieht. Dazu zählen strategisch und militärisch relevante Orte, wie das Weiße Haus oder der Kreml, aber auch touristische Ziele wie der Times Square in New York und die Champs Élysées in Paris. Die Bildschirme sind dicht nebeneinander aufgereiht wie Perlen an einer Schnur und die Wand sieht damit aus wie ein überdimensionales Poster, das klar die Botschaft vermittelt, die der NATO am Herzen liegt: Alles unter Kontrolle. Auf diesen Slogan will auch *Frank Talking* setzen und nach diesem Motto die erfreulichen Aspekte des aktuellen Weltgeschehens kommunizieren. Es gibt keine Bombenanschläge mehr, keine Fälle von Cyberspionage, nur vereinzelt kommt es in abgelegenen Regionen zu bedauerlichen Zwischenfällen.

Bis es soweit war, galt es großen Widerstand zu überwinden, erinnert sich Frank: Zahlreiche Nationen und Unternehmen hatten sich anfangs heftig gegen die Versuche der NATO, der G12 und der Europäischen Gemeinschaft gewehrt, intensiver in den Cyberraum einzugreifen, um den Internetverkehr besser überwachen und im Bedarfsfall sofort einstellen zu können. Letzten Endes hatte die NATO das Mandat bekommen und überwacht und kontrolliert nunmehr seit rund fünf Jahren das Internet. Seitdem hat es kaum noch nennenswerte Fälle von Cyberkriminalität gegeben – der Wendepunkt in der digitalen Geschichte. Natürlich waren zuvor einige Anpassungen erforderlich. So mussten Russland und China ebenso einen Sitz in der NATO bekommen wie auch die meisten asiatischen und afrikanischen Länder. Und natürlich führte das anfangs zu heftigen Diskussionen zwischen den Erzfeinden der Welt. Doch nach einigen Jahren waren endlich alle ideologischen Hindernisse vom Tisch und es gab endlich grünes Licht für die digitale Kontrolloffensive.

„Die Botschaft ist klar", fasst Meredith Weston, Kommunikationsstrategin der NATO, zusammen: „Die NATO hat alles unter Kontrolle. Kontrolle ist gut. Die Welt ist jetzt ein friedlicher Ort und das verdanken wir alle der NATO." Für eine Friedenstaube bringt sie ihre Botschaft ganz schön aggressiv an den Mann, denkt sich Frank, behält diesen Gedanken jedoch für sich. Dann setzen sich Lien, Meredith und er an den Konferenztisch und beginnen mit der Erarbeitung verschiedener Konzepte. Sie lassen sich von den friedlichen Bildern, die im Hintergrund über die Bildschirme flackern, inspirieren und beginnen mit dem Brainstorming. Es ist kein Kinderspiel, der restlichen Welt als Beitrag zum Frieden zu verkaufen, dass die NATO den Internetverkehr und sogar den Straßenverkehr kontrolliert (die NATO kann Ampeln und andere dynamische Verkehrsleitsysteme in und um ihr Hauptquartier steuern, wenn sie es zum Beispiel bei einer terroristischen Bedrohung für notwendig hält). Wenn es eine Agentur gibt, die dieser Aufgabe gewachsen ist, dann *Frank Talking*, ist Frank überzeugt.

3

Bei einem köstlichen Abendessen im Restaurant erzählt Frank Lien von seinen Gedanken. Sie ist ganz seiner Meinung, dass es am Nachmittag viel besser gelaufen ist als bei der enttäuschenden Besprechung am Vortag. Noch ist ihnen nicht ganz klar, welche Medien welche Botschaft vermitteln sollten. „Facebook ist etwas für Senioren", hatte Meredith gesagt. „Ein Hologramm im Zimmer mit einer Botschaft über Sicherheit dürfte aber wohl zu viel des Guten sein", entgegnete Lien. „Wir könnten einen Wettbewerb ausschreiben, bei dem man ein Lied über die NATO einsenden kann", fiel ihnen Frank grinsend ins Wort und begann nach der Melodie von YMCA von Village People leise „N-A-T-O" zu singen. Die beiden Frauen schauten verdutzt – sie waren zu jung, um den alten Hit zu kennen.

Jetzt lassen Frank und Lien den Tag nochmals Revue passieren und greifen die Idee mit dem Liederwettbewerb wieder auf. „Wir könnten die Finalisten aus allen Ländern gemeinsam auftreten lassen und die größte Jamsession aller Zeiten organisieren", spinnt

Frank seine Idee weiter. Lien ist stattdessen für *„crowdwriting"*, bei dem jeder Weltbürger aufgerufen ist, ein Kapitel zur größten Geschichte, die je geschrieben wurde, zu verfassen. „Wenn alle Bürger dieser sicheren Welt nicht nur online, sondern auch emotional miteinander verbunden sind, ist alles möglich. Und genau diese Botschaft wollen wir mit der Kampagne verkünden", fasst Lien zusammen. Frank ist begeistert und sie entscheiden sich gemeinsam für Liens Konzept.

Zufrieden widmen sie sich dem Dessert und kommen auf den Eindruck zu sprechen, den das NATO-Gebäude hinterlassen hat. „Mich erstaunen die raffinierten technischen Möglichkeiten dieses Komplexes", sagt Lien voller Bewunderung. „Das ist doch selbstverständlich, schließlich beherbergt er eine der wichtigsten und mächtigsten Organisation der Welt. Auch die Geschäftsleute, allen voran die Gastronomen, haben das mittlerweile verstanden und entsprechend darauf reagiert", bemerkt Frank, während er die Einrichtung des Restaurants begutachtet und einen Blick auf die köstlichen Speisen wirft, die von leibhaftigen Kellnern an ihrem Tisch vorbeigetragen werden. Hier gibt es keine digitale Speisekarte und die Auswahl des Gastes wird auch nicht digital an die Küche weitergeleitet wie bei den meisten anderen Restaurants, sondern ein Mensch aus Fleisch und Blut kümmerte sich um das leibliche Wohl der Gäste. Zum ersten Mal wird ihm bewusst, dass dieser persönliche Kontakt nicht zu unterschätzen ist. Wie auch immer, der heutige Tag war mehr als gelungen, stellt Frank zufrieden fest. Nach einem leckeren alkoholfreien Cocktail für Lien und einem zehn Jahre alten Whisky für Frank beschließen sie, den Abend zu beenden und ihre Hotelzimmer aufzusuchen. Frank hielt es für eine gute Idee, in Brüssel zu übernachten, da der nächste Tag bereits um sieben Uhr mit einem Brainstorming-Frühstück beginnen sollte. „In den vergangenen Jahren hat sich so vieles verändert, nur eines nicht: Es sind meistens die Amerikaner, die auf solche Ideen rund um ein geselliges Essen kommen", grinst Frank und wünscht Lien eine gute Nacht. Im Zimmer entscheidet er sich für Naturimpressionen, mit denen er geweckt werden möchte (eine Alpenlandschaft vor dem Fenster, dazu das Plätschern eines Baches und der Klang von ein paar Kuhglocken … so kann der Tag beginnen). Minuten später schläft er bereits tief und fest.

Doch es sind weder Kuhglocken noch das Plätschern eines Baches, die ihn wecken, sondern der schrille Piepton seiner Smartwatch. Noch schläfrig wirft er einen Blick auf seine Uhr und erkennt, wer ihn da gerade anruft. „Verdammt, Lien, es ist halb fünf in der Früh", krächzt er und hält sich die Uhr ans Ohr. „Ich hoffe, du hast einen guten Grund, weshalb du mich mitten in der Nacht störst."

Und ob sie den hat. Es gelingt ihm kaum zu verstehen, was sie sagt, weil Lien so bitterlich weint und schluchzt. Doch langsam dringen ihre Worte an sein Ohr: „Frank, ich glaube, ich habe die gesamte NATO lahmgelegt."

4

„Erzähl schon, was ist passiert?" fragt Frank ungeduldig, während sie mit dem Auto zum Hauptquartiert der NATO fahren. „Ich habe beim besten Willen nicht verstanden, was du mir eigentlich erzählen wolltest. So habe ich dich ja noch nie erlebt!"

„Gut, lass mich erklären", antwortet Lien, die inzwischen ihre für sie so typische Ruhe wiedergefunden hat. Sie trägt wie gestern ein Kostüm der Marke „erfolgreiche Geschäftsfrau", nur hat sie ihre Smartlinsen durch eine Googlebrille ersetzt. Zum ersten Mal fällt Frank auf, dass Lien blaugraue Augen hat und keine braungrünen, wie er immer dachte. Anscheinend speichern ihre Linsen nicht nur Informationen, sondern verfälschen sie auch. Dass er in diesem Moment an so eine Lappalie denken kann, erstaunt ihn selbst. Dann reißt er sich zusammen und lauscht gespannt ihrer unglaublichen Geschichte.

„Ich habe tief und fest geschlafen, als plötzlich jemand heftig an meine Tür geklopft hat. Mein erster Gedanke war, es brennt, deshalb bin ich so schnell wie möglich aus dem Bett gesprungen und zur Tür gelaufen. Ich hatte sie kaum geöffnet, als auch schon zwei Bodybuilder in Maßanzügen in mein Zimmer stürmten, gefolgt von zwei weiteren Anzugträgern, die wohl um die Fünfzig waren. Sie schubsten mich auf einen Stuhl und forderten mich auf, ihnen sofort meine Linsen zu geben. Ich wollte aber erst wissen, wer sie waren, und weshalb sie mich mitten in der Nacht aus dem Bett holten. Als ich dann meine Brille aufsetzte, erkannte ich sofort den kleineren der beiden älteren Männer: Es war Anthony Dice, Leiter der Sicherheitsabteilung der NATO. Da wurde mir klar, wie ernst die Lage war. Nachdem ich ihm meine Linsen ausgehändigt hatte, erklärte mir Herr Dice den Grund seines „unangekündigten Besuchs". Kurz nach Mitternacht begannen die Computersysteme der NATO verrückt zu spielen. Die Ampeln rund um das Gebäude sprangen im fünf-Sekunden-Takt von Rot auf Grün. Alle Staatsoberhäupter weltweit bekamen von der Generalsekretärin eine E-Card mit einem mehr als anzüglichen Text und „heißen Grüßen aus dem Brüsseler Stadtteil Evere". Das war noch längst nicht alles, aber die Details spare ich mir für später auf. Die NATO trommelte sofort alle verfügbaren Analysten und Computerexperten zusammen, um zu klären, was eigentlich los war. Dass es sich um eine Art Malware handeln musste, war klar, aber es gelang nicht, sie außer Gefecht zu setzen. Deshalb wurde sofort mit Hochdruck nach dem Übeltäter gesucht. Und nach einigen Stunden hatten sie ihn dann auch: meine Linsen…."

„Das ist unmöglich!", entfährt es Frank spontan. „Erstens bin ich mir sicher, dass du so etwas nie tun würdest. Zweitens was war denn mit der Sicherheitskontrolle? Ich bin noch nie so gründlich abgetastet worden wie gestern – und auch die digitale Überprüfung muss doch ihren Zweck erfüllt haben."

„Aber so ist es nun mal", seufzt Lien, „dazu kommt, dass sie mir unterstellen, dass ich das Virus bewusst hereingeschmuggelt habe. Ich wurde drei Stunden ununterbrochen verhört. Sie wollten bis ins letzte Detail wissen, was ich in den letzten Jahren getan habe. Warum ich ausgerechnet im Iran Urlaub gemacht habe und ob es wirklich eine private Reise war. ‚Weil es ein wunderschönes Land ist', hab ich gesagt, und dass es der schönste Urlaub meines Lebens war. Dann wollten sie wissen, mit wem ich alles zusammengearbeitet habe, als ich für den russischen Flugzeugbauer Citizen MIG Corporate tätig war. Und ob ich wisse, dass MIG früher Kampfflugzeuge produziert hat? Äh, hallo? Wissen die eigentlich, wofür ich beauftragt worden war? Doch nur, um deren radikalen Kurswechsel nach außen zu kommunizieren. Offensichtlich ist mir das hervorragend gelungen, denn heute Nacht wurde seit einer Ewigkeit zum ersten Mal wieder auf die Vergangenheit von MIG angespielt. Wie du dir denken kannst, beobachten sie mich schon länger und wussten so gut wie alles über mich. Glücklicherweise ist ihnen mein chinesischer Liebhaber aus meiner Studienzeit entgangen, sonst hätte ich noch eine weitere halbe Stunde ihre Fragen beantworten müssen. Zum Glück habe ich in meinen sozialen Netzwerken kein Wort über ihn verloren, und die Chinesen sind ja auf ihren eigenen Netzwerken unterwegs."

Wollten sie auch etwas über Bio Dynamics wissen?

„Ja", antwortet Lien, „welche Mitarbeiter ich in den vergangenen Tagen besucht und wen ich alles angerufen hätte. Weshalb fragst du?"

„Nur so", erwidert Frank so beiläufig wie möglich, aber er weiß genau, dass irgendetwas nicht stimmt. Mit einem Mal beschleicht ihn ein unbehagliches Gefühl, nur den Grund dafür kann er nicht sagen.

5

Als Frank und Lien im Hauptquartier eintreffen, werden sie noch gründlicher kontrolliert als beim letzten Mal. Kein Wunder – schließlich gilt Lien offiziell als Hauptverdächtige und Frank als ihr Partner steht natürlich auch unter Verdacht. „Ich werde das Gefühl nicht los, dass wir heute nicht über unsere neue Kampagne sprechen werden", flüstert er Lien zu. Sie antwortet nicht, sondern senkt schuldbewusst den Blick. Frank hat seine Bemerkung nicht als Vorwurf gemeint, denn er ist davon überzeugt, dass so etwas jedem hätte passieren können. Hoffentlich lässt sich das alles heute noch aufklären, denkt er bei sich.

Kaum ist die Sicherheitskontrolle vorbei, werden sie auch schon in einen Raum weitab von den anderen geführt. Darin gibt es keine Bildschirme und schöne Bilder von den tollsten Ecken dieser Welt. Drei Wände sind weiß gestrichen, an einer befindet sich über die gesamte Breite ein Spiegel – ohne jeden Zweifel ein Einwegspiegel. Lien kommt der Gedanke, dass man ihr nun erneut stundenlang auf den Zahn fühlen will, was ihr einen Schauder über den Rücken jagt. Vielleicht erwartet sie jetzt das alte Spiel „Guter Bulle, böser Bulle". Aber nein, alles ist halb so schlimm. Neben Meredith und Anthony Dice steht nur noch ein Bewacher im Eck. Das gibt Anlass zur Hoffnung, denkt sich Frank. Wahrscheinlich wissen sie jetzt auch schon, dass Lien das Virus nicht absichtlich in die NATO-Systeme eingeschleust hat.

„Wie Sie sich denken können, wollen wir die Sache so schnell wie möglich aufklären, ohne dass irgendetwas aus diesem Gebäude nach draußen dringt", sagt Anthony Dice mit ruhiger Stimme. „Sie, Frau Sanders, haben dieses Virus hier hineingeschleust, weshalb Sie am ehesten dahinterkommen sollten, wer für dieses Chaos verantwortlich ist. Und ja, Chaos trifft den Nagel auf den Kopf", fügt er mit strengem Blick hinzu. „Unsere Systeme sind völlig außer Kontrolle. Bislang mit eher harmlosen Folgen, anscheinend beschränkt sich der Schuldige auf Lausbubenstreiche, aber das kann sich jederzeit ändern. Heute Nacht hat die Klimaanlage sämtliche Räume auf 28 Grad aufgeheizt und dann auf 14 Grad heruntergekühlt. Es wurden zehn Mal so viel Brötchen bestellt wie sonst. Auf dem Videostream zum Weißen Haus läuft *Stirb Langsam 3* und bei allen „Jippie-ei-jehs" wird die Lautstärke voll aufgedreht."

Frank, Lien und Meredith können sich nur schwer ein Grinsen verkneifen: Wer auch immer der Übeltäter ist, er hat Humor!

Einen kurzen Moment wendet sich Anthony Dice von ihnen ab (vielleicht, um seinen Ärger zu verbergen? Oder muss sogar er grinsen?) und fährt dann fort: „Unsere Systeme machen, was sie wollen und reagieren auf keinen einzigen unserer Befehle. Wir können nur zuschauen, wie die Straftäter – das kann kaum das Werk eines Einzelnen sein – unser System manipulieren und können nichts tun. Und ehrlich gesagt habe ich das mehr als satt. Deshalb werden Sie, Frau Sanders, uns jetzt sofort sagen, wo Sie sich infiziert haben können." Bei seinen letzten Worten beugt sich Dice bedrohlich zu Lien herab, wohl um ihr zu demonstrieren, wie ernst es ihm ist.

Doch Lien hat sich längst wieder gefangen und geht zum Gegenangriff über: „Das hätte ich Ihnen ganz sicher schon längst gesagt, wenn ich wüsste, von wem ich diesen Virus habe. Und bitte tun Sie nicht so, als wäre das meine Schuld. Ich nehme mir die Linsen doch nicht einfach so aus dem Auge, weil mir danach ist. Ich habe auf sie aufgepasst. So teuer, wie sie waren…" Lien wollte eigentlich noch mehr sagen, aber bei ihren letzten Worten bricht sie abrupt ab, denn plötzlich erinnert sie sich wieder. „Da fällt mir ein: Vorgestern bei Bio Dynamics habe ich meine Linsen kurz herausgenommen, da die Luft plötzlich unglaublich trocken wurde. Und gleich danach war die Luftfeuchtigkeit extrem hoch, fast so wie hier. Könnte es sein, dass…?"

Anthony Dice lässt sie ihren Satz nicht beenden. „Informieren Sie sofort die Polizei", blafft er den Wächter in der Ecke des Raumes an, „sie soll auf der Stelle bei Bio Dynamics anrücken. Fordern Sie so viel Verstärkung an wie möglich." Dann fragt er Frank und Lien noch nach der Adresse. Frank checkt das GPS auf seiner Smartwatch und ruft: „Zonnepanelenstraat 2 in Diegem. Ein Hochhaus. Zwölfter Stock." Er merkt, wie abgehackt und schnell er spricht. Anscheinend hat ihn – wie Anthony auch – das Jagdfieber gepackt.

6

Kurz darauf rasen fünf Polizeibusse mit je zwei Mann und zwei Robotern an Bord in Richtung Diegem davon. Alle NATO-Mitarbeiter, aber auch Vertreter der belgischen Staatssicherheit, ausländische Experten, die eingeflogen wurden, um gemeinsam eine Lösung zu finden, haben sich im großen Kinosaal versammelt, um den Einsatz live verfolgen zu können. Alle sind furchtbar aufgeregt, kauen auf den Nägeln, reiben sich nervös die Hände oder rutschen unruhig auf den Kinosesseln hin und her. Aufmerksam verfolgen sie jede Bewegung auf der großen Leinwand: die wilde Fahrt, das Ausschwärmen der Männer, Frauen und Roboter in Windeseile, den schnellen Sprint über die Treppen (auf den Aufzug verzichten sie wohlweislich schließlich ist der Feind mehr als technisch bewandert). Sie verfolgen gespannt, wie die Einsatzkräfte gegen die geschlossene Tür des Büros hämmern, mehrfach brüllen, die Tür zu öffnen, sehen dann atemlos zu, wie mithilfe eines Laserschweißgeräts ein riesiges Loch in der Tür entsteht und die Beamten hindurch klettern. Dann sind die verblüfften Gesichter der Beamten zu sehen, als sie merken, dass sie in einem vollkommen leeren Büroraum stehen.

Plötzlich wandelt sich das Bild der Liveübertragung aus Diegem. Das leere Büro verschwindet, stattdessen ist ein Mann in Großaufnahme zu sehen, den Frank an Lehrerbärtchen und Rollkragenpulli sofort als den Direktor von Bio Dynamics, Larry Lane, erkennt.

Seine Kleidung stammt wohl noch aus dem letzten Jahrhundert, doch die von ihm einge-setzte Technologie ist auf dem neuesten Stand. Sein bedrohliches Grinsen jagt allen einen gehörigen Schrecken ein.

„Schön, dass Sie es einrichten konnten, hierher zu kommen", grüßt er. „Das hilft mir sehr, denn nun brauche ich mich nur ein einziges Mal zu erklären und kann mir sicher sein, dass meine Botschaft von allen richtig verstanden wird. Sie alle haben das zweifel-hafte Vergnügen, Opfer des schlimmsten Ransomeware-Angriffs aller Zeiten zu sein. Ihre Systeme wurden von meinen Leuten lahmgelegt. Wenn Sie wieder Zugriff darauf haben wollen, müssen Sie mir das höchste Lösegeld in der Geschichte bezahlen, aber das haben Sie sich wohl schon gedacht. Ich möchte klarstellen, dass ich weder religiöser Fanatiker noch Nationalist bin. Das einzige, was mich interessiert, ist Geld. Viel Geld. Was ist Ihnen das Ganze wert?"

Mit einer theatralischen, einstudiert anmutenden Geste streicht er sich über den Bart, während er vorgibt, über den Preis nachzudenken. „Wie viel Geld besitzt der reichste Mensch der Welt wohl? 750 Mrd. Dollar? Wenn wir das jetzt einfach mal aufrunden auf … die hübsche Summe von einer Billion? Denken Sie einfach mal drüber nach, ich melde mich in einer Stunde wieder bei Ihnen."

7

Fassungslos starren alle auf die jetzt leere Kinoleinwand. War das eben real? Oder haben sie bloß geträumt? Wie hat das nur passieren können? Die Teamleiter ziehen sich zu einer Videokonferenz mit den wichtigsten Staatsoberhäuptern und ihren Sicherheitsexperten zurück, um die Lage zu besprechen. Zwei Fragen drängen sich unweigerlich auf: Erstens: Wie ist es Larry Lane gelungen, das scheinbar perfekte System der NATO zu knacken? Und zweitens – und weitaus wichtiger: Was nun? Müssen sie auf die Forderungen dieses Terroristen eingehen? Oder sollen sie sich an die Arbeit machen und eine Lösung suchen? Doch was genau ist eigentlich das Problem?

Das IT-Team, das die Infizierung analysieren soll, hat Lien und Frank in einen anderen Raum geführt. Dort wollen sie noch einmal die Antworten auf ihre Fragen durchgehen. Warum sind sie zu Bio Dynamics gefahren, wer hat sie dort empfangen, was wurde be-sprochen, hat Lien eine Veränderung gespürt, als sie die Linsen wieder einsetzte. Frank schüttelte bei der letzten Frage ungläubig den Kopf. Als ob man einen digitalen Virus spüren kann wie einen Grippeerreger, der sich langsam im Körper ausbreitet und die ers-ten Symptome hervorruft. Doch wie pflegte sein Vater immer zu sagen: „Du kannst dir nicht vorstellen, welche Mythen sich noch heute um Malware ranken." Plötzlich verspürte Frank den sehnlichen Wunsch, seinen Vater anzurufen und ihm zu erzählen, in welch misslicher Lage er sich befindet.

Mittlerweile ist das IT-Team einen Schritt weiter gekommen. Seit Lanes Videobot-schaft ist fast eine Stunde vergangen. Deshalb beschließt der Stabschef, ihn um Aufschub zu bitten. Er wird ihm sagen, dass es ihm in der Kürze der Zeit nicht möglich war, sich mit allen Entscheidungsträgern zu einigen. Hoffentlich finden sie dann eine Lösung!

Exakt nach einer Stunde ist Lane tatsächlich wieder auf der Leinwand im Kinosaal zu sehen. „Und? Haben Sie sich inzwischen entschieden? Werden Sie mich zum reichsten und zugleich glücklichsten Mann der Welt machen? Oder beabsichtigen Sie, den Rest der Welt ins Verderben zu stürzen?"

Helen Dench, Generalsekretär der NATO, die inzwischen im Hauptquartier eingetroffen ist, ergreift das Wort. Vergessen ist der kurze Flug mit ihrem Helikauto (einem brandaktuellen „Amphibienfahrzeug", das sowohl wie ein ganz normales Auto fahren als auch wie ein Helikopter fliegen kann), das sicher auf dem Dach des Hauptquartiers gelandet ist. Sie bittet Lane eindringlich um weitere 24 h, nur dann könnten sie einen Konsens erreichen und das Geld beschaffen.

Lane hat offenbar damit gerechnet, denn er verzieht das Gesicht zu einem höhnischen und sehr breiten Grinsen. „Das ist ausgemachter Blödsinn und das wissen Sie auch. Sie wollen lediglich Zeit schinden, damit Sie auf die Suche nach einer Lösung für ihr kleines Problem gehen können. Mit dieser Forderung beleidigen Sie meinen Intellekt, meine Gute. Aber ich will mal nicht so sein: Ich bin Ihnen meilenweit voraus, sodass ich Ihnen diese Bitte gewähren kann. Es muss Ihnen aber klar sein, dass ich hier die Forderungen stelle. Aber gut, ich verrate Ihnen sogar ein Geheimnis: Inzwischen gibt es Tausende und Abertausende von infizierten Computersystemen. Für jede Malware, die Sie entfernen, schwärmen sofort zehn weitere Viren aus und infizieren das nächste System. Außerdem kriegen Sie keinen Zugriff auf Ihr System, da können Sie tun, was Sie wollen", kichert Lane boshaft. Mit einem Mal wird sein Tonfall ernst: „Na gut, Sie bekommen Ihren Aufschub. Aber wehe, Sie haben mich angelogen. Das ist meine erste und letzte Warnung." Plötzlich teilt sich die Leinwand. Links ist Lanes Gesicht mit seinem fiesen Blick zu sehen und rechts die Straße, die die NATO mit dem Zentrum von Brüssel und dem – ehemals nationalen – Flughafen verbindet. Seit dem regelrechten Preiskrieg im Jahr 2025 teilen sich Ostende und Charleroi diese Aufgabe. Für Militärtransporte und Privatflüge des Präsidenten und anderer wichtiger Persönlichkeiten wie Führungskräfte der NATO dient seitdem der Flughafen Zaventem. Auf dieser Straße herrscht meistens relativ wenig Verkehr. Lane fährt nun fort: „Wie Sie vielleicht schon bemerkt haben, bin ich es nun, der die Ampeln rund um die NATO-Zufahrten kontrolliert. Vermutlich können Sie sich noch gut an den Tag erinnern, als beschlossen wurde, dass die NATO die Kontrolle über die Fahrzeuge aufgab." Einige Stabschefs werfen sich bedeutungsvolle Blicke zu: Ja, das wurde als Durchbruch gefeiert. Mit einem Mal ist auf der Leinwand zu sehen, wie eines der fahrerlosen Fahrzeuge unvermittelt beschleunigt und mit voller Geschwindigkeit in das vor ihm fahrende Auto rast. Alle im Saal blicken mit vor Schreck verzerrten Mienen auf die Szene: Der erste Unfall mit einem fahrerlosen Wagen seit fünf Jahren! „Was Sie alle offensichtlich nicht bedacht haben, ist, dass die fahrerlosen Fahrzeuge ständig mit den intelligenten Ampeln in Verbindung stehen. Aber nicht, um die Wagen zu steuern, sondern nur für den Informationsaustausch. Der Wagen gibt sein Ziel durch, die Ampel speichert seine aktuelle Position. Der einzige Grund, weshalb Ampeln nicht steuern können, wohin ein Wagen fährt, waren die moralischen Bedenken zahlreicher Länder. Aber mir ist die Moral egal." Wie um seinen Worten Nachdruck zu verleihen, fährt ein weiteres Fahrzeug aus der Warteschlange vor der Ampel, legt eine Kehrtwende ein und endet nach mehrfachen Überschlägen mitten auf der Straße. „Noch was: Haben Sie schon bemerkt, dass ich die Kontrolle über die Verkehrsleitzentrale in Zaventem übernommen habe?", fragt Lane mit einem spöttischen Unterton, der alle im Raum zur Weißglut treibt. „Das ist nämlich das Tolle an der heutigen Zeit. Alles – Mensch, Tier und Objekte – sind miteinander verbunden. Früher hieß es, alle Wege führen nach Rom, jetzt müsste es eigentlich heißen, alle Wege führen zueinander. Nur der Weg des Geldes, der führt bloß noch zu mir!" Ein letztes diabolisches Grinsen (das er zweifelsfrei aus einem Actionfilm abgekupfert hat), dann wird das Bild schwarz. Panik und Verzweiflung spiegelt sich in den Gesichtern aller Anwesenden.

Zum Glück ist auch Helen Dench anwesend, die sofort das Wort ergreift. „Keine Frage, die Lage ist ernst, aber unsere IT- und Sicherheitsabteilungen arbeiten mit Hochdruck an einer Lösung, damit wir wieder Zugriff auf unsere Systeme erhalten." In diesem Moment läutet Franks Uhr und er verlässt eilig den Saal.

8

„Hallo, mein Sohn, was muss ich denn da hören?"

Frank ist überglücklich. Seit Jahren hat er sich nicht mehr so darüber gefreut, die Stimme seines Vaters zu hören.

„Paps, hast du schon gehört, was hier gerade abläuft?"

„Ja, klar, anscheinend weißt du nicht, wo ich gerade bin – in Barcelona auf der Virus Bulletin-Konferenz. Was gerade bei euch abgeht, ist Gesprächsthema Nummer eins."

„So etwas habe ich noch nie erlebt", seufzt Frank.

„Was genau ist eigentlich passiert? Auf der Konferenz kursieren drei unterschiedliche Versionen."

Frank erzählt ihm die ganze Geschichte und als er damit fertig ist, meint sein Vater in fast schon bewunderndem Tonfall: „Ach ja, Ransomware!"

„Hallo? Könntest du deine Begeisterung angesichts dieses Schlamassels etwas mäßigen? Das hier könnte zu einer weltweiten Katastrophe werden oder siehst du das anders?"

„Keine Frage, ich bin mir der Gefahr durchaus bewusst. Schließlich war ich es doch, mein Sohn, der dich in der Vergangenheit immer wieder darauf hingewiesen hat, wie gefährlich Cloud-Services und die globale Vernetzung sind. Entschuldige, dass ich mir mein rechthaberisches Grinsen nur schwer verkneifen kann. Aber ich finde es unglaublich, dass ich jetzt am Ende meiner Karriere mit Ransomware und deren katastrophalen Folgen zu tun kriege. Damit hat meine Karriere ja auch begonnen, erinnerst du dich?"

Frank weiß es noch ganz genau, schließlich hat er die Geschichte von der „Aids-Diskette" mehr als zwanzig Mal gehört. Sie hat sich förmlich in sein Gedächtnis eingebrannt.

„Aber jetzt zur Sache, mein Junge: Können wir euch irgendwie helfen? Schließlich sind so gut wie alle Experten auf dem Gebiet des Virenschutzes hier mit mir in Barcelona. Alles, was Rang und Namen hat, tummelt sich hier!"

Frank braucht einen Moment, um zu begreifen, was sein Vater gerade gesagt hat. Er steckt mitten im wahrscheinlich größten Cyberangriff aller Zeiten und zur selben Zeit sitzen sein Vater und die besten Jäger und Kämpfer gegen Cyberkriminalität in Barcelona. Wenn der Anlass nicht so gefährlich wäre, könnte man sagen „Zu schön, um wahr zu sein!"

„Warte kurz, Paps, ich rufe dich sofort zurück."

„Okay, Frank, aber beeil dich. In einer Stunde gehe ich mit einigen Freunden zum Essen in die Taverne El Bulli. Ich freu mich schon seit Wochen darauf!"

Frank eilt zu Anthony Dice, berät sich kurz mit ihm und einigen anderen Stabschefs und greift dann wieder zu seinem Telefon. „Paps, du gehst nicht ins El Bulli! Schnapp dir die besten aus deiner Runde und mach, dass du zum Flughafen kommst. Dort wartet bereits ein Düsenjet der NATO auf euch."

9

„Wird dein Vater nicht sehr traurig sein, dass er nicht ins El Bulli gehen kann?", fragt Lien ängstlich. „Das war doch schon so lange ausgemacht."

„Unsinn!", lacht Frank, „Er würde mich hassen, wenn er beim Kampf gegen den größten Cyberangriff aller Zeiten nicht dabei sein dürfte. Das reizt ihn doch viel mehr als alle Tapas im El Bulli. Und im Übrigen ist auch die Verköstigung im Flieger recht lecker, wie man so hört. Viel Zeit zum Essen werden sie eh nicht haben, in 30 min landen sie schon in Zaventem."

Rund eine Stunde später betreten Eddy Willems und Mikko Hyppönen, ein viel beschäftigter Sicherheitsexperte und erfahrener Hauptredner, der schon auf unzähligen Sicherheitskonferenzen Vorträge gehalten hat, das NATO-Gebäude. Mit von der Partie sind auch Righard Zwienenberg und Richard Ford – beide gute Freunde von Eddy und renommierte IT-Fachleute, die seit etlichen Jahrzehnten in der Branche tätig sind.

Anthony Dice weiß nicht recht, ob er erleichtert aufatmen oder sich weiter Sorgen machen soll. Klar, diese Männer verfügen über jahrelange Erfahrung, aber sind sie auch über die neuesten Malwaretechniken und -trends auf dem Laufenden? Die Tatsache, dass sie alle gerade von der Virus Bulletin Konferenz hierherkommen, beruhigt ihn ein wenig. Wahrscheinlich liegt es an seinem Job, dass er grundsätzlich eher misstrauisch und nur verhalten optimistisch gestimmt ist.

10

Lien hat es schon geahnt: Nun muss sie ihre Geschichte ein fünftes Mal erzählen. Das einzig Gute daran ist, dass sie dieses Mal nichts vergisst. Bei den anderen Verhören war es immer so, dass ihr ein paar nicht unwesentliche Kleinigkeiten erst danach eingefallen sind, doch jetzt hat sie jedes noch so winzige Detail im Kopf und sprudelt los. Eddy und seine Kollegen sind im Grunde beeindruckt, wie perfekt Larry Lane seinen Angriff geplant hat. Mal abgesehen von der moralischen Seite war es ein geschickter Schachzug von ihm, wie er sich an *Frank Talking* herangemacht und die Agentur für seine Zwecke missbraucht hat. Damit war Phase eins, die Vorbereitung der Infizierung, so gut wie abgeschlossen. Und wie er dann in das System eingedrungen und dabei geschickt von einer Hintertür in die nächste Sicherheitslücke gesprungen ist und einfach jede Schwachstelle für sich genutzt hat – das war irgendwie auch beeindruckend. „Ich muss schon sagen, Lane hat gute Arbeit geleistet. So ein APT habe ich noch nie gesehen", sagt Righard Zwienenberg. „Ja, er hat wirklich an alles gedacht. Ich finde, es ist mehr A als P", pflichtet ihm Eddy Willems bei.

Frank und Lien sehen sich fragend an, denn sie haben keine Ahnung, wovon die Rede ist. Anthony Dice deutet ihren Blick richtig und setzt zu einer Erklärung an – eine gute Gelegenheit für ihn, sein Fachwissen unter Beweis zu stellen: „APT steht für *advanced persistent threat*, übersetzt also für eine fortgeschrittene, andauernde Bedrohung. Ihr Vater will damit sagen, dass dieser Angriff auf die fortschrittlichste aller Technologien zurückzuführen ist. Nach der gründlichen Vorbereitung war es ein Klacks für Lane, in das System einzudringen. Stimmt doch, Eddy?"

„Vollkommen richtig erklärt", antwortet Eddy. „Es freut mich, dass auch bei der NATO Leute beschäftigt sind, die die Klassiker der Malware noch kennen. Heutzutage spricht man bei allen möglichen gezielten Angriffe von *targetware*, aber das trifft nicht immer den Punkt."

„Was ich noch immer nicht verstehe," kommt Anthony Dice wieder zum Thema zurück, „ist, wie diese Malware sich an den ganzen Virenschutzprogrammen vorbeischmuggeln konnte, als Herr Willems und Frau Sanders ins Hautquartiert kamen."

„Ich vermute, dass die eigentliche Malware erst noch aktiviert werden musste", antwortet Mikko Hyppönen. „Ich bin überzeugt, dass entweder ein Timer oder der Scan am Eingang die Malware aktiviert haben. Da nur wenige Stunden zwischen dem Aufbruch ins Restaurant und der Entdeckung der Malware liegen, gehe ich von Letzterem aus."

„Das würde mich nicht wundern, so trickreich wie diese Malware ist", gibt Eddy ihm Recht. „Doch die wichtigste Frage ist: Wie schalten wir sie aus?"

Die vier Teilnehmer der Virus Bulletin-Konferenz arbeiten nun gemeinsam mit den Sicherheitsexperten der NATO an diesem Problem. Zum Glück ist der ganze Raum vom restlichen System abgetrennt und somit abhörsicher. „Was für ein Glück, dass ich damals darauf bestanden habe.", denkt Anthony Dice.

Sie diskutieren sich die Köpfe heiß, gehen alle möglichen Gefahren durch (was ziemlich lange dauert, da sie alle Systeme berücksichtigen müssen, auf die die NATO Zugang hat) und auch, was die Sicherheitsexperten bislang versucht haben, um die Ransomware auszuschalten (eine erstaunlich lange Liste, auch wenn nichts davon funktioniert hat). Zu guter Letzt überlegen sie, was sie noch tun können.

„Habt ihr schon alle Virenschnüffler ausprobiert?", fragt Mikko Hyppönen. Damit werden die kleinen Programme bezeichnet, die ins Netzwerk eingeschleust werden, um Malware aufzuspüren. Es gibt welche, die sind nicht nur gut im Aufspüren, sondern auch in der Analyse von Malware und manchmal tragen sie auch die Lösung bereits in sich. „In unserem Fall sollten wir schon froh sein, wenn sie uns die Analyse der Malware abnehmen, den Rest können wir dann selbst erledigen."

„Aber wir kommen doch nicht in unser eigenes Netzwerk, wie sollen wir dann die Schnüffler losschicken können?" fragt Dice.

Vielleicht finden wir diese Malware auch in einem anderen Netzwerk und können das Ganze erst einmal ausprobieren. Wenn es klappt, können wir es mit dem anderen System wiederholen.

„Gute Idee", antworten alle im Chor und schicken einen der Sicherheitsexperten zum anderen Team, das diese Idee in die Tat umsetzen soll.

Nach einer Stunde erhält Anthony Dice einen Anruf. Er nimmt ab, hört zu und holt tief Luft: „Unser Experte hat alles versucht, aber er kommt einfach nicht an die Malware heran. Er kann zwar einige Satellitenmalwareprogramme ansprechen, die quasi Wache halten, aber sogar die sind zu gut geschützt, um analysiert zu werden. Was sollen wir jetzt bloß tun?"

„Wir könnten ja versuchen, über das System eines fahrerlosen Wagens ins Netzwerk einzudringen", überlegt Richard Ford laut. „Da ja die Ampeln Befehle an die Wagen senden können, könnte das vielleicht auch umgekehrt funktionieren."

„Klingt gut, ich schicke sofort jemanden los. Am besten, wir nehmen einen chinesischen Wagen, oder? Die sind auf jeden Fall bestens ausgerüstet und immer auf dem neuesten Stand, was technische Raffinesse anbelangt. Und da China und die NATO mittlerweile Verbündete sind, haben sie sicher nichts dagegen einzuwenden", sagt Dice krampfhaft bemüht, witzig zu sein.

Nur eine Viertelstunde später läutet erneut das Telefon und seine Miene wird noch finsterer als beim vorherigen Mal. „Verdammt, der Schnüffler hat es zwar ins Verkehrsleitsystem geschafft, aber als er von dort aus tiefer ins System vorzudringen versuchte, wurde er quasi in den Wagen zurückgedrängt und bevor unser Mann wusste, was los ist, prallte der Wagen fünfzig Meter weiter gegen einen Betonzaun."

„So ein Mist, unsere eigenen Waffen wenden sich gegen uns selbst", seufzt Anthony Dice. „Bis wir unsere eigene Malware geschrieben haben und über sie wieder in unser System eindringen können, vergehen Tage. So viel Zeit haben wir nicht."

„Außerdem wollen wir keine Malware entwickeln", rufen die vier Virus Bulletin-Musketiere im Chor, „das ist mehr als nur unmoralisch!"

„Was können wir denn dann noch tun?", fragt Dice verzweifelt.

Alle starren wie gebannt auf die Tafel, auf der alle Optionen, Risiken, Gefahren und technischen Spezifikationen zur Malware stehen.

Eddy reibt sich übers Kinn und fragt fast beiläufig: „Habt ihr eigentlich schon mal versucht, die Systeme aus- und wieder einzuschalten? Das ist eines der größten Probleme der heutigen Zeit: Alle Systeme, ob groß oder klein, vom Mainframe bis zur Smartlinse, laufen 24 h täglich und das an 365 Tagen pro Jahr. Jeder will das so haben. Und auch Cyberkriminelle gehen natürlich davon aus. Und vielleicht ist genau das der Punkt, an dem wir einhaken können."

„Das verstehe ich nicht", sagt Anthony Dice zögerlich und auch ein klein wenig verunsichert. „Nur für den Fall, dass Sie es vergessen haben, Lane hat die Kontrolle über unsere Systeme, nicht wir. Und auch ein *remote shutdown* – eine Fernabschaltung – ist uns deshalb nicht möglich. Das können wir vergessen, dass wir die Systeme herunterfahren können."

Schon, aber habt ihr auch schon mal probiert, das System ganz einfach von Hand auszuschalten? Wir ziehen einfach überall den Stecker und dann schalten wir System für System wieder ein. Vielleicht klappt es ja und anschließend haben wir wieder die Kontrolle.

„Geht das überhaupt?" will einer der Sicherheitsexperten wissen. „Können wir alle internen und externen Systeme unserer Servern überhaupt noch kontrollieren? Ich vermute mal, die Türen zu den Serviceräumen wurden durch unsere Systeme geschlossen."

„Nein, das könnte funktionieren", ruft Anthony Dice begeistert. „Als die Türen zu den Serverräumen geschlossen wurden, befanden sich ein paar Jungs vom IT-Team noch dort und versuchten, die Systeme über die Administrationskonsolen wieder anzusprechen. Vermutlich sind sie immer noch eingeschlossen!"

„Glück im Unglück für die Jungs", lacht Richard Ford. „Sie haben jetzt die Chance, die Helden des Tages zu werden – wenn alles klappt."

11

Stellt sich nur die Frage, wie sie in den Serviceraum kommen, um das IT-Team zu informieren. Die rettende Idee: Sie schreiben ihren Vorschlag mit einem herkömmlichen, um nicht zu sagen altmodischen Stift auf eine Tafel und halten sie ans Fenster. Die Techniker blicken erst mal ziemlich verdutzt drein: In all den Jahren ihrer Karriere haben sie noch nie einen Stecker gezogen und ein Gerät von Hand ausgeschaltet. Ganz im Gegenteil: Das Ausschalten eines Servers (sofern er nicht aus dem Netz genommen werden muss) wird mit einer saftigen Geldstrafe geahndet: Man muss das ganze IT-Team im teuersten Restaurant von Brüssel, einem Fünf-Sterne-Restaurant, einladen! Doch dann sickert die Erkenntnis durch: Das dürfte wohl ihre letzte Chance sein! Sie sprechen sich ab, wie sie alle Geräte so schnell wie möglich nacheinander ausschalten können, ohne dass Lane und sein Team es mitbekommen.

Voller Anspannung verfolgen das gesamte NATO-Team und die vier Virus Bulletin-Veteranen den kurzen Sprint, den die Männer – zum Glück allesamt sehr sportliche Kerle in den Zwanzigern – an den Servern entlang hinlegen, um alle Geräte auszuschalten. Die Nerven aller sind zum Zerreißen gespannt und Frank bemerkt erst spät, dass Lien ihn die ganze Zeit über heftig in die Hand gekniffen hat. Nach zwanzig Sekunden ist alles vorbei. „Damit kommen sie ins *Guinness-Buch der Rekorde* von 2034", sagt Lien und atmet erleichtert auf. „Und sei es nur, weil sie die Disziplin Ausschaltsprint erfunden haben." Ein erster Erfolg der Aktion zeigt sich sogleich: Die Türen des Serverraumes öffnen sich und das IT-Team strömt jubelnd heraus. Die Jungs zögern keine Sekunde und fallen den Umstehenden um den Hals.

Jetzt steht eine noch kniffligere Aufgabe an: Das erste System muss wieder hochgefahren und unter Kontrolle gebracht werden, bevor die Malware wieder aktiv wird. Es herrscht Grabesstille, als die Sicherheits- und IT-Experten den Systemadministrator beobachten, der die Startprozedur direkt an das externe Startmedium weiterleiten muss, damit die Malware nicht wieder zuschlagen kann. Nach einigen Minuten reckt er den Daumen nach oben, woraufhin ein ohrenbetäubender Applaus ausbricht. Jetzt wird System für System wieder übernommen, die Ransomware ist erledigt!

12

In all dem Lärm und Jubelgeschrei überhört Frank das Läuten seiner Smartwatch. Als er es dann doch mitbekommt, sieht er am Display fünf verpasste Anrufe unter ein und derselben Nummer. Schlagartig wird ihm klar, wer ihn da zu erreichen versucht. Seine Nummer dürfte die einzige sein, die Larry Lane kennt und direkt anwählen kann. Jetzt, da auch die Telefonanlagen wieder von der NATO gesteuert werden, wird sein Anruf einfach nicht mehr entgegengenommen. Als er das Gespräch annimmt, ertönt die unüberhörbar verärgerte Stimme von Larry Lane. „Geben Sie mir den Generalsekretär!"

„Wenn ich es recht sehe, sind Sie nicht mehr in der Position, Forderungen zu stellen. Weshalb versuchen Sie es nicht mal mit einer Bitte? Oder wie sehen Sie das?", schmunzelt Frank. „Wie auch immer, ich werde Sie mit Vergnügen weiterreichen und mir anhören, wie Sie fertig gemacht werden."

Helen Dench stellt die Smartwatch sofort auf laut, damit alle das Gespräch mitanhören können. „Herr Lane, sind Sie damit einverstanden, dass wir Ihnen statt der geforderten Milliarden nur Kost und Logis anbieten, das aber für wenigstens 25 Jahre?", sagt sie spöttisch. „Noch ist das Spiel nicht vorbei", droht Lane. „Ich finde einen anderen Weg in eure Systeme, und dann werdet ihr bluten!" Die letzten Worte sind noch nicht verklungen, da hören alle einen ohrenbetäubenden Lärm auf der anderen Seite der Leitung. Die Anwesenden hören Schüsse und einen lauten Knall, als eine Tür zu Boden kracht. Aufgeregt hören sie mit an, wie Lane und seine Männer vom Sicherheitsdienst überwältigt werden. Die neueste Generation Spürroboter hatte sie im Handumdrehen aufgespürt und dann war es ein Kinderspiel, die Bösewichte ohne Blutvergießen zu ergreifen.

„Im Cyberraum war Larry Lane ein Genie, aber im wahren Leben hat er auf der ganzen Linie versagt", murmelt Anthony Dice.

13

Nachdem der Jubel verstummt ist, heißt es für jeden zurück an die Arbeit. Eddy und seine Freunde besprechen mit den NATO-Experten, wie derartige Virenangriffe in Zukunft verhindert werden können. „Vergesst die Aus-Taste nicht", wiederholt Eddy gebetsmühlenartig und grinst bis über beide Ohren. Frank und Lien sitzen ein zweites Mal mit der Kommunikationsstrategin Meredith Westons am runden Tisch und besprechen, wie sich der Imageschaden durch den Vorfall begrenzen lässt. Vielleicht kann man den Schwerpunkt der Kommunikation auf den Erfolg aller Beteiligten legen? Schließlich sind herausragende Kommunikationsexperten durchaus in der Lage, so auf einen Rufschaden zu reagieren, dass die Beteiligten am Ende besser dastehen als je zuvor. In diesem Fall stehen sie allerdings vor einer gewaltigen Herausforderung, darüber ist sich auch Generalsekretärin Helen Dench im Klaren, weshalb auch sie an dieser Besprechung teilnimmt. „Hier geht es um mehr als nur Kommunikation, hier geht es um die gesamte Strategie der NATO in den kommenden Jahren", erklärt sie ihre Anwesenheit.

Am Ende des Tages wird noch ein Umtrunk für alle Anwesenden im NATO-Hauptquartier organisiert, der Dank für das gute Ende, den dieser Vorfall nahm, gilt allen Beteiligten, also auch Eddy und seinen Freunden. So nimmt dieser denkwürdige Tag ein fröhliches Ende, doch Frank ist noch immer in Feierlaune. Er und Lien fragen die vier Sicherheitsexperten, ob sie Lust hätten, den Abend bei einem köstlichen Essen in einem Restaurant ausklingen zu lassen. „Ihr seid natürlich eingeladen, denn ihr habt wahrscheinlich nicht nur die ganze Welt gerettet, sondern auch noch meinen Vertrag mit der NATO."

„Aber gern", antwortet Eddy. „Vorher möchte ich noch meine Neugier stillen. Unten im Keller stehen die Backups der Server und da möchte ich einen Blick in sämtliche Systemdaten und Logbücher werfen. Vielleicht verstehe ich dann, wie die Malware vorgegangen ist. Schließlich geht es im Kampf gegen Schadware darum, solche Vorfälle zu verhindern und nicht darum, auf einen Virus und seine Folgen reagieren zu müssen. Wie heißt es doch so schön: Vorsicht ist besser als Nachsicht."

„Typisch mein Vater", lacht Frank, „Selbst als Pensionär kann er einfach nicht aus seiner Haut. Alle anderen wollen feiern und was macht er stattdessen? Viren analysieren. Na gut, aber beeil dich, wir reservieren in der Zwischenzeit schon mal einen Tisch."

„Wir kommen mit", sagen Richard und Righard unisono. Auch sie wollen diesem Schlamassel auf den Grund gehen, haben es sich aber im Gegensatz zu Eddy nicht getraut, die Führungsspitze der NATO darum zu bitten. Andererseits waren doch im Grunde sie die Retter der NATO und der restlichen Welt.

14

„Da sind wir wieder!" Richard und Righard sind nach nur einer halben Stunde wieder zurück. „Wir haben die Daten erst mal oberflächlich gesichtet, denn damit werden wir wohl noch eine ganze Weile beschäftigt sein. Die NATO-Experten haben uns versprochen, uns alle relevanten Informationen für meinen Vortrag auf der Virus Bulletin Konferenz in Barcelona morgen Abend zur Verfügung zu stellen. Das wird alle Besucher vom Hocker hauen", sagt Richard und reibt sich vor lauter Vorfreude die Hände.

„Und mein Vater? Was macht der noch da unten?"

„Wieso? Er war doch direkt hinter uns, als wir den Keller verließen." Erst jetzt fällt Richard und Righard auf, dass ihnen Eddy nicht in den Besprechungssaal gefolgt ist. „Wartet bitte auf mich", sagt Righard. „Ich gehe kurz zurück und hole ihn, sonst verbringt er die ganze Nacht da unten." Keine fünf Minuten später ist er wieder da. „Keine Spur von Eddy, die Wachleute haben ihn auch nicht gesehen. Die Wachmänner haben mir gesagt, dass Eddy nicht hinter uns war, als wir die Schleuse, die den Keller mit den Büros verbindet, passierten."

„Merkwürdig", sagt Anthony Dice. „Ich hasse es, wenn hier jemand verschwindet."

„Von Verschwinden kann keine Rede sein, aus den Augen verloren trifft es wohl besser", ruft Meredith Weston und grinst. „Ich frage mal kurz im Festsaal nach, ob ihn da jemand gesehen hat."

„Gute Idee", sagen Frank und Lien und schließen sich ihr an.

Kurze Zeit später erfahren sie, dass niemand Eddy gesehen hat, seit er in den Keller ging. Anthony Dice lässt die Überwachungsbilder prüfen. Nichts – kein Eddy weit und breit. „An seinem Smartphone meldet sich sofort die Mailbox, ich kann ihn nicht erreichen", sagt Frank leicht besorgt.

„Ich hasse es, wenn hier jemand verschwindet", sagt Dice ein zweites Mal und jetzt widerspricht Meredith ihm nicht.

„Vielleicht war ihm das alles zu viel und er ist still und leise nach Hause gefahren. Ich rufe mal meine Mutter an", sagt Frank, und hält seine Smartwatch ans Ohr. „Mama anrufen", befiehlt er und schon nach einigen Sekunden meldet sie sich.

„Mama, hast du Paps heute Abend gesehen oder was von ihm gehört?"

„Nein, mein Junge. Er ist doch bei dir, wieso fragst du?"

„Weil wir ihn nicht finden können. Niemand hat ihn gesehen und er geht nicht mehr an sein Telefon. Da stimmt etwas nicht, denn normalerweise schaltet er sein Handy nie aus."

„Da hast du recht. Wenn er sich bei mir meldet, gebe ich dir sofort Bescheid", sagt seine Mutter besorgt. „Am besten, die NATO-Sicherheitsdienste setzen sich sofort in Bewegung. Ich werde in der Zwischenzeit meine Kollegen bei der Polizei verständigen. Kann ich sonst noch etwas tun? Sollte er doch noch auftauchen, rufst du mich an, okay?"

„Mach ich", sagt Frank, und schaltet seine Smartwatch aus. Er blickt beunruhigt in Liens Richtung und sagt: „Sag den Tisch im Restaurant ab, ich fürchte, das ist der Anfang einer neuen Geschichte."